国家社科基金项目成果

贵州财经大学公共管理学科博士点建设项目资助出版

廖小东 著

传统的力量

——民族特色仪式的功能研究

中国社会科学出版社

图书在版编目(CIP)数据

传统的力量:民族特色仪式的功能研究/廖小东著. —北京：中国
社会科学出版社，2015.10
ISBN 978 - 7 - 5161 - 6224 - 8

Ⅰ.①传…　Ⅱ.①廖…　Ⅲ.①风俗习惯—研究—中国
Ⅳ.①K892

中国版本图书馆 CIP 数据核字(2015)第 123595 号

出 版 人	赵剑英
责任编辑	郭晓鸿
特约编辑	席建海
责任校对	张依婧
责任印制	戴　宽

出　　版	中国社会科学出版社
社　　址	北京鼓楼西大街甲 158 号
邮　　编	100720
网　　址	http://www.csspw.cn
发 行 部	010 - 84083685
门 市 部	010 - 84029450
经　　销	新华书店及其他书店

印　　刷	北京君升印刷有限公司
装　　订	廊坊市广阳区广增装订厂
版　　次	2015 年 10 月第 1 版
印　　次	2015 年 10 月第 1 次印刷

开　　本	710×1000　1/16
印　　张	15
插　　页	2
字　　数	239 千字
定　　价	50.00 元

凡购买中国社会科学出版社图书，如有质量问题请与本社营销中心联系调换
电话：010 - 84083683

目　录

第一章 导论

第一节 研究缘起、目的及意义

一 研究缘起

社会政治稳定是维持一个国家或地区秩序稳定的根本前提，对于促进整个社会系统协调发展、保持社会动态平衡、实现社会发展目标都具有极为重要的意义。因此，如何实现并维持社会政治稳定，不仅是世界各国政府极力追求的目标和努力思考的问题，也是学者们高度关注的课题。中国是一个多民族的国家，境内的各个民族都有着自己独特的文化传统和生活习俗，在历史的进程中积淀了独特的社会行为规范和价值观念体系，并在这个基础上形成了自身的社会管理经验和社会运作模式，这一切就决定了中国维护社会政治稳定必须面对特殊性和多元性的复杂局面。其中，如何维持中国民族地区社会政治稳定尤其需要我们深入思考和认真研究。

中国的民族地区在迅速推进现代化的进程中，出现社会政治不稳定的因素在所难免。正如著名政治学家塞缪尔·亨廷顿指出的那样："现代性意味着稳定，而现代化意味着不稳定。"① 当然，产生和存在不稳定因素只是表明这里存在社会政治不稳定的可能性，只有当这些不稳定的因素达到

---

① ［美］塞缪尔·P.亨廷顿：《变化社会中的政治秩序》，上海世纪出版集团2008年版，第45页。

一定的度并超越了一定的界限，才会发生现实的社会政治不稳定现象。维持民族地区的社会政治稳定，就必须把那些不稳定的因素控制在一定的度的范围内，避免出现现实的社会政治不稳定现象，其中一个至关重要的前提是必须搞清楚民族地区的社会关系。民族地区各类错综复杂的社会关系，涉及社会生产与生活的方方面面，牵一发而动全身，是民族地区社会政治稳定的重要影响因素，而通过研究民族特色的仪式，在一定程度上能够帮助我们加深对民族地区各类社会关系的了解。"涂尔干就曾指出，仪式是社会关系的扮演或者说戏剧化的演出。简要地讲，涂尔干的理论认为社会关系虽然是抽象无形的，但是当借助仪式的展演将人们聚集起来的时候，大家就会做出一系列象征性行为和采用一系列的象征符号，并通过一些戏剧化的形式，实现对社会关系的理解。因此，仪式的展演就变成了社会力量的象征性展示。根据涂尔干的看法，假如想要探究一种社会关系并了解这些关系是怎样被建构的，去深入了解仪式无疑是最好的办法。"① 格尔兹在其提出的"仪式的窗户"理论中指出，"仪式是文化原动力的'窗户'，通过这扇窗户，人们可以更好地了解、认识和创造世界"②。而且，深入分析具有民族特色的仪式对于我们了解和挖掘少数民族传统文化里所蕴含的维护社会秩序和谐、政治局面稳定的因素也具有积极的意义。民族的传统风俗习惯、禁忌信仰等都是抽象的价值观念状态，唯有通过民族特色的仪式的展演，这些抽象状态的文化价值观念才能转化为外在具体可见、能够真切感知的社会行为规范，并借助仪式的神圣性赋予这些具体的社会行为规范以权威性地位，才能达到对当地社会实施控制与整合的效果。霍布斯鲍姆就明确地把仪式视为理解和反思"传统"的关键，他认为正确地理解"传统"绕不开仪式与象征，解读仪式本身就是一种对"传统"核心的理解，任何传统的意义和历史价值都势必在仪式中获得生命力。③

近年来，尽管有国家西部大开发战略的支持，但是少数民族地区的经

---

① 彭兆荣：《人类学仪式的理论和实践》，民族出版社 2007 年版，第 162 页。
② Bell, C., *Ritual Theory*, *Ritual Practice*, New York & Oxford: Oxford University Press, 1992: 3. 转引自彭兆荣《人类学仪式的理论和实践》，民族出版社 2007 年版，第 17 页。
③ 转引自彭兆荣《人类学仪式的理论和实践》，民族出版社 2007 年版，第 2 页。

济发展由于受特殊地理环境和社会、文化等诸多因素的影响，与中东部地区尤其是东南沿海地区的差距还是逐渐拉大，而象征国家意志与权威的现代行政权力与法律规范在民族地区并不一定能取得汉族地区一样的社会控制效果，从而使民族地区维护社会政治稳定面临更加复杂的局面，经济发展方面的问题如果不能得到及时妥善的解决就可能会转化为社会问题，对民族地区的社会政治稳定构成威胁。所以，维护民族地区的社会政治稳定虽然是一个非常艰巨而长期的任务，受到的影响因素复杂而多元，但是我们通过对民族特色仪式的分析和研究，充分挖掘有益的地方性内生资源，以期更好地维护民族地区的社会政治稳定，无论在理论层面还是现实层面都具有非常重要的意义。在本课题中，我们需要探究的主要问题是：民族特色仪式在维护民族地区社会政治稳定的过程中如何发挥功能以及发挥功能的基础是什么？在现代化背景下中国社会将逐步全面转型，民族特色仪式的功能将会面临什么样的改变与挑战？我们该如何面对？

二 研究目的

维护民族地区的社会政治稳定是当前中国一个现实而紧迫的问题，尽管已经有许多学者从各自的专业领域展开了研究，也取得了不少学术成果，但是从仪式角度探析民族传统文化自身维护社会政治稳定的功能，仍然具有重要的价值和意义。因为这些以民族传统信仰为基础的民族特色仪式不仅仅是对民族地区民众的行为和社会关系进行规范，而且也是一种赋予各少数民族传统权威合法性的重要手段。因此，本课题之研究目的就是通过对民族特色仪式进行分析研究，发掘有助于维护民族地区社会政治稳定的地方性内生资源，并探索让民族特色仪式充分发挥其协助提升国家政权在民族地区合法性与影响力的功能的合适途径，从而使国家权力借助民族特色仪式的展演实现与少数民族地区民众的价值取向、理想信念和生产生活的深度整合。

三 研究意义

从理论层面来看，民族地区的社会稳定问题的特点是具有相当的复杂性和特殊性，社会控制仅仅是依靠象征国家权力的法律法规并不一定就能达到理想的目标。因为，深藏在一个群体、一个族群乃至一个国家的集体意识虽然难以被直接感知，但是却实实在在地影响着人们的思维方式、规范着人们的日常行为，对于维护社会的稳定具有重要的作用。民族特色仪式就是承载和展演民族地区少数民族群众集体意识的一种重要形式，对民族特色仪式进行深入地考察分析，能够揭示出维持民族地区社会政治稳定的某些核心的东西，从而有助于我们更好地维护民族地区社会的和谐稳定。因此，对以民族传统信仰为基础的民族特色仪式的社会政治整合功能展开分析，能够为民族地区制定有关维护社会政治稳定的政策提供理论指导。

从实践层面来讲，以民族风俗习惯为基础的特色仪式通过反复展演，内化为民族地区民众心里的价值取向、思维模式、文化心理和理想信念，不仅对民族地区民众的行为与社会关系进行强制性规范，同时也成为民族地区各少数民族传统权威合法性诉求的一种合法性工具。并且，社会稳定问题在民族地区往往涉及面非常广，呈现出牵一发而动全身的特征，即当某一地区或局部出现社会稳定问题就可能影响到整个民族或其他地区的同一民族。开展对民族特色仪式的现实功能的研究，不仅可以对维护民族地区的社会稳定起到直接的效果，而且对于国家边疆安全的保障和西部大开发战略的实施都具有积极的作用。

第二节　文献资料述评

根据笔者目前所掌握的资料来看，学界对于社会政治稳定或者民族地区的社会政治稳定、仪式以及各类具有民族特色的仪式均有了比较多的研究，也取得了相当的成果。但是把民族地区的社会政治稳定问题与民族特色仪式两者结合起来，深入探究具有民族特色的各类仪式在维护民族地区的社会政治稳定中发挥了什么功能与作用的研究则比较少见。虽然有些研究民族地区各类仪式的学术成果也会涉及仪式对于维护民族村寨和谐稳定的积极作用和正面意义，但是对于其负面的制约效应则缺乏分析探讨，因而显得比较零碎、单薄，缺乏系统性与全面性。因此，笔者对现有相关性的文献资料从两个方面开展梳理工作：一是关于仪式及各类民族特色仪式的具体研究；二是关于民族地区社会政治稳定的研究。然后再借鉴、吸收其中的一些研究成果，融合到本课题的论证体系之中。当然，我们做如此的粗略分类仅仅是依据学术成果研究的侧重点而言，目的是让资料梳理更加清晰明了，而不是认为之前的学术成果均可以这样简单地划分为两类。

一　关于仪式及各类民族特色仪式的研究

西方学者自 19 世纪晚期开始对仪式开展综合研究。以詹姆斯·弗雷泽和爱德华·泰勒为代表的早期人类学者在对仪式场面进行描述的基础上，首开仪式的象征性研究之先河。他们运用比较分析的方法深入剖析那些看似落后、野蛮的仪式所包含的意义、目的和社会作用，提出仪式中的一切物体不论有无生命都具有某种特定的象征意义。

以涂尔干为代表的社会学家则开创了功能主义的研究方法，他们特别注重仪式的社会性。在涂尔干看来，仪式是由一定的群体举行并能够表达和强化群体情感的手段，通过这种仪式手段能够促使群体成员在情感上趋于一致。拉德克利夫·布朗与马林诺夫斯基沿袭了涂尔干的功能主义研究方法。拉德克利夫·布朗认为，社会人类学有三条研究仪式的路径：第一条路径是侧重考察仪式的目的和原因；第二条路径是注重考察仪式之象征和意义；第三条路径就是着重分析仪式的效果。当然，这里的效果不是指由主持仪式的人所设想出来的理想效果，而是指在仪式的展演过程中所产生的真实效果。[1] 拉德克利夫·布朗说："研究仪式与仪式价值的方法在于将仪式作为象征的表现形式来研究，并尽可能地揭示其社会功能。以我从事 30 多年的研究经历来看，这是一个最可取的方法。"[2] 因此，在他看来，对象征意义的研究是考察仪式的一个重要路径，具有非常重要的作用。拉德克利夫·布朗对仪式的社会功能做了更进一步的研究，进行了创造性的发展。他提出了"仪式价值"的概念，认为一些共同的社会价值观念可以通过仪式的举行得到确立，并且许多仪式的价值与共同的社会价值具有重合性。马林诺夫斯基则对仪式功能的研究侧重于个人，他认为个人通过参与仪式的展演，能够感受到集体的力量，找到一种归属感和幸福感，从而

---

① 转引自史宗主编《20 世纪西方宗教人类学文选》（上、下卷），金泽、宋立道、徐大建等译，生活·读书·新知三联书店 1995 年版，第 110—111 页。

② 同上书，第 113 页。

有助于减轻心中积淀的焦虑与不安。当然，他也指出一些公共仪式对于确立集体意识，维护社会的团结具有重要的作用。师从拉德克利夫·布朗的埃文思·普里查德虽然继承了社会结构对社会具有重要影响的理念，但是他通过对社会结构的形式的比较分析后认为，并非整个世界都存在一个社会运行的普遍规则。其在《努尔人》一书中，主要思考的一个问题就是"在没有集权的条件下，秩序如何被维系？"埃文思·普里查德在考察了努尔人的政治生活之后指出：努尔人没有政府，也没有法律，所有被欧洲人认为属于"政治"的问题，都在社会关系的体系中予以解决。尽管努尔人没有政府和法律，是"没有统治者的部落"，但是并非没有秩序，而是处于"有秩序的无政府状态"。人们之间的矛盾、纠纷与仇恨，都是通过一些特殊人物（如酋长、预言家之类）来解决。这些特殊人物多为主持仪式的专家，他们并不具有现代社会里政治家们所具有的政治权力，只是在人们眼中具有神圣的魅力与崇高的威望，因而能够通过一些独特的仪式调解群体的矛盾与纠纷，维持部落社会的秩序稳定。[①] 当然，有学者批评说，埃文思·普里查德研究努尔人带有意识形态色彩，具有政治企图，殖民政府让他去研究的目的是为了控制这些族群。

以弗洛伊德和荣格为代表的心理学家对仪式的研究，重点在于对仪式参与者的情感展开分析。弗洛伊德运用精神分析法研究后认为，一些原始民族对于图腾崇拜、乱伦与禁忌的信仰和仪式，在实质上和精神病类似，都属于强迫性行为，是人的潜意识冲动的结果。荣格则在批判继承弗洛伊德精神分析法的基础上，提出了"集体潜意识"的命题。他认为，神话与仪式等都不过是特定民族集体潜意识的表现结果，因此，对仪式和神话的研究能够揭示集体潜意识的根本性意义与作用。

随着社会的发展，学者们对仪式的研究亦在逐步地深入，关注的重点也随着社会现实的变化在不断延伸。1909 年，法国人类学家范·根纳普在《过渡仪式》一书中，对人的出生、死亡等生命的转折关头，以及成长过程中的成年、结婚以及升职等社会地位发生变化的关键节点时所举行的一

---

① 参见［美］埃文思·普里查德《努尔人》，褚建芳、阎书昌、赵旭东等译，华夏出版社2002 年版。

些仪式进行了系统的研究，他将这些仪式统称为"过渡仪式"，并按照仪式举行时间上的先后继起关系将其划分为"分离——过渡——融合"三个阶段。① 在仪式的这三个阶段里，人们把正在经历过渡仪式的人从平常的生活或群体中区分开来，置于一个完全隔离的空间，此时其身份也处于未定状态，只有在完成了相应的仪式过程之后才能获得一种新的身份再重新回归之前的群体和社会生活，由此开启了对仪式过程进行动态分析的研究模式。马克斯·格拉克曼提出了"社会团结"和"整合相对"的概念。他认为，仪式不是社会团结的标志，而是复杂的社会冲突与紧张关系的一种表现。其对"仪式"的界定突破了传统的宗教式定义，认为仪式就是指系列的规范化的社会关系及其活动。

法国结构主义人类学家列维·斯特劳斯将对神话和仪式的研究重点由功能转向结构方面，认为通过研究神话和仪式可以考察人类文化的深层结构。由此，仪式的象征意义亦成为人类学家关注的重点之一，利奇、道格拉斯、特纳等人都对此进行了深入的研究。埃德蒙·利奇受到结构主义的影响，他从结构论的角度提出仪式把社会结构变得清晰明确，认为仪式的秩序就象征着社会的秩序。埃德蒙·利奇把符号与象征看作是"部分"与"全体"的关系，彼此不可隔离。通过"隐喻"来实现真正意义的表达。仪式在某种意义上来讲就是象征的隐喻性表述。② 维克多·特纳对格拉克曼的"社会冲突的仪式化"与范·根纳普的"仪式结构"概念进行了继承和发展，融合了结构主义对象征的研究与功能主义对社会平衡机制的研究。他非常注重仪式的象征性分析③，认为社会内部存在分合的辩证关系，

---

① 参见［美］维克多·特纳、伊迪丝·特纳《宗教庆典仪式》，维克多·特纳《庆典》，方永德等译，上海文艺出版社1993年版，第256页。

② 彭兆荣：《文学与仪式：文学人类学的一个文化视野》，北京大学出版社2004年版，第56页。

③ 维克多·特纳在《仪式过程》一书中通过对恩丹布双胞胎仪式的描述，对仪式的象征性做了这样的分析："这些象征把人体组织与社会道德秩序联系在了一起，展示了它们最终达到的宗教性统一，这个统一体高于并且超越这些秩序之间（以及秩序之内）的冲突。这样，那些与人体生理学（尤其是生殖方面的生理学）相关联的强大动力和强烈情感就在仪式过程中剔除了其反社会的性质，而被附值于规范的社会秩序，并赋予社会以一个外借的活力，从而使得涂尔干所说的'社会强制'在情感上成为可接受的。象征既是这个过程的产物，也是其动因，并形塑了其性质。"（维克多·特纳：《仪式过程：结构与反结构》，黄剑波、柳博赟译，中国人民大学出版社2006年版，第52页。）

而仪式是一种象征性的"社会剧",可以在人的日常生活中创造出"合"来消除社会结构中的压力与紧张感。作为"社会剧"的仪式是动态的,而不是静止的,因此仪式不仅仅是维护和恢复社会的平衡与稳定,维系群体的团结与整合,而且还是一个社会进行自我界定和复兴的过程,尽管在这个过程中群体内部不可避免地会发生一些冲突。在其著作《象征之林》里,通过对恩登布人一些特色仪式的描述和意义的分析,证实了仪式在社会变迁中的功能和作用。① 玛丽·道格拉斯把仪式看成是社会秩序的象征性复制,她认为日常举动都必须要遵守的规则都属于仪式。注重个体意义的分析是其对象征的结构研究的特点,她对符号的结构研究特别强调以符号与角色结构之间的关系为基础。② 克利福德·格尔茨认为,仪式是一个能够体现特殊的集体意识、共同情感以及社会价值观念的意义体系,他基于文化的视角,透过一些民族特色仪式的研究来分析生活在不同地区的人们各自有着什么样的文化心理和信仰体系,从而又会形成什么样的神灵观、世界观和价值观。③

詹姆斯·C. 斯科特在马来西亚的一个叫作塞达卡的小村庄经过两年的考察,对村庄中扎卡特馈赠的慈善仪式的社会控制功能进行了生动地描述和深刻地分析。斯科特认为:"赛达卡存在大量超越了直接生产关系的仪式纽带,这些纽带有助于创造及凸显共同体的存在——这个共同体不仅仅是生产者的集合,涉及富人与穷人间礼物与交换的仪式纽带还是阶级关系变迁兴衰的一个敏感的晴雨表。"④ 富人通过对穷人的仪式性施舍来实施对穷人的社会控制和劳动控制,而穷人也会通过对富人礼物赠予慈善仪式的评论形成一种舆论压力希望对富人形成一种反制。但是通过对礼物交换与馈赠的慈善仪式的考察,斯科特发觉,随着现代化的进程,"贫穷的村民不仅在经济上被边缘化了,而且在仪式方面也被日渐边缘化"⑤。穷人们的

---

① 维克多·特纳的主要著作有:《仪式过程》(1969 年)、《象征的研究》(1975 年)、《象征之林》(1976 年)等。
② 玛丽·道格拉斯的主要著作有:《纯净与危险》(1966 年)、《自然的象征》(1970 年)、《内含的意义》(1975 年)等。
③ 克利福德·格尔茨的代表性著作有:《爪哇宗教》(1960 年)、《文化的解释》(1973 年)、《尼拉:十九世纪巴厘剧场国家》(1980 年)、《地方性知识》(1983 年)等。
④ [美]詹姆斯·C. 斯科特:《弱者的武器》,译林出版社 2007 年版,第 207 页。
⑤ 同上书,第 221 页。

反制愿望难以奏效，由此形成了一种比较有利于富人进行社会控制的意识形态①，最终斯科特亦因此延伸到了对霸权问题的思考。

当然，通过文献梳理，我们也可以发现，学者们关于仪式的研究基本上都涉及了一些少数民族、部落或族群的。比如普里查德研究的努尔人、特纳研究的非洲土著部落、马林诺夫斯基研究的澳洲土著部落、马克斯·格拉克曼对南非祖鲁族的研究以及斯科特对东南亚少数族群村落的考察，等等。

综观国外学者们对仪式的研究，我们大体可以归纳出以下几个方面的特点。

第一，注重仪式心理调解功能的分析。许多学者对于仪式的心理调解功能都有非常明确的分析。有学者认为：仪式可以被看成是一种交流的方式，其要表达和传达的是个人和集体在心理、生理和社会学方面的信息。②涂尔干也曾表达过类似的观点，他指出，仪式"是行仪式者赖以与神圣发生联系的一组实践"③。马林诺夫斯基就曾指出，所有仪式的出现都是希望用于满足个人和群体的深层需要④。其对于仪式的研究就着眼于两个层面的需要：第一个层面是个人的心理需要；第二个层面是社会群体的需要。基于这两个层面的分析表明，仪式产生的关键因素就是个体在面对生存和生活中的危险所表现出的焦虑情绪，由此举行仪式的一个重要目的就是希望能够消除或缓解这种焦虑情绪。⑤华莱士认为，"让人们坚信消除焦虑并

---

① 比如，詹姆斯·C. 斯科特在书中介绍："关于富人哈吉·布鲁姆和穷人拉扎克的故事应当被看作是正在建构的意识形态大厦的基石。作为意识形态，它们包含了对现实的批判和对理想的展望，它们试图建构和维持一种观点，即得体的、受欢迎的人类行为应该是怎样的，对越轨行为的社会制裁有助于界定什么是正常的、恰当的和受欢迎的行为。这些故事作为完全不受欢迎的行为的负面案例，也达到了同样的目的。因此，这些故事可以被看成是一种关于人类行为的社会文本。正因为既定的象征秩序的维持和这一秩序的变迁一样，经常成为问题，这些故事就显得尤为必要了。意识形态的修复和革新永无止境……这些竞争性的意识形态的深层目的不仅在于说服，还在于控制；更确切地说，其目的在于通过说服进行控制。"（参见詹姆斯·C. 斯科特《弱者的武器》，译林出版社 2007 年版，第 27 页。）

② 钟敬文：《民俗学概论》，上海文艺出版社 1998 年版，第 187 页。

③ ［法］涂尔干：《宗教生活的基本形式》，渠东、汲喆译，上海人民出版社 1997 年版，第 126 页。

④ 参见［英］拉德克利夫·布朗《原始社会的结构与功能》，潘蛟等译，中央民族大学出版社 2002 年版，第 86 页。

⑤ ［英］马林诺夫斯基：《文化论》，费孝通译，民间艺术出版社 1987 年版，第 79 页。

保持坚定信心是仪式的一个重要功能，举行仪式时所做的一切都是为了让人们在面对现实时能够保持一定的方式"①。事实上，人们之所以要举行仪式，一般是由于他们有某种需求但是依靠自身的力量又难以满足或实现，因此只能希望通过举行仪式而获得神灵的帮助或启示。② 在这种心理预期下，仪式对于参与者确实具有较强的心理影响作月。在仪式活动中人神共存的神圣氛围在一定程度上消除了参与者心理上的紧张与焦虑，提振了他们面对现实的信心和勇气，并且仪式过程中的歌舞狂欢或竞技活动也为参与者宣泄情感提供了平台与机会，使参与者在心理上能够获得一定程度的满足感与归属感。

第二，注重仪式社会控制功能的分析。不论是涂尔干认为人们在举行祭祀神灵仪式的深层意识里有控制神灵的欲望，还是维克多·特纳认为仪式总是伴随着社会矛盾的集聚和发生而举行，实际上都涉及了仪式的社会控制功能。结构功能学派认为，所有的文化现象都拥有一定的功能，不管是整个社会，还是处于社会局部的某个社区，都可以视为一个功能统一体，而作为文化载体的仪式必然要承载一定的功能，社会控制功能就是非常重要的一种。此观点具有一定的道理。比如中国古代的礼仪文化既满足人的"欲望"又对其进行一定的控制，其实质就是一种满足人情、区分等级的社会管控机制，是一种具有双重性的文化制度。

仪式作为一种重要的文化展演方式，其"所唤起的一方面是范围颇广的情绪与动机，另一方面是形而上方面的观念，它们构成了一个民族的精神意识"③。因为仪式可以通过周而复始的展演影响人们的心理维持一种集

---

① 纳日碧力戈：《人类学理论的新格局》，社会科学文献出版社 2001 年版，第 64 页。

② 比如，维克多·特纳就曾指出：与其说社会是一种事物，不如说社会是一种过程——一种辩证的过程，其中包含着结构和交融先后承继的各个阶段。在人类的生活中，似乎存在着一种"需要"——如果我们能够使用这个有争议的词汇的话——来使人们对这两种形式都进行参与。那些急迫地想使这一"需要"在日常的活动之中得到满足的人，会在仪式的阈限中去寻求。那些在结构中处于低下地位的人，在仪式中追求象征意义上的"在结构中处于较高的地位"；而那些在结构中处于较高地位的人，在仪式中追求象征意义上的"在结构中处于低下地位"，即使在达到目标的路上经历苦难，也在所不惜。（参见维克多·特纳《仪式过程：结构与反结构》，黄剑波、柳博赟译，中国人民大学出版社 2006 年版，第 206 页。）

③ ［美］克利福德·格尔兹：《作为文化系统的宗教》，刘小枫《20 世纪西方宗教人类学文选》，生活·读书·新知三联书店 1991 年版，第 186 页。

体的情感认同，从而巩固一些共同的目标与价值认同，进而维护社会的稳定。因此，所有的仪式都有一种通过心理调解将人们引入集体情感的认同，从而具有了社会控制的功能。

第三，与中国的古代礼仪有着千丝万缕的联系。王铭铭指出，研究仪式的人类学家实际上受到了中国古代礼仪思想的启发和影响。因为"拉德克利夫·布朗受到中国文明的影响，在他早期关于仪式的论文里面，就引用了儒家思想的代表人物之一——荀子关于礼的论述。法国年鉴学派的葛兰言对于《诗经》和中国上古舞蹈的研究，为法国结构人类学准备好了基础理论建设。列维—斯特劳斯改造了结构主义，虽然他只提取了葛兰言研究中对其有利的部分，即亲属称谓与性的联合的研究，而舍弃了葛兰言关于中国宫廷礼仪的研究部分，但是列维—斯特劳斯还是承认他的一些观点来源于葛兰言，尽管没有说来自中国"①。

国内关于仪式与民族特色仪式的研究相对西方而言要稍晚一些。贵州人民出版社1997年10月出版的张建建的《冲傩还愿》一书，是国内比较早的研究民族地区民族特色仪式的著作。作者进行了大量实地调查，在充分而详细的考察报告的基础上，运用国外的仪式研究理论，主要从文化的视角探究了仪式的符号含义、结构意义、仪式空间象征、仪式的宇宙论象征、仪式性脱离文化结构等，深入分析了民族特色傩仪的文化整合功能及其对少数民族民众精神生活的影响及其意义。

彭兆荣曾长期在西南少数民族地区开展田野调查，对中国西南少数民族的特色仪式研究颇有建树。在其《西南舅权论》、《寂静与躁动：一个深山里的族群》、《摆贝：一个西南边地的苗族村寨》等著作里描述了大量关于西南少数民族特色的生产与生活方面的仪式，而在《人类学仪式的理论和实践》一书中，则在充分梳理国内外人类学仪式理论的基础上，对仪式与神话和宗教、社会、族群、交通、表演、暴力、生态环境、现代移动性的关系以及仪式进程中的阈限与通过、仪式象征的功能与结构、仪式的历史记忆与叙事、仪式的转换和治疗等进行了深入的分析探究，书中大量案例材料都来自于西南民族地区的民族特色仪式。因此，

---

① 王铭铭：《仪式的研究与社会理论的"混合观"》，《西北民族研究》2010年第2期。

尽管此书的视角是全面性的，但也可以说是针对民族特色仪式比较深入透彻的研究成果。①

郭于华的《在乡野中阅读生命》一书对于人生的最后仪式有较多的研究，其中尤其对鄂西长阳土家族人的跳丧仪式进行了整体性的描述和深入地分析。其主编的《仪式与社会变迁》汇集了王铭铭、纳日碧力戈、翁乃群、高丙中、刘晓春等学者研究民族特色仪式的学术成果。王铭铭通过考察分析一个村神及其仪式制度建构与变迁历程，力图借此来展现一种社区共同体的历史记忆在现代化进程中的境遇，从而表现出对激进现代化立场的质疑。翁乃群通过描述纳日村民的一种祭拜女神仪式的场景，从而对纳日人的仪式过程、创世纪神话、居住的空间结构和亲属关系与性别文化特性进行了整体贯通的考察分析，从而揭示出仪式的文化象征表达及其与族群的历史过程的紧密联系。纳日碧力戈通过对在北京的蒙古族举行的传统民族特色仪式——那达慕大会的符号结构的考察分析，展示了民族特色仪式在特定时间和空间里划分符号边界与构建群体认同的过程，并根据族群的变迁历史、流动状况以及和其他各类文化的互动中探析文化、族群和民族—国家之间的关系。高丙中的《民间的仪式与国家的在场》一文通过对仪式和象征符号的分析，论述了个人、国家、社会三者之间的关系。文中运用了青海土族乡的调查事例说明民间的表述方式中有国家的在场，并且是民间自愿将国家的象征符号纳入自己的仪式体系。通过贵州榕江苗寨"议榔"仪式在维护地方秩序中发挥了积极作用，论证了国家与少数民族可以通过民族特色的仪式达成合作治理与互相认可，实现双赢的局面，并且这种国家与民间的仪式性合作治理必须要通过具体的人来实现，于是一些基层干部与民间仪式的主持就产生了交集而成为双面人，这些人对外是国家干部，对内就是祭师、歌师或者寨老。由此揭示了国家与民族村寨传统、政府与民众可以通过民族特色仪式构建一种协作互利的关系。刘晓春通过对客家乡镇信仰——仪式中心变迁的考察和分析，展示了传统的复兴过程中国家权力与民间权威共谋、合作的复杂关系。郭于华在《民间社会

---

① 彭兆荣关于仪式研究方面的代表作有：《西南舅权论》（1997 年）、《寂静与躁动：一个深山里的族群》（2000 年）、《文学与仪式》（2004 年）、《摆贝：一个西南边地的苗族村寨》（2004 年）、《人类学仪式的理论和实践》（2007 年）等。

与仪式国家》一文里，基于仪式与象征的研究视角，分析了民间仪式与国家仪式之间的替代与转变，展现了暗含其中的国家与社会之间错综复杂的关系，而揭示仪式与社会变迁则是其着重点。

此外，刘晓春在《仪式与象征的秩序》一书中，通过对赣南一个客家村落的考察，力图以民族志的方式重建村落的仪式——象征体系，而家族作为村落仪式——象征体系的载体自然是其关注的重点，尽管"区别于传统时期的家族，现代的家族虽然失去了它在传统时期所具有的经济功能，但是，由于家族精英对家族传统的重建，通过仪式以及象征的再造，使家族的一体性再一次得到了确认"①。他通过对家族仪式——象征体系的描述分析，探讨了村落的历史、权力和记忆，以一个独特的视角展示当代中国传统乡村社会的权力运行规则与内生秩序。② 王铭铭通过对范庄的"龙牌盛会"仪式和溪村家族庆典仪式的考察分析后提出，"仪式所要建构的实际上是一种与现实社会结构互为模拟的'象征的秩序'。范庄的'龙牌盛会'所确立的就是以龙为中心的地区性祭坛，而溪村家族庆典所确立的就是祖先的核心地位，它们建构的模拟社会空间就是所有人界对神圣世界依从的秩序"③。刘亚虎对以侗族的堂萨、佤族的鬼林为典型象征的少数民族的祭祀文化进行了深入研究，搜集了大量少数民族生产生活中的祭祀仪式，并对祭祀仪式所依托的灵魂观念、仪式过程中迎接神灵的祭坛、人神交往的祭词和沟通人神的祭师等进行了描述分析。④ 另外还有许多学者从各自角度对各类民族特色仪式展开研究的学术论文。

综上所述，国内外学者们的研究主要都是围绕着民族特色仪式、象征符号及其在特定社区群体的文化特质以及演变等方面展开，以人类学和社会学的研究居多。其中国内学者一个重要的研究特点就是对传统民族特色仪式深入发掘进行人类学的素描，一个重要的研究指向就是关注在现代化的冲击下民族特色仪式的生存前景及其为民族地区经济发展提供支持的可能性，虽然一些研究也涉及了民族特色仪式的行为规范与社

---

① 刘晓春：《仪式与象征的秩序》，商务印书馆 2003 年版，第 235 页。
② 同上。
③ 王铭铭：《象征的秩序》，《读书》1998 年第 2 期。
④ 参见刘亚虎《荒野上的祭坛》，北京出版社 2000 年版。

会整合功能，但是显得较为零散，缺乏全面性与系统性。总体而言，以仪式为基本视角，特别针对在维护中国民族地区社会政治稳定的过程中，民族特色仪式具体发挥什么作用以及如何发挥作用进行系统而全面的研究还是比较缺乏的。

二 关于民族地区社会政治稳定的研究

实质上来讲，中国民族地区的社会政治稳定问题是属于社会稳定问题的范畴，因此，我们需要首先对普遍意义上的社会稳定问题的研究进行一个大致的梳理。关于社会政治稳定的问题，国内外政治家和学者们很早就开始给予了高度关注，纷纷从各自的角度出发探讨如何实现和维护社会稳定。

阿尔蒙德、亨廷顿、柯尔曼和派伊等人是西方研究社会稳定问题非常有影响力的学者。他们对于构成危及发展中国家社会稳定的根本原因的观点比较趋向一致：当发展中国家从传统社会向现代社会快速转型的过程中，社会环境与社会运行状况都会发生巨大的变化从而对政治系统提出了更高的要求，而当初的传统政治系统却难以适应这种变化和满足新的要求，由此导致了许多社会矛盾和问题并日趋积累，最终形成危及社会稳定的社会政治冲突。具体来讲，西方学者们的研究主要是从三个方面展开：第一个方面是以塞缪尔·亨廷顿为代表的学者，他们在研究政治发展的过程中运用历史分析与比较研究相结合的研究方法对发展中国家的政治稳定问题进行了深入的探析，亨廷顿在他的《变化社会中的政治秩序》一书中提出，继承性和秩序性是维持社会政治稳定的两个关键要素，[①] 他通过搜集大量的资料和数据，对20世纪一些主要的发展中国家的社会发展变迁的历程进行了综合比较研究，最终得出的一个重要结论就是"现代性产生稳定，现代化引起不稳定"[②]；第二个方面是一些学者注重从结构功能的角度出发对社会的整个政治体系和系统结构进行分析，这部分学者以阿尔蒙德

---

① ［美］塞缪尔·P. 亨廷顿、乔治·I. 多明格斯：《政治发展》，格林斯坦、波尔斯比《政治学手册精选》（下），商务印书馆1996年版，第155页。

② ［美］塞缪尔·P. 亨廷顿：《变化社会中的政治秩序》，上海世纪出版集团2008年版，第45页。

为主要代表。阿尔蒙德在其著作《比较政治学：体系、过程和政策》中提出，影响一个社会政治稳定与否的关键因素是：政权是不是合法，表达利益的渠道是不是通畅，政府政策的科学性如何，社会认同意识的程度如何，各类社会团体之间的关系是不是融洽，民众扩大政治参与的要求在社会政治体系中是否能够得到满足①；第三个方面是从心理学的角度对社会政治稳定展开分析研究的学者，以泰德·格尔等为代表。格尔在其著作《人们为什么要造反》中，把人们因为社会变迁而引起的心理变化与社会的政治稳定构建起一种联系，从而提出了一个影响极为广泛的理论——"相对剥夺"价值理论，展现了个人的价值预期和社会的价值供给力之间存在一定的心理博弈关系。假如社会价值供给力不能满足或者低于个人的价值预期，个人就可能觉得吃了亏，由此产生一种被剥夺的心理，并且这种被剥夺心理的强烈程度同社会的稳定程度之间存在反比例的关系，格尔由此得出一个推论：维持社会的稳定在某种意义上也就是维持社会心理的稳定。②

除了上述三个方面之外，一些西方学者开始引入经济学的研究方法来研究政治学领域的问题，从而扬弃了以往单独从政治学的角度探析社会政治稳定的研究路径，开创了通过经济发展与政治稳定之间的关系来研究社会政治稳定的新方法，这部分学者以道格拉斯·诺斯为主要代表，其在《秩序、无序和经济变化：拉美对北美》一书中就充分运用了经济学的方法来研究社会政治稳定的问题。

社会政治环境的稳定是中国改革和发展的重要前提。邓小平曾指出，我们的"目的就是要稳定，稳定才能搞建设。道理很简单：中国人这么多，底子这么薄，没有安定团结的政治环境，没有稳定的社会秩序，什么事也干不成。稳定压倒一切"③。他认为："中国的问题，压倒一切的是需要稳定。没有稳定的环境，什么都搞不成，已经取得的成果也会失掉。"④

---

① ［美］加布里埃尔·A. 阿尔蒙德、小 G·宾厄姆鲍威尔：《比较政治学：体系、过程和政策》，东方出版社 1985 年版。

② 转引自［美］迈克尔·罗斯金等《政治科学》，林震等译，华夏出版社 2001 年版，第 393 页。

③ 《邓小平文选》（第三卷），人民出版社 1993 年版，第 331 页。

④ 同上书，第 284 页。

国内的学者们从各个角度对社会政治稳定进行了研究。邓伟志从价值和操作两个层面对社会政治稳定问题进行了系统、全面的探讨[①];陶德麟从理论、历史、现实和战略四个维度对社会政治稳定的主要内容、历史形态、现实挑战与战略选择展开了全面的分析。[②] 郑慧则对政治稳定的含义进行深入的分析,认为政治稳定是指在一定社会里的政治运作与政治状态规范有序,对政权的巩固非常有利,其具有动态性、阶级性与结构性以及社会相关性等四个方面的特点。[③] 此外,一些学者基于社会转型的视角对中国社会政治稳定的影响因素和现实特点进行了分析,[④] 一些学者则着重关注现代化进程给中国社会政治稳定带来的影响。[⑤]

然而中国的一个重要国情就是民族众多。除汉族以外,大部分少数民族都聚居在中国的西部地区形成独具特色的少数民族地区[⑥],居住其间的各少数民族在生活习俗、宗教信仰彼此亦存在很大差异,由于恶劣的地理环境,民族地区的经济和社会发展明显滞后于其他地区。这些因素凸显出中国维护社会政治稳定的一个重点就是要维护民族地区的社会政治稳定。因为民族地区内部的冲突常常表现在三个方面:一是因民族语言的不同、

---

① 邓伟志:《变革社会中的政治稳定》,上海人民出版社 1997 年版。

② 陶德麟:《社会稳定论》,山东人民出版社 1999 年版。

③ 郑慧:《"政治稳定"概念分析》,《社会主义研究》2002 年第 4 期。

④ 如王绍光《经济繁荣背后的社会不稳定》,《战略与管理》2002 年第 3 期;王峰明《根据转型期特点,全力做好社会稳定工作——访中国社会科学院社会学所研究员陆学艺》,《前线》2000 年第 6 期;郑杭生《警惕"类发展困境"——社会学视野下我国社会稳定面临的新形势》,《中国特色社会主义研究》2002 年第 3 期;于建嵘《从刚性稳定到韧性稳定——关于中国社会秩序的一个分析框架》,《学习与探索》2009 年第 5 期;陆学艺《当代中国社会结构与社会建设》,《学习时报》2010 年 8 月 30 日等。

⑤ 如党国英《寻求现代化进程中的社会稳定——关于现代化理论的一个评述》,《中国国情国力》1999 年第 5 期;柳建文《现代化进程中的适度社会动员——发展中国家实现社会稳定的重要条件》,《社会科学》2005 年第 1 期;罗荣渠《现代化新论——世界与中国的现代化进程》,商务印书馆 2004 年版;胡联合、胡鞍钢《繁荣稳定论》,中国大百科全书出版社 2009 年版等。

⑥ "我国目前开发的由陕、甘、宁、内蒙古、新、青、藏、川、渝、云、贵、桂等 12 个省、自治区、直辖市构成的西部地区,历史上就是少数民族生息、繁衍和角逐的地方,现在又是我国少数民族集中的地区。全国 55 个少数民族中就有 48 个聚居于西部,全国少数民族人口的 72.32% 生活于西部,全国的 5 个自治区全部在西部,30 个自治州中的 27 个在西部,124 个自治县(旗)中的 84 个在西部,民族自治地方占整个西部面积的 85% 左右。"(参见周平《促进政治发展维护政治稳定——西部开发与少数民族地区的政治发展和政治稳定学术研讨会综述》,《政治学研究》2001 年第 3 期。)

风俗习惯的各异、宗教教派的区别、价值观念的迥异等民族文化方面的差异引起的争执；二是由于政治权益分配与经济权益分配等民族权益分配方面的失衡而引起的争斗；三是缘于族群之间的土地、草场、矿产资源的分布以及地理位置的结构性不均衡而引起的矛盾。这三个方面的冲突往往会导致民族地区的社会稳定被打破，使经济和社会问题上升为政治问题。尤其近年来，世界各地的冲突事件多发生在民族地区，中国民族地区的群体性事件和暴力恐怖事件也呈现上升的趋势，因而如何维护民族地区的社会稳定引起国内学者们的高度关注。

　　目前，在研究中国民族地区社会政治稳定方面比较具有影响力的学者是云南大学的周平教授与南开大学的高永久教授。周平教授主持国家社科基金重点项目"多民族国家族际政治整合研究"，并发表多篇学术论文，从少数民族的政治文化、民族自治制度的形成历史、民族政策的价值取向以及民族意识的调控与族际关系的整合等多个层面对民族地区的社会政治稳定的影响因素、面临的挑战以及政策的选择进行了深入的分析和认真的思考，其在《民族政治学》一书中对民族地区的政治稳定也有所论及。①高永久主持的国家教委"九五"规划项目"西北少数民族社会稳定机制研究"对西北少数民族的民族文化特点、经济发展水平以及族群心理状况进行了深入的调查分析，希图通过民族认同心理的预警、整合、调控和保障等功能建立民族稳定的社会预警系统，进而建构一套民族地区社会稳定机制，以维护民族地区社会的稳定。此外，高永久教授还发表了一系列关于民族地区稳定的学术论文。②如《对民族地区社会稳定的思考》把民族地区的社会稳定区分为政治稳定、经济稳定和文化稳定三个方面，其中政治

---

　　①　周平发表的有关民族地区社会政治稳定的代表性论著有：《对民族国家的再认识》，《政治学研究》2009年第4期；《民族国家与国族建设》，《政治学研究》2010年第3期；《论多民族国家民族问题的治理》，《晋阳学刊》2013年第3期；《民族政治学》，高等教育出版社2007年版；《多民族国家的族际政治整合》，中央编译出版社2012年版。

　　②　高永久发表的关于民族地区社会政治稳定的代表性论文有：《论民族社会稳定的预警系统》，《中南民族大学学报》（人文社会科学版）2003年第5期；《对民族地区社会稳定的思考》，《兰州大学学报》（社会科学版）2003年第3期；《宗教对民族地区社会稳定的双重作用》，《甘肃社会科学》2003年第4期；《论民族心理认同对社会稳定的作用》，《中南民族大学学报》（人文社会科学版）2005年第5期；与左宏愿合著《论社会转型期民族群体性事件的成因及其治理》，《中央民族大学学报》（哲学社会科学版）2011年第6期。

稳定处于核心的地位，是其他稳定的前提和基础；《宗教对民族地区社会稳定的双重作用》中强调了民族地区的宗教信仰对于民族地区的社会政治稳定具有正反两方面的作用：首先是宗教的整合和调适功能能够促进民族地区的社会政治稳定，其次宗教的滞后性和触发性等特点则对民族地区的社会政治稳定带来消极影响；《论民族心理认同对社会稳定的作用》认为民族认同心理预警、整合、调控和保障功能是维护民族地区社会政治稳定的重要因素。王希恩认为多民族国家维持稳定的基本要素包括民族关系的平等、国家认同的统一、社会联系的一体，而形成这些要素可以是一个自然的过程，也可以依靠国家机制的培育。① 胡联合、胡鞍钢认为民族问题关系到民族地区社会政治稳定的物质基础、政治保障、精神支持，因此，其对民族地区的社会稳定具有复杂而深远的影响。② 针对多数研究者认为经济欠发达、西方敌对势力的挑唆以及三股恶势力（恐怖主义、宗教极端主义和分裂主义）是影响新疆社会政治稳定的主要因素，杨圣敏通过对新疆一个少数民族社区的实地考察，提出传统的社会保障制度才是维持民族地区社会政治稳定的重要原因。③ 以王宗礼为代表的一些学者则注重于分析民族地区特殊的自然地理环境和经济社会等因素，他们希图建构一套包含环境适应、社会保障和政治参与以及制度保障等方面的稳定机制来维护民族地区的社会政治稳定。④ 此外，清华大学的高其才、北京大学的周星以及贵州民族大学的邹渊等学者则各自从民族习惯法的角度认真探析了中国民族地区维护社会政治稳定需要认真注意的一些问题。⑤

---

① 王希恩：《多民族国家和谐稳定的基本要素及其形成》，《民族研究》1999 年第 1 期。

② 胡联合、胡鞍钢：《民族问题影响社会稳定的机理分析》，《人文杂志》2008 年第 2 期。

③ 杨圣敏：《社会稳定和谐的基础是什么——一个少数民族社区的案例》，《北京大学学报》2008 年第 5 期。

④ 王宗礼、巨生良：《区域发展不平衡背景下影响民族关系的新因素》，《青海民族研究》2007 年第 4 期。

⑤ 如，周星认为："习惯法在现阶段的凉山，依然适应其民间社会生活的需要。相比而言，习惯法的道理与人们生活密切相关，当地人人皆知，具有公开性，国家的法律法规由于距当地人生活较远，加上语言隔阂，较少公开性，彝族民众知之甚少；习惯法一般是追究加害人一方家属及家支的连带责任，国家法制则除当事人外，不承认其他人的连带责任；习惯法注重赔偿，如赔偿没有兑现，当事双方间的紧张关系就难以结束，政法部门则多判以刑罚，较少关注赔偿；习惯法能兼顾为当地社区或特定群体认可的'情理'，法制则排斥情感。"（参见周星《家支·德古·习惯法》，《社会科学战线》1997 年第 5 期）。邹渊认为："习惯法倡导善行，排通障碍，制（转下页）

三　现有研究之局限

综合上述分析，我们不难发现国内外学者虽然基于各自的角度对社会政治稳定进行了理论的探讨和经验的研究，也取得了丰硕的学术成果，但是仍然存在一定的局限性。

我们首先来评析西方学者。其一，西方学者们的社会稳定理论显然带有"西方本位主义"、"欧美中心主义"的价值取向，对各国社会政治发展不可避免要受到各自的传统文化、历史背景的特殊影响存在明显的忽视。其二，西方学者们虽然对世界各民族之间的社会政治稳定问题较为关注，但主要侧重于宏观层面的分析，并且往往以文化传统和宗教信仰作为划分民族的标准，而在中观和微观层面对民族地区内部社会稳定问题的研究则不多。如美国著名的政治学家亨廷顿在《文明的冲突与世界秩序的重建》一书里就从宏观的层面对世界各民族所创造的文明进行了划分，并据此对不同民族之间存在的文化冲突以及对世界秩序可能造成的影响进行了深入的分析，但是其对于具体民族地区和民族内部的政治稳定则探讨不多。其三，很少从仪式的角度对世界各国民族地区的社会稳定问题展开政治分析。虽然格尔兹的《尼加拉：十九世纪巴厘剧场国家》与斯科特的《弱者的武器》中也有涉及政治的关于民族仪式的分析，然其主要是基于人类学的视角展开的人类学深描。

其次，就国内学者研究状况而言，主要有这两个方面的问题：其一，对于社会政治稳定的研究主要是针对中国改革开放以来的社会现实，基本

（接上页）止恶行，从而起到了国家法律或单纯的道德所不能起到的调节作用。这种调节作用主要表现在以下方面：它组织管理生产，防止和惩处破坏生产的违规犯罪；加强社会治安，惩治坏人坏事；维护婚姻自由，调解婚姻家庭纠纷；保护集体和私人财产，协调民族之间的矛盾。……因此，在少数民族习惯法中体现出来的是：民族、村寨和家族的整体利益高于个体成员的利益，个体与群体休戚相关，荣辱与共。主要目的在于维持本民族社会的秩序与安定，保障群体的统一与和谐。"（参见邹渊《习惯法与少数民族习惯法》，《贵州民族研究》1997 年第 4 期）高其才通过对广西瑶族进行调查后认为："在瑶族社会中，社会关系的调整，社会资源的分配，社会秩序的维持，民族文化的传承，主要都是通过习惯法进行的，习惯法在瑶族社会具有举足轻重的地位。"（参见高其才《现代化进程中的瑶族"做社"活动——以广西金秀郎庞为例》，《民族研究》2007 年第 2 期。此外，高其才还先后出版了：《中国少数民族习惯法研究》，清华大学出版社 2003 年版；《瑶族习惯法》，清华大学出版社 2008 年版）

上是以现代化背景下的社会转型为研究视角，而理论来源基本是借鉴和引用马克思主义的社会冲突理论以及当代西方学者的理论。其二，从仪式的视角来分析民族地区的社会政治稳定的研究比较少见。注重研究民族特色仪式的学者往往对社会政治稳定有所忽略，而注重研究民族地区社会政治稳定的学者则对仪式视角不太关注，从而使民族特色仪式研究与民族地区社会政治稳定研究缺乏有效的融合而一直未能形成一个新的研究领域。如，以彭兆荣、王铭铭、郭于华等为代表的国内人类学者们虽然对民族特色仪式的研究颇有成就，但是他们的研究重点在于当社会发生重大变迁的过程中仪式扮演何种社会角色和发挥怎样的社会作用，而不在于仪式对维护民族地区的社会政治稳定的特定功能分析。周平、高永久等学者虽然对民族地区的社会稳定问题非常注重，但是对于民族地区内生的民族特色仪式的功能则没有太多的关注，而周星、高其才、邹渊等学者虽然对于民族风俗习惯在维护民族地区社会稳定方面的功能有所论述，但是民族传统风俗习惯的具体外在表现形式——民族特色的仪式则不是他们关注的重点，相关的论述分析亦只是给民族习惯法做例证说明时才偶有涉及。

因此，本课题尝试对民族特色仪式维护民族地区社会政治稳定的功能进行全面的梳理和分析，还是很有必要的。当然，作为学术的尝试，也就有失败的可能，即便如此，如果能够为以后的研究者们提供一点点经验借鉴，也算是本课题研究的学术价值得到了现实的体现。

第三节　研究思路与方法

一　研究思路

与全国其他地区相比，民族地区的经济与社会发展水平要相对落后，从而使民族地区社会稳定的维持表现出独特性的一面，即在社会日常生活中，传统的民族风俗习惯对社会成员的行为以及社会成员之间的关系起到重要的调控作用。但是作为一种传统观念与思维模式，抑或是文化心理的民族风俗习惯具有一定的抽象性，其实施社会控制、维护社会秩序的功能，必须借助一些特定的象征符号体系——民族特色仪式，转化为外在可视的具体操作形式方可实现。因此，本课题的研究将民族特色仪式作为重要的研究对象，对其在民族地区所展现出的社会控制和秩序维持功能进行深入的探讨分析，并从中观和微观层面展开针对性的对策思考，力图为我国维护民族地区的社会稳定提出一些可资利用的政策建议。

具体而言，本课题研究的内容主要包括以下六个部分：

第一部分是导论。主要对本课题研究的背景、目的和意义进行介绍，对国内外相关的学术成果进行了梳理和评述，明确了课题的基本研究思路和准备在研究过程中采用的研究方法。

第二部分是对核心概念的辨析和基础理论的阐释。这一部分主要是对课题研究中涉及的"民族特色仪式"、"社会政治稳定"、"民族地区传统权威"等核心概念作出了界定，并对"仪式功能理论"、"社会控制理论"等相关基础理论进行了回顾和阐释，为保证课题研究的精确性与规范性奠定了基础。

第三部分为民族特色仪式与民族地区社会政治稳定之关系。在这一部分，首先梳理了民族特色仪式与民族风俗习惯的特点；其次，通过对民族地区较为特殊的社会环境、文化氛围的分析，表明中国民族地区的许多社会行为都是受到民族传统风俗习惯所规范和引导的。因此，长期以来传统的民族风俗习惯在维护民族地区的社会政治稳定，对民族地区社会实施有效控制方面都起到了重要的作用。但是，传统的民族风俗习惯主要表现为民族地区民众的一种文化心理，甚至是一类思维模式和价值观念，具有抽象化的特点，存在不利于民众亲身感受学习和现实操作的不足。而各类具有民族传统信仰深厚底色的民族特色仪式则能通过一系列象征符号体系使得较为抽象的民族传统风俗习惯转化为一些具体可见的行为与过程，从而能够客观实在地规范民众的行为，塑造民众的价值取向，真正成为维护民族地区社会政治稳定的重要工具。通过民族特色仪式的展演，能够让仪式的参与者对族群产生强烈的认同心理和明确的归属感，从而发挥直接、有效地维持社会秩序的功能。

第四部分对民族特色仪式维护社会稳定的功能进行具体而全面的分析。在这一部分，运用仪式功能理论与社会控制理论对民族特色仪式的一些具体案例进行分析，揭示了民族特色仪式不仅具有强化民族地区的社会规范、促进民族地区的社会整合和推动民族村寨的经济发展的正面功能，也具有一些可能的负面功能，如，通过民族特色仪式得以强化的民族传统权威、民族认同感以及某些民族特色仪式所包含的愚昧落后因素可能给维护民族地区的社会稳定带来不利影响。

第五部分为民族特色仪式维护民族地区社会政治稳定功能的现代张力。虽然民族特色仪式对维护民族地区的社会政治稳定具有重要的功能，但是随着现代化的推进，当下民族地区相对较为封闭的传统生活受到外来现代生活的压力与挑战日益加大，随之而来的是少数民族民众内心的焦虑感呈现出日渐强化的趋势，传统与现代之间的张力不可避免地显现出来。因此，在这一部分，我们通过对民族传统权威与现代行政权力之间的紧张关系、民族特色仪式社会控制功能的式微趋势以及经济功能与文化传承功能的变化的梳理分析，充分揭示了民族特色仪式维护民族地区社会政治稳定功能在民族地区社会现代化的进程中所面临的现实张力。

第六部分是对策思考与政策建议。这一部分在全面总结课题研究的基础上，得出了结论性的判断，并针对课题研究中所发现的现实问题和潜在风险进行对策思考，提出一些可行性的政策建议，以期在维护民族地区社会稳定方面充分发挥民族特色仪式的独特功能，维持中国民族地区社会的稳定、协调发展。

二 研究方法

在研究过程中，本课题涉及了政治学、社会学和民俗学以及民族学等学科的理论与专业知识，具体用到了以下几种研究方法：

文献分析法：为了了解民族特色仪式的源起与历史变迁，需要对一些民族志的文献进行收集与梳理，可以为课题的理论分析奠定基础。本课题在查阅大量民族方面的政策类文献、记载类文献、研究类文献的基础上，对之进行认真筛选、整理和分析，为深入研究民族特色仪式维护民族地区社会政治的功能提供尽可能客观、全面的视角。

案例研究法：案例研究法是开展实证研究的一种重要方法，是一种全面的、综合性的研究思路。"它在不脱离现实生活环境的情况下研究当前正在进行的现象；待研究的现象与其所处的环境背景之间的界限并不十分明显。……处理有待研究的变量比数据点还要多的特殊情况，所以需要通过多种渠道收集资料，并把所有数据资料汇合在一起进行交叉分析，因此：需要事先提出理论假设，以指导资料收集及资料分析。"① 在本课题的研究过程中，课题组成员在贵州、甘肃、青海等地进行了实地调研，收集了许多第一手资料。

访谈法：访谈法就是一种研究人员与调查对象进行面对面的沟通、交流的方式来获得所需的研究资料的方法，在社会学、民俗学、人类学和心理学等学科的研究中应用较多。本课题在现场调研时大多采用了结构式访谈的形式，在取得调查对象同意之后对现场访谈进行录音，然后再依据访谈录音整理成完整的文字材料，最终形成完整的研究资料。当然，访谈法对于情境的要求较高，在不同的情境下，访谈对象的说法可能会不一致。为此必须要尽可能地与访谈对象融合在一起，打成一片，充分取得其信任，才可能听到其真实的想法。2011 年 10 月，笔者在黔东南雷山县一个叫长乌村的苗族村寨调查访谈，住在一个村民家中，受到热情接待。但是在吃饭时由于笔者担心不胜酒力而坚持不肯接受村民们的轮番敬酒，导致大家很是不满，其中一位村民忍不住抱怨："是不是嫌弃我们的酒不好？瞧不起我们？"结果场面有点尴尬，在这种情况下，访谈的效果自然是要大打折扣了。第二天，笔者下定决心放下害怕喝醉的思想包袱，对村民们的敬酒来者不拒，与大家开怀畅饮，结果赢得了村民们的信任，大家都非常高兴，相谈甚欢，内心的真实想法也都愿意说出来了，访谈调查最终取得了满意的效果。

问卷调查法：问卷调查法就是通过向被选取的调查对象发放一些统一设计的包含一些简单问题的问卷，用于搜集所需信息和资料的研究方法。根据问卷载体的不同可以分为纸质问卷调查和网络问卷调查，问卷所含问题的答案可以是开放式的（被调查者可以自由回答）也可以是封闭式的（被调查者只需选择提供的答案）。由于本课题的问卷调查一般与访谈结合进行，因此主要采用的是纸质的问卷调查，所涉及的问题的答案也是开放

---

① ［美］罗伯特·K. 殷：《案例研究：设计与方法》，周海涛等译，重庆大学出版社 2004 年版，第 16 页。

式与封闭式相结合。在本课题的实际调查过程中，由于一些被调查的少数民族民众存在事实上的语言障碍和文化水平的参差不齐，因此，部分调查问卷是采取代填方式完成的。

第四节　研究创新之处

本课题研究在以下三个方面进行了创新性的开拓与探索、力求有所发现：

第一，研究领域的新开拓。本课题不同于以往的研究模式，开创性地提出从仪式的角度切入对维护民族地区社会政治稳定的问题进行研究，开拓了探究民族特色仪式维护民族地区社会政治稳定之功能的独特研究领域。

第二，理论分析的新思路。首先，提出了"民族特色仪式"的概念，并对其进行了明确的界定，从而与笼统意义上的"仪式"区分开来，以利于对研究对象的"聚焦"；其次，不仅分析了民族特色仪式在社会整合、心理调适、促进经济发展等正面功能，而且深入剖析了民族特色仪式在强化民族认同心理、塑造地方传统权威方面存在的潜在风险及其现代化进程中面临的张力与挑战，正反两方面的分析思路在一定程度上突破了以往研究过于注重单一正面功能的局限，极大地拓宽了研究视野。

第三，对策研究的新探索。在对策研究方面，本课题提出国家应将具有民族传统信仰底色的各类特色仪式纳入各级政府的法律规章与政策体系之中，在制度层面保证国家权力能够通过信仰仪式与广大少数民族民众的日常生活、价值信念实现深度整合，从而为建构维护民族地区社会政治稳定的长效机制奠定基础。这种创新的对策探索具有相当的现实针对性和可操作性，能够为相关的政府部门提供重要的决策参考依据。

第二章 核心概念与基础理论

第一节 核心概念界定

一 民族特色仪式

一般性的仪式植入了民族风俗和民族宗教信仰因子之后就成为具有民族特色的仪式，因此，要界定"民族特色仪式"这个概念，我们首先必须要厘清"仪式"一词。"仪式"译自英语的"ritual"，其本意是指"有一套标准化的行为，其手段看上去并不是与目的直接相关"，也就是说在仪式展演过程中所采取的一些行为与手段往往隐含有更为深远的意义和目的，而不是局限行为与手段本身。现在，有关仪式的研究成果虽然很多，但是对于仪式却没有一个能为大家所公认的概念界定，不同专业领域的学者基于各自不同的研究视角纷纷提出自己的见解。一些学者基于人类学的研究视角，将仪式的研究范畴聚焦于人类"社会行为"的阐述上。比如，维克多·特纳就指出随着人类社会的变迁会形成一定的社会分层，存在于社会层级之间某种具有"典礼形式"性质的社会行为就是仪式。有些学者则从广义的层面上理解仪式，他们认为人们在日常生活中的一些平常举动，如见面的问候致意和告别时说"再见"等都可以视为仪式。如，利奇就认为人们日常用到的一些言语性的东西（如祷词、圣歌、咒语等）也能体现仪式的特点、价值和意义，跟人们使用生活器具和动作手势具有同样的目的。范·根纳普基于仪式举行时间的视角，对人的出生、死亡等生命的转折关头，以及成长过程中的成年、结婚以及升职等社会地位发生变化的关键节点时所举行的一些仪式进行了系统的研究，他将这些仪式统称为"过渡仪式"，并按照仪式举行时间上的先后继起关系将其分解为"分离——过渡——融合"三个阶段。涂尔干基于"神圣与世俗"二元对立结构的视角，指出宗教仪式的实质体现了社会生活的结构与实践过程。一些学者则基于超时空的视角对仪式进行阐释，他们认为仪式是人们的一种社会实践行动，具有标准化和重复性的特点。还有些学者基于戏剧分析的视角，认为仪式就是一种"社会剧"的表演，通过这种社会剧的表演，能够增加人与人之间的相互沟通，并为群体传统活动的维持提供了平台。[①] 史蒂文·卢克斯认为仪式就是一种"受规则支配的象征性活动，它能使仪式的参与者注意他们认为有特殊意义的思想和感情对象"[②]。

综上可知，研究视角与专业领域的不同导致学者们对仪式的理解和描述存在很大的差异，可谓是各具特色，各有独到之处。下面列举一些比较有代表性的定义：（1）仪式是一种普遍为人们所接受的行为方式，它由传统习惯发展而来，其最基本的功能是促进人们之间的相互理解。因此，在某种意义上讲，仪式与语言有相同之处。[③] （2）仪式是指礼之秩序形式、礼节规范等。[④] （3）仪式是一套象征行为，它们条理清楚，对个人和社会群体都具有切实的转变功用。[⑤] （4）仪式是指按照一定的文化传统将一些具有象征意义的行为集中起来的系列安排或程序。[⑥] （5）维克多·特纳对仪式的定义是："仪式是指一套规定好了的用于特定场合的正式行为，是一系列连续性活动的标准，包括在一些特定的场合中进行语言、形体和器物等的展演，并按照特定的技术惯例，依靠行为参与者对神秘的（或非经验的）存在或力量的信仰（这些存在或力量被看作所有结果的第一位的和终极的原因），以达到行为者在仪式中设计的某种超然的影响和目标。"[⑦]

[①] ［美］约翰·R. 霍尔、玛丽·乔尼兹：《文化：社会学的视野》，周晓虹等译，商务印书馆 2002 年版，第 91 页。

[②] Steven Lukes. "Political Ritual and Social Integration", Sociology, 9 (1975)：291.

[③] 《简明不列颠百科全书：第九卷》，中国大百科全书出版社 1986 年版，第 65 页。

[④] 夏征农主编：《辞海》（三卷本），上海辞书出版社 1979 年版。

[⑤] Lincoln. B., *Emerging from the Chrysalis：Ritual of Women's Initiation*，New York & Oxford：Oxford University Press，1991：6.

[⑥] 陈国强、石奕龙等：《简明文化人类学词典》，浙江人民出版社 1990 年版，第 135 页。

[⑦] Turner. *From Ritual to Theatre*. New York：PAJ Publications，1982：79.

维克多的这个定义在学术界颇受推崇，具有较高的权威性。（6）郭于华对仪式的定义是：仪式经常被看作是一套象征性的、表演性的，由文化传统所规定的行为方式，其作为特定群体的沟通交流、维护社会秩序稳定的方式通常被人们进行功能性的解释。

鉴于本项目的研究目的和特定的功能研究视角，笔者以为民族特色仪式就是指受少数民族风俗习惯和传统文化支配的象征性、表演性活动，它能够使行为活动的参与者心里产生认同特定民族的社会价值观念和信仰体系的直接效果。

二 社会政治稳定

政治稳定一般是指特定社会的社会冲突被控制在一定的秩序范围内，整个政治制度和政治体系保持动态的连续性和有序性。亨廷顿指出，一定社会的政治稳定并不是说整个社会的政治系统没有发生变化，只是政治文化、政治价值、政治心理和基本的政治制度的变化比较平和而已，具有一定的连续性。社会稳定则含义比较广泛，一般包括特定社会的思想、文化、政治、经济的稳定。当然，社会稳定也不是维持思想、文化、政治和经济因素的静止不动，不发生变化，而是要维系各个组成部分的协调，保持一种动态的平衡。其中政治的稳定是关键性的，是社会稳定的根本和标志。一般而言，狭义上的社会稳定就是指政治稳定。

本研究中提到的社会政治稳定是针对民族地区而言，主要是指民族地区的社会成员能够遵守共同的理想信念、特定的行为规范、现实的价值观念和传统的思维模式，从而维持现行整体社会秩序的稳定，带有较强的政治性质，侧重于政治稳定的维护，但同时也涉及经济发展、文化保护、思想意识对社会秩序的影响。

三 民族地区传统权威

马克斯·韦伯依据合法性的基础将社会统治的权威分为三种理想类型：克里斯玛（个人魅力）型权威、传统型权威和法理型权威。所谓的传统型权威就是指"建立在遗传下来的（历来就存在的）制度和统治权力的神圣的基础之上，并且也被相信是这样的"①。在本课题研究中所论述到的中国社会转型期民族地区的传统权威是以马克斯·韦伯的划分类型为基础，不仅将那些依托传统制度或神圣力量建立起来的权威个人，而且把一些在特定的群体中具有强大影响力的民族习惯法、民族传统宗教、民族特色仪式、民族传统习俗、宗族等活动与组织也归属于传统权威的范畴。邹渊曾经对于民族地区的民间权威有过一定的描述和界定②，笔者对此进行了参考和借鉴。这些民族地区的传统权威许多是基于历史惯例和传统风俗习惯形成的，正是这些历史惯例、宗教活动或传统习俗赋予了民族宗教人物、家族长辈、宗族首领以及民族村寨寨老们的权威，并且得到了特定社会群体的心理认同，才使他们能够对特定社会群体的生产与生活方式产生影响力，成为一种社会性的权威力量。

第二节　基础理论概述

一　仪式功能理论

学者们对于仪式的功能有着各自的解说和评析。在对宗教仪式进行深入研究之后，涂尔干提出仪式的功能在于维持共同体的存在与延续，对社会成员个人从属于社会集体的观念予以强化，使人们保持信仰和信心。因此，他认为仪式就是社会集体用以定期地重新肯定自身的一种特殊手段。③另一位社会人类学家拉德克利夫·布朗基于功能主义的视角也指出仪式具有强化集体情绪的功能和促进社会整合的作用。象征人类学的代表人物之一克利福德·格尔茨指出，仪式的一项重要功能在于通过仪式展演过程中带有神圣色彩的行动，使生存的现实世界与想象的意义世界能够借助于一种象征形式融合在一起，成为同一个世界，由此就构成了一个民族的精神意识。④ 但是现代人类学研究在阐释仪式的象征意义及其内在运行逻辑的

---

① ［德］马克斯·韦伯：《经济与社会》（上卷），商务印书馆1997年版，第251页。

② 邹渊认为："民间的权威是指，如宗祠的权力和威望、头人寨老集团的权力和威望、家族或村落会议的权力和威望、宗教的权力和威望，等等。"（参见邹渊《习惯法与少数民族习惯法》，《贵州民族研究》1997年第4期。）

③ 转引自吕大吉《西方宗教学说史》，中国社会科学出版社1994年版，第740页。

④ ［美］克利福德·格尔茨：《文化的解释》，译林出版社1999年版，第138页。

同时，也尤其注重仪式在复杂社会里的存在形式和具体运用，以及仪式行为方式、符号象征体系与政治权力结构之间的关系的分析和探讨；并且也注意到仪式作为一种独特的社会认同与社会动员方式，不仅对社会具有整合、建构的作用，也可能表现出分化与解构功能的一面。[①] 前述学者们的观点基本为仪式功能理论确定了核心内涵。

尽管各自关注的焦点有所不同，但是综合学者们关于仪式功能的理论分析和经验总结，我们大致可以将仪式的功能提炼并划分为政治合法性构建、社会控制、文化传承和经济功能等几个方面。所谓仪式的政治合法性构建功能就是指，通过仪式的展演，能够使民众感觉某种政治权力与自己的价值观念和信仰相符合从而对其产生认同心理。而仪式的社会控制功能就是指借助仪式的举行，能够把各个社会阶层和社会团体的思想意识、情感信仰和社会的核心价值观念转化为力量的状态，从而实现对社会行动的有效控制和社会体系内各种关系的适当分派。所谓仪式的文化传承功能就是指在一些独特仪式的重复展演过程中，人类积累的某些生活知识与生存技能能够得以延续而代代相传下去。仪式的经济功能就是指一些仪式的举行能够为某些区域带来直接的经济收益或较好的经济发展机会。

在本课题的研究中，我们将运用仪式的功能理论对有关的案例材料进行分析和研究，探讨民族特色仪式维护民族地区社会政治稳定功能的内在机理、正面作用与制约因素以及民族地区社会现代化背景下所面临的张力。

二 社会控制理论

社会学的研究表明，建立和维持任何社会秩序，社会控制都是必不可少的。美国社会学家 E. A. 罗斯于 1901 年在其著作《社会控制》一书中首先提出社会控制这一概念。他认为，所谓社会控制"就是一种有意识、有目的的社会统治"，控制的内容包括了情感、意志和判断，而控制的工具包含了宗教、信仰、法律、习俗、礼仪以及舆论、道德和教育等。社会控制就是运用控制工具去规范社会的生活方式而"形成的控制体系，从而维

---

① 郭于华：《仪式与社会变迁》，社会科学文献出版社 1999 年版，第 2 页。

持着社会秩序"①。美国著名的社会学家丹尼斯·H. 朗指出："在一切社会交往中，至少在周期性的或'定型的'社会互动中，社会控制是固有的。"② 费孝通先生曾把社会控制定义为"通过社会力量使人们遵从社会规范，维持社会秩序的过程"，它"既指整个社会或社会中的群体、组织对其成员行为的指导、约束或制裁，也指社会成员间的相互影响、相互监督、相互批评"③。根据社会学的界定，社会规范一般是指那些"人们共同遵守的、规定了在某种特定情况下采取何种适当行为的条例或准则。规范规定了人们在某一社会的某些情况下'应该'有怎样的行为"④。

在本课题的研究中，我们将运用社会控制理论考察、分析并证实民族特色仪式是如何通过对民族地区民众的行为规范实现社会秩序的维持，从而实现社会控制的功能。

---

① ［美］E. A. 罗斯：《社会控制》，秦志勇、毛永政译，华夏出版社 1989 年版，第 3 页。

② ［美］丹尼斯·H. 朗：《权力论》，陆震纶、郑明哲译，中国社会科学出版社 2001 年版，第 3 页。

③ 费孝通：《社会学概论》，天津人民出版社 1984 年版，第 181 页。

④ ［美］伊恩·罗伯逊：《社会学》，商务印书馆 1990 年版，第 74 页。

第三章　民族特色仪式与民族地区社会政治稳定

由于民族传统风俗习惯历史久远且积淀较深，中国广大民族地区的许多社会问题，如婚丧嫁娶、社会交往、节日庆典和违规惩处等无一不受到民族传统风俗习惯的影响和规范。因此，民族地区的社会政治稳定的维持，社会控制的有效实施，传统的民族风俗习惯长期以来都发挥了重要的作用。但是，在民族地区具有重要影响的民族传统风俗习惯基本上是以文化、观念和思维模式的方式存在于民众的心里，具有抽象化、理念化的特点，存在不利于民众亲身感受学习和现实操作的不足。而各类具有民族传统信仰深厚底色的民族特色仪式则能使抽象的民族传统风俗习惯借助一系列象征符号体系转化为外在可视的行为与具体可见的过程，从而能够切切实实地规范民众的行为，塑造民众的价值取向，真正成为维护民族地区社会政治稳定的重要工具。

第一节　民族特色仪式及风俗习惯的特点

一　民族特色仪式的特点

民族特色仪式是一种受少数民族传统文化与风俗习惯影响的象征性、表演性的实践活动，仪式的展演过程对于每位参加者来讲就是一次个体知识的体验过程。在此过程中，不仅一定群体的传统价值观念依附于特定的仪式得以充分展示，而且群体性的生存实践知识也借助仪式的重复得到继承和发扬。因之，民族特色仪式在现实展演的过程中体现为以下几个方面的特征：

1. 民族性。在民族地区展演的各类仪式实践活动，通常基于特定民族的传统生产生活习俗文化而带有深深的民族性烙印。如，在一些少数民族村寨存在一些追忆叙述整个族群历史和祖先功绩的纪念性仪式，在仪式的展演过程中，通过集体性的叙事向所有参加仪式的成员宣讲族群祖先生产与生活的故事，以唤起大家对族群的认同心理。即通过"历史记忆—族源叙事—故事宣讲—先祖缅怀—族群认同"的仪式展演程序，使得整个族群的认同感达到高度一致的状态，凝聚力也得以大幅度提升。

2. 情境性。民族特色仪式作为一种人类实践活动，一方面其展演必然会受到民族地区的特殊社会环境与社会条件等因素的影响；另一方面，仪式的展演也在一定程度上给民族地区的社会系统以及其他一些社会活动带来社会语境意义上的影响。

3. 目的性。仪式的举行往往是因为有现实的需要，因此，举行任何民族特色仪式应该都带有较为明确的现实目的。也就是说，所有在民族地区的特定情境里展演的特色仪式性行为与活动，都是依据现实的目的或特定的目标，是经过选择之后策略性地精心安排的结果。

4. 程序性。在民族地区的日常生产生活中，存在各类民族特色仪式，而每种特色仪式都是作为社会表达方式而有着由风俗习惯规定并得到族群成员认可的特定程序。这些特定的民族特色仪式程序通常被视为神圣规则而备受全体族群成员的尊崇，如果任意更改就将导致仪式的庄严性在当地族群成员心目中大大降低，仪式的权威性或神圣性地位也就会随之丧失。因此，维持和保证仪式程序的机械性稳定，是非常重要的。

5. 强制性。民族特色仪式作为一种社会化的集体实践活动，是在民族地区经过长期历史选择并最终得到特定区域族群成员的广泛认同而形成的，因而具有约定俗成的意义。因此，作为族群一种生活方式的特色仪式的每次举行都具有不可抗拒性，要求群体中的个体成员不论贵贱、无论男女都必须按规则参加。所以，从这个意义上来讲，民族特色仪式具有一定的强制性。当然，强制性的特点使得民族特色仪式在巩固社会关系、促进社会整合、维护民族地区社会秩序稳定方面所发挥的积极作用，是任何其他形式的社会活动都难以替代的。例如在民族地区的少数民族村寨里，凡是有"红白喜事"，都一定要举行一些隆重的民族特色仪式，此时，无论是当事人的亲戚朋友，还是当事人的邻居乡亲，都要纷纷前来参加（即使本人因故不能前来，也要派代表来），所有的参与者们在特色仪式的展演现场，都要对新人（红喜）表达良好的祝愿或对逝者（白喜）表示沉痛的悼念。这一过程其实也展示了所有的参与者对于该特定的"社会网络关系"的认同心理和维系的愿望。

二 民族风俗习惯的特点

人类社会在长期的群体性生产与生活过程中逐渐形成了风俗习惯。为了调适族群成员的各类心理需求，协调族群内部的各种社会关系，规范日常的生产生活行为，在特定的区域，经过代代相传的知识积累和经验总结，渐渐形成了一套独特的生产与生活技能，就是所谓的风俗习惯。在中国的民族地区，一些独特的生产与生活技能往往集中展现了特定社会群体的思维模式、情感信仰和价值观念，一般表现为极具地域色彩的各类民族习惯法、形形色色的民间信仰以及各式各样的禁忌等。这些风俗习惯不仅满足特定族群日常生产生活的技能需要，而且还起到规范特定族群内部成员之间的社会关系以及规范社会秩序的作用，逐渐成为在特定区域内维持民族地区社会政治稳定的重要支撑。其主要特点一般体现在以下四个方面：

第一，形成时间的长期性。任何一个民族的风俗习惯都不可能是在短时间内迅速形成的，都是该民族在特定区域长期的生产生活实践中的经验总结和知识积累并经过代代传承才逐步形成。

第二，适用对象的群体性。由于风俗习惯形成于特定人群的生产与生活实践中，因此表现出适用对象的群体性特点，而群体中的个体成员或单个家庭的日常生活习惯则不属于风俗习惯的范畴。

第三，价值取向的独立性。各具特色的风俗习惯都是特定民族在特定区域的生产与生活实践中形成的，因此，不同区域和不同民族的风俗习惯所体现的价值取向往往差别较大，各自具有相对的独立性。

第四，表现形式的抽象性。风俗习惯一般是特定民族的生产生活技能的经验总结和知识积累通过代代相传而得以延续下来，由于许多少数民族没有文字，因此这种传承以口头的讲述或歌谣的唱诵为多，而用文字书写记载下来的则非常少。所以，民族地区一些特色风俗习惯都表现为口头性质的人传人，而缺乏实物性质的档案材料。

三　民族特色仪式是民族风俗习惯的具体展演

少数民族的风俗习惯源于各民族人民在长期的生产生活实践中获取的知识积累和经验总结，其作为特定区域的一套生产生活技能常常植根于特定民族的灵魂深处而成为他们的思想意识、思维模式和价值取向并代代传承沿袭。因之，民族风俗习惯一经形成就表现出强大的生命力和相对的独立性，其最为突出的一个特点就是：大多是以口头叙述的方式存在并代代传承，很少通过文字记载以实物档案的方式展现出来。因此，民族风俗习惯在各少数民族人民的心里主要还是以价值观念、文化心理和思维模式的方式存在，对他们的生产生活行为和价值取向产生影响，从而起到整合社会关系的作用，而各类民族特色仪式就是这些习俗惯例、风俗禁忌和价值规范的具体表现形式。在我们的实际调查中①，发现被调查民族地区民众举行民族特色仪式主要是缘于传统的婚丧嫁娶和节庆典礼（如图3—1所示）。

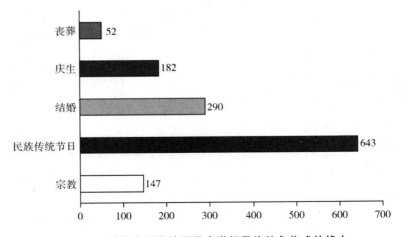

图3—1　被调查民族地区民众举行民族特色仪式的缘由

---

①　在本课题开展的问卷调查中，在贵州、广西、青海、甘肃的少数民族村寨总共发放了1200份问卷进行了随机调查，回收有效问卷1132份，样本合格率为94.3％。

因为根植于特定信仰基础上的富有特色的各类民族仪式能够在展演过程中借助一系列符号象征体系将民族风俗、民族习惯转化为外在的过程与可见的行为，从而成为建构民族地区合法性权威和整合社会关系的重要工具。正如英国学者梅特兰所说："只要法律是不成文的，它就必定被戏剧化和表演。正义必须呈现出生动形象的外表，否则人们就看不见她。"[①] 对实际调查过程中所采集的一些数据的分析，也证明了民众对于举行民族特色仪式的心理期待与我们的逻辑推论是相契合的，具体如图3—2所示。

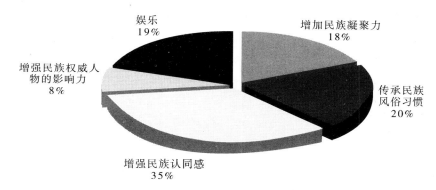

图3—2　被调查区域民众认为民族特色仪式能够达到的目的

由图3—2我们可以发现，被调查民族地区的民众认为，举行民族特色仪式能够达到增强民族认同感、传承民族风俗习惯和增强民族凝聚力目的的比例分别为35％、20％和18％。

广西金秀郎庞瑶族有一种"做社"活动，就是瑶族民众祭祀社王（土地神），也称为"祭社"。"在'祭社仪式'上，除了举行祭祀活动外，每次都有社老的'料话'（讲话），其内容包括：注意防火、禁止嫖娼赌博、不许乱拿别人的东西、防止偷盗，等等。每年的春二月和秋八月举行'祭社仪式'时，社老都要对共社的群众'料话'，宣布在农业生产中应该共同遵守的传统习俗规定，比如稻田放水、施肥、喷药的规范，等等。"[②] 由

---

① 转引自［美］伯尔曼《法律与革命——西方法律传统的形成》，中国大百科全书出版社1993年版，第69页。

② 高其才：《现代化进程中的瑶族"做社"活动——以广西金秀郎庞为例》，《民族研究》2007年第2期。

此我们可以发现，广西金秀郎庞瑶族举行"祭社仪式"的过程其实也是对瑶族民众进行民族风俗习惯教育并通过民族风俗习惯规范和调整社会关系的过程，它既是一种民族特色的祭祀活动，也是一种宣讲和展现民族风俗习惯的活动。事实上，"少数民族地区民众对本民族风俗习惯和社会规范的认识、理解、掌握大多来自于具体仪式活动的亲身感受，这种具体仪式包括：参加议定、修改、讲述、解释、聆听、执行民族风俗习惯规范的活动。少数民族民众亲身感受到饮酒宣誓、齐声附和的庄严神圣；亲耳聆听到寨老头人对饱含血泪判例的宣讲解读；亲眼看见了对违反习惯法者的各种处罚严厉惨烈"①。少数民族民众正是通过这些代代相传的具体仪式活动，于潜移默化之中获得了生动形象而具体的传统风俗知识，并且这些知识和理解跟大家的现实生活紧密相连，完全同步，因此能够起到在现实生活中稳定而有效地规范行为的作用。

正是通过民族特色仪式的程序化展演，形成庄严神圣的仪式氛围，然后策略性地把文化心理、价值取向以及风俗禁忌转化为具体可视的表现形式进行公众场合的展示，从而给予民众以直接的感官刺激和心理影响，最终达到规范社会行为、维护社会政治稳定的功效。例如，云南沧源佤族自治县有一个班奈村落，由 7 个自然村寨组成，其中有 5 个自然村寨是佤族。在长期的社会发展过程中，这 5 个佤族村寨渐渐形成了一套具有自身特点的婚姻规范。尽管根据国家的婚姻法规，村寨的佤族青年男女已经拥有自由恋爱的权利，在一定程度上不必再担心父母实施包办婚姻，但是佤族村寨的婚姻规范严格禁止本族内部的同姓男女恋爱和结婚，即使不是同一自然村寨的同姓男女。这种具有佤族特色的恋爱婚姻规范是通过一些具体可见的惩戒性仪式来达到约束群体成员行为的效果的。当有群体成员违背这种当地的恋爱婚姻规范时，村寨就必须举行"正寨"仪式，意思是这种违背当地恋爱婚姻规范的行为污染了村寨、触怒了神灵，将给村寨带来危险

---

① 邹渊：《习惯法与少数民族习惯法》，《贵州民族研究》1997 年第 4 期。克拉克洪曾经指出："人类生活是一种社会生活，因而必然是一种伦理生活，任何社会若要保持某种稳定和连续，都必须有一些最起码的社会行为要求。不过人类与蜜蜂和蚂蚁不同，人类的生物遗传本能不会自动维护这类社会行为要求。因此，必须要有一些公认的行为标准。而这些价值若赋予神圣的权威，并在礼仪中不断用象征表示出来，以触动人的心智，那样就更富于强制性。"［参见史宗《20 世纪西方宗教人类学文选》（上册），上海三联书店 1995 年版，第 1 页。］

和伤害，因此必须举行仪式实施补救。"正寨"仪式群体成员都必须参与，在仪式上，那些违背或破坏这种婚姻规范的人要不断向神灵祈祷、表示忏悔，以求避除灾祸。庄严神圣的仪式氛围和现实可见的仪式表演给群体成员带来强烈的心理冲击和深刻的直观感受：违背当地的恋爱婚姻规范是可耻可恶的，将会给村寨带来不幸和灾祸，必将受到一定的惩罚；而遵守和维护当地的恋爱婚姻规范则能维持村寨的幸福和安宁，是一种值得赞扬的美德。可以说，"正寨"仪式具体地展现了佤族村寨特定的文化心理和价值取向，强化了约束佤族群体社会行为的特定规范的权威性，从而能够有效地消解村寨内部的矛盾纠纷，整合社会关系，起到维护村寨的社会秩序稳定的积极功效[①]。可见，在少数民族地区，通过民族特色仪式的反复展演，形象直观地将特定的价值取向与行为规范持续不断地向仪式参与者灌输和传递，直接的感官刺激和强烈的心理震撼将极大地强化仪式参与者对族群或村寨的认同与归属感和对特定行为规范的遵从意识，从而起到有效维持社会秩序的作用。

在民族地区，各少数民族普遍存在传统的权威，这些传统权威即是民族传统风俗、独特习惯的象征。如壮族的"寨老"（包括都老和乡老），苗族的"榔头"（有的地方叫"娄方"、"该歪"或"扶篓"），毛南族的"村老"、"排头"，基诺族的"卓巴"和"卓生"，羌族的"老命人"，赫哲族的"哈拉莫昆达"等。各少数民族关于传统权威的产生程序和衡量标准各有不同，但这些权威必定通过举行一些隆重的具有民族特色的仪式才能取得合法性。如，苗族在议榔时，必须举行隆重的杀牛饮血盟誓仪式，在庄严神圣的仪式氛围中，推举"榔头"，制定"榔规"及违反"榔规"的处理办法，制定"榔规"时一般还伴随举行"埋岩仪式"。所谓"埋岩仪式"就是"在某次具有'立法'性质的约法会议之后，把一块石头埋入土里面，保留一半露出地面作为记忆，并把埋岩的时间、地点、内容等编成歌谣或者韵语广为传唱，达到众人皆晓的目的。现在融水一带的民众仍然把'开会'叫做'埋岩'。'埋岩'会议及其仪式一般也都伴随着'分肉'和

<hr />

① 赵秀兰：《佤族同姓婚禁忌探析——以班奈村佤族同姓婚禁忌为例》，《云南民族大学学报》2011年第1期。

'共食'的活动，有人外出没有在家，就要把肉'腊'起来等他回来，吃了肉就等于承认了此次埋岩所形成的法规"[1]。各少数民族的传统权威一旦产生，其社会功能基本是相同的，即运用权力所具有的强制性特点去制定或推行相应的规范，以调节所在群体的人们的种种行为，维护民众的利益，形成良好的生活生产秩序。

第二节 民族地区维持社会政治稳定的特殊性

一 少数民族地区的文化环境

中国的少数民族地区大多处于自然条件较差、地理环境较为复杂的山区，交通不发达，与外界联系较为不便，社会关系网络比较简单，经济生产一般以传统农业为主。在此基础上，少数民族地区形成了相对封闭而独特的生产生活系统。在长期的历史发展进程中，处于封闭而独特的生产生活系统中的特定的民族或族群逐渐形成了有关生产生活方面的社会风俗、各类禁忌与民间信仰等传统文化，并且代代传承，正如克利福德·格尔兹所提的"地方性知识"一样。这种类似"地方性知识"的民族传统文化不仅规范和协调着特定民族或族群内部的社会关系，也影响民族或族群成员形成有别于其他群体的认同心理和价值观念，因此，维持民族地区的社会政治稳定的手段和方法，必须依据当地文化环境，做到与当地民众的心理认同和价值取向相契合才具有合法性基础，才会取得一定的成效。一般地讲，一定社会的具体文化环境会形塑那个社会中民众的价值取向，从而影响到民众对于合法政治权威和理想社会秩序的认同与期待，进而也就会影响甚至决定了维持社会稳定所采取的治理模式。这种情况在崇尚"和"文化的古代中国就体现得尤其明显。

中国传统文化包含丰富的关于"和"的思想，故有人称中国传统文化为"和合文化"。庄子曾言："天地与我并生，而万物与我合一。"[2]《礼记·中

---

① 周星：《习惯法与少数民族社会》，《云南民族学院学报》2000 年第 1 期。

② 《庄子·齐物论》。

庸》提道："中也者，天下之大本也；和也者，天下之达道也。致中和，天地位焉，万物育焉。"宋代张载则提出"天人合一"。① 在天人关系、人人关系上古人是追求和的。但是和并不就是相同。孔子曾说："君子和而不同，小人同而不和。"表明在古人的观念中，和与同是有重大差别的。

　　"和同之辩"最早大概发生于西周末期，太史伯与郑桓公讨论周朝"兴衰之故"。"公曰：'周其弊乎？'对曰：'殆于必弊者也。……去和而取同。夫和实生物，同则不继。以他平他谓之和，故能丰长而物归之；若以同裨同，尽乃弃矣。'"② 另有一次"和同之辩"载于《左传·昭公二十年》，发生在齐侯和晏子之间。"公曰：'和与同异乎？'对曰：'异。和如羹焉，水火醯醢盐梅以烹鱼肉，燀之以薪，宰夫和之，齐之以味，济其不及，以泄其过。君子食之，以平其心。君臣亦然。君所谓可而有否焉，臣献其否以成其可；君所谓否而有可焉，臣献其可以去其否，是以政平而不干，民无争心。故《诗》曰：亦有和羹，既戒既平。鬷嘏无言，时靡有争。先王之济五味、和五声也，以平其心，成其政也。……若以水济水，谁能食之？若琴瑟之专一，谁能听之？同之不可也如是。'"③ 由以上分析可知，古人认为同就是完全一致，其结果是"若以水济水"，味一而不能食也；"若琴瑟之专一"，声一而不能听也。而和则"如羹"，如"合五味以调口"、"杂六律以聪耳"，意即包含着各种差异，差异之间能够相互取长补短、协调共处。这种"和而不同"的差等观念对中国古代的政治产生了深远的影响。

　　人与人是不同的，是有差异的。这些差异大致有两个成因：一个是因血缘宗亲的关系而自然形成的，比如长幼、亲疏等；另一个是因个人的才能、禀赋、品德后天形成的。如荀子所说："论德而定次，量能而授官，皆使人载其事而各得其所宜。上贤使之为三公，次贤使之为诸侯，下贤使之为士大夫。"④ 中国古代社会的差等现象非常典型，社会结构等级严密。如此巨大而明显的不同和差异，必然会引起处于低位社会成员的不

① 《正蒙》。
② 《国语·郑语》。
③ 《左传·昭公二十年》。
④ 《荀子·君道》。

满，他们会产生强烈的求同心理，会发出"王侯将相宁有种乎"的诘问。孟子曾不无担心地说："物之不齐，物之情也，或相倍蓰，或相什百，或相千万。比而同之，是乱天下也。"① 为了格去"小人"们的求同心理，达致"君子和而不同"的理想状态，消弭纷争、维护等级秩序的礼逐渐形成。

因此，"和而不同"的理念表现在古代的政治实践上就是"以礼治国"。礼作为中国古代社会的规范，在本质上维护的是一种等级秩序，或如费孝通先生所说的是"差序格局"，缺乏一种普遍的、平等的理念，其追求的是一种各安其序的等级社会。法国著名汉学家汪德迈（Lion Van-dermeersch）曾指出："礼治是治理社会的一种很特别的方法。除了中国以外，从来没有其他的国家使用过类似礼治的办法来调整社会关系，从而维持社会秩序。这并非说礼仪这种现象是中国独有的——此现象是很普遍的，任何文化都具有的——可是只有在中国传统中各种各样的礼仪被组织得异常严密完整，而成为社会活动中人与人关系的规范系统。"② 可以说，在很大程度上，正是当时社会崇尚"和而不同"的"和合文化"导致了中国古代"以礼治国"的政治实践，并形成了以等级差异为基础的"礼治秩序"。

美国的著名人类学者露丝·本尼迪克特曾经指出，在所有个体生活的历史过程里，第一步就是要适应他所从属的那个社会群体代代传承下来的那些有关生产生活的准则与模式。从出生开始，一个人的经验与行为就要受到群体习俗的塑造和影响。到开始学说话时，他就是其所在群体文化的产品了，等到他长大之后开始参加群体的文化活动时，那么他所属群体的习惯就成为他的习惯，其所在群体的信仰就是他的信仰，其所属群体的戒律也就是他的戒律。所有出生在其所属的那个群体的孩子都会与他一样接受并传承群体的全部习俗，但是那些出生于其他地方的不属于这个群体的孩子则一点也不会受到这个群体习俗的影响。③ 所以，地域的差异导致文化的差异，不同地域文化是不同的，而文化的差异又塑造出类型各异的

① 《孟子·滕文公上》。

② 汪德迈：《礼治与法治——中国传统的礼仪制度与西方传统的 JUS（法权）制度之比较研究》，载《儒学国际学术讨论会论文集》，齐鲁书社 1989 年版。

③ ［美］露丝·本尼迪克特：《文化模式》，王炜等译，生活·读书·新知三联书店 1988 年版，第 5 页。

人。地域文化环境对人的影响从其一出生就开始了，一个人的性格特点、精神面貌和他的行为规范与价值观念以及思维模式等方面都会不可避免地打上出生和成长地的烙印，呈现出地域化的特点。正是在这个意义上，马克斯·韦伯指出：任何一项事业的背后都存在某种决定该项事业发展方向和命运的精神力量，而这种以社会精神气质为表现的时代精神与特定社会的文化背景有着内在的渊源关系。[1]

比如，在青海的藏族地区，我们随处能够发现迎风飘扬的彩色经幡、香火缭绕的寺庙和身披深红袈裟的喇嘛。藏传佛教对民众的生活习俗、价值观念和行为规范影响颇深，而作为国家象征的现代行政权力的社会控制作用并不明显。有学者曾经对藏族地区社会作出这样的判断：藏族民众把佛教看作是生命的核心，因此，藏族地区的任何规章制度都必须要与佛教发生关联才能取得实际效果，才有现实意义。在青海玉树州曾发生过这样一件事："政府为了让民众出行方便就出资修建了一座桥，但是这座桥却时常会遭到一些人为的故意毁坏，政府为此多次组织维修，然而，每次修好之后仍然会遭到破坏。于是有人就想办法把经幡挂在了桥上，结果自此之后这座桥就再没有受到人为的损坏了。"[2] 这也从一个侧面证实了之前那位学者的判断。

二　社会控制的特殊性

国家层面的各项法律法规以及一些带有强制性质的制度与政策，是国家权力的具体象征，其依靠国家暴力机器的支持，作为整合社会关系、控制社会行为的重要工具在维护社会政治稳定方面起到了至关重要的作用。因此，为了实施有效的社会控制，维护社会政治稳定，人们首先想到的往往就是国家机器及法律规章。其实，纵观历史，"法律作为国家控制手段，虽然较为常用，但其效果并不是最好的，而一些诸如暗示、模仿、批评、报酬、赞许、反应等说服性的控制手段，其控制力的效果往往高于法律"[3]。法律以刑

---

① 转引自刘武俊《市民社会与现代法的精神》，《法学》1995 年第 8 期。
② 王作全、牛丽云：《高原藏族文化的生态环境价值探析——以青海玉树藏族自治州拉布寺"避杀生"为例》，《西北民族研究》2007 年第 3 期。
③ 王云五：《云五社会科学大辞典·社会学》，（台北）台湾商务印书馆 1971 年版，第 98 页。

罚为基础，制裁于政府机构。其通过压服强制的手段，仅仅规范控制着人们明显的外在行为，而不是一切内在心理的细小行为，让人产生被迫、恐惧的心理。其控制目标也仅在于维持现实的社会秩序，而不是推动社会进步。早在中国2000多年以前，儒家思想创始人孔子就提出："道之以政，齐之以刑，民免而无耻；道之以德，齐之以礼，有耻且格。"① 其大致意思就是：如果以行政权力、政策法令等强权手段来管理控制一个国家，以强硬压服式的刑罚来约束其子民以达到所谓的"安分守己"，那么得到的只是表面上一派平和现象，实则隐藏了一颗不知羞耻的心；倘若以礼义之德感化人民，以礼仁之法度引导人民，那么人人都勇于知耻，并主动积极地革除自己的恶习及丑恶心理，这样才可实现国家的长治久安。我们不难发现孔子的言论在着重强调道德控制的重要性。

传统风俗习惯的社会控制作用，在经济文化发展越是滞后的社会中效果发挥得越好，正如恩格斯在《家庭、私有制和国家的起源》一书中谈到民族制度时所说的："没有军队、宪兵和警察，没有贵族、国王、总督、地方官和法官，没有监狱，没有诉讼，……在大多数情况下，历史的风俗就把一切调整好了。"② 费孝通先生曾经指出，"乡土社会秩序的维持，在很多方面是与现代社会秩序的维持不相同的"③，而且在很大程度上，他们的差异就表现在"维持秩序时所用的力量和所根据的规范性质"不同之上。④ 我国贫困落后的少数民族地区，虽然处于国家权力控制之下，但由于远离国家现代行政权力控制的中心，加上民族地区相对封闭的文化系统及在其影响下逐渐形成的极具民族特色的乡村"熟人社会"（其突出特点是：凸显邻里之间的"友情"和"互助"关系是村民之间最重要的关系），使得注重理性、宏观调控和具有普遍意义的国家法律不是很适应，其效力大打折扣，难以满足广大民族地区对法的更具体的、多方面的需求，从而使国家法显得供给不足。对民族地区的民众而言，国家法规制度像是"外来之物"，加上语言文字的因素，大家对国家法规制度的真正了解甚少。大家真

---

① 《论语·为政》。
② 《马克思恩格斯选集》第4卷，人民出版社1995年版，第95页。
③ 费孝通：《乡土中国 生育制度》，北京大学出版社1998年版，第48页。
④ 同上书，第53页。

正适应并且会认真遵从的主要还是在当地特色文化的影响下，历史形成的地域色彩很浓的"内生性"规范。如作为民族地区本土资源的习惯法、民间宗教和各种禁忌等风俗习惯，在少数民族地区解决村寨纠纷、处理民众矛盾，以及实现社会控制方面发挥着越来越不可替代的作用。正如费孝通先生所说："在一个熟悉的社会中，我们会得到从心所欲而不逾规矩的自由，这和法律所保障的自由不同，规矩不是法律，规矩是'习'出来的礼俗。"①

　　民族地区的一些社会问题，如社会交往、节庆、丧葬、嫁娶等，是少数民族风俗和民族习惯所独有，民族风俗习惯对这些领域中社会关系的调整，是对国家法规政策的有益补充。然而，在一些民族地区，经常会遇到地方基层政府的一些行政行为难以执行的情况，其原因往往就在于这些行政行为有悖于当地特有的风俗习惯，即没按风俗习惯办事。比如，在云南文山县旧平坝上寨的一个壮族自然村选任村干部时，经常采用一种特别的而且不同于国家法规定的选任方式——"抽签"。此种选任方式出现于20世纪80年代初实行家庭联产承包责任制后。而且该选任仪式从20世纪80年代初到2000年已经举行过将近20次。1994年该自然村在政府主持下，按照1987年1月24日颁布的《中华人民共和国村民委员会组织法（试行）》的要求和规定，以海选的方式进行了旧平坝上寨村历史上第一次民主选举的尝试，最后却按照村民会议决定：被选中者若不出任村委会干部，便须接受每人100元人民币的罚款，结果被选中者各自缴纳人民币100元罚款后，以失败告终。1998年按照当年修订后正式颁布实施的村委会组织法的要求，以及依村委会组织法的规定程序，在上级有关部门的主持和监督下，举行了又一次投票"海选"，结果三名被选中的村民与1994年出现的情况一样，依然拒任村委会干部，虽经有关主管部门多次说服、做工作进行挽留，但仍不能奏效，最终选举结果依然告败。于是村里只好又按照原先的方式——抽签，对新一届村委会组成人员进行选任。这种抽

---

　　① 费孝通：《乡土中国》，北京出版社2004年版，第7页。费孝通先生还特别指出："现行的司法制度在乡间发生了很特殊的副作用，它破坏了原有的礼治秩序，但并不能有效地建立起法治秩序。法治秩序的建立不能单靠制定法律条文和设立若干法庭，重要的还得看人民怎样去应用这些设备。更进一步，在社会结构和思想观念上还得先有一番改革。如果在这些方面不加以改革，单把法律和法庭推下乡，结果法治秩序的好处未得，而破坏礼治秩序的弊病却已先发生了。"（参见费孝通《乡土中国》，北京出版社2004年版，第83—84页。）

签选村官的做法在旧平坝上寨村一直通行至今，不仅村民们已将其视为全寨人的习惯法，上级政府部门也在无奈中默认了这一习惯法。①

凉山彝族社会的"打鸡仪式"也是一个典型案例：凉山彝族社会的"德古"审判家支案件在结案时要打杀一只鸡，用来赌咒一下，表示反悔者将会与鸡同一个下场（意即不得好死）。举行"打鸡仪式"之后，不管对错与否，发生纠纷双方的恩怨都必须从此了断。彝族的谚语说"打一只鸡，管九代人"。凉山彝族人如果发生纠纷，经公安局或法院处理之后盖章、按手印，都有可能会反悔，而按习惯法举行"打鸡仪式"之后则不能反悔，也很少有人发牢骚表示不满意。在新中国成立以后一段时间里，彝族社会的"打鸡仪式"曾被作为封建迷信与其他一些民族风俗习惯一道被禁止而销声匿迹。然而，自20世纪70年代末改革开放以来，民族习惯法在凉山彝族社会又重新活跃起来，许多之前被当地法院和公安局处理过的案件，当事人纷纷旧事重提表示反悔，最后只好由"德古"们按民族习惯法以传统方式进行追溯审判，并举行"打鸡仪式"重新予以终审裁定。②

此外，在少数民族地区，如果对当地风俗习惯重视不够，生搬硬套，一意孤行，将一些国家法和国家政策不加区别地应用于民族地区，那么很有可能引发冲突事件，不利于社会秩序稳定的维护。如在贵州雷山县虎羊村一名妇女偷窃李子事例中，运用苗族村落社会中传统的"罚3个100"等惩罚方式进行惩罚时，一位在当地颇有威望、身兼农民教育专干和双语教员两职的唐千文，当时在活动现场表达自己非常不赞同这种做法，并认为这种做法有悖于国家法的意志时，结果话没讲完就引起众人愤怒，招致强烈反对，险遭一顿殴打，迫于形势，便不再发言，直到活动结束。可见，风俗习惯在当地人们心中的地位有多高，而且在很多时候，人们不是愿意这样做，而是从内心深处习惯这样做，如果不照此做，后果可想而知。③ 正如马克思所说的那样："习惯是一种生成于社会物质生活条件，并

① 杨经德、马迪：《当前少数民族地区依法治村面临的法律困惑及其对策》，《云南公安高等专科学校学报》2001年第1期。

② 周星：《家支·德古·习惯法》，《社会科学战线》1997年第5期。

③ 徐晓光：《从苗族罚"3个100"等看习惯法在村寨社会的功能》，《山东大学学报》（哲学社会科学版）2005年第3期。

制约着法律创制，具有民族特性的'法权'现象。"① 因此，为了实现少数民族地区的和谐稳定，实现社会控制的目标，有效整合少数民族地区的传统文化资源，充分利用民族地区民族村寨社会秩序控制和管理的传统模式，建构法理型权威，显得尤为必要。

毕竟，国家的法规政策确有其自身的弱点和局限性，并且国家的强制力量也是有限度的。王夫之早就指出："法之立也有限，而人之犯也无方。以有限之法，尽无方之慝，是诚有所不能也。"② 因此，在民族地区，通过民族特色仪式所象征和表现的民族传统风俗和习惯法，对于维护当地的社会秩序还是具有相当重要的意义的，可以对国家法规政策的局限和不足形成有益的补充。当然，我们也必须认识到："人类的一切制度必是有得有失的，企图实践一种无代价的制度，必将付出更大的代价。"③ 因此，我们必须对民族地区共存的国家法规政策和民族特色仪式所象征和表现的民族风俗与习惯法有个辩证的看法，避免绝对化的思维模式。所以，我们为了维持少数民族地区社会政治的和谐稳定，实现社会整合的理想目标，必须要把特殊性作为考虑民族地区社会控制的出发点，在具体操作过程中一定要努力做到兼顾国家法律规章制度的统一性与民族地区社会环境的特殊性，尊重并借助各少数民族的风俗文化、习惯禁忌来维持社会的稳定。但是，民族特色的习俗、惯例一般都是以思想观念、价值体系和思维模式等抽象的形式存在，其发挥维护民族地区社会政治稳定的功能还需要借助一系列符号象征体系——转化为具体可见的行动民族特色的仪式展演方可实现。

第三节　民族地区维持社会政治稳定面临的困境

民族地区的社会环境与非民族地区相比更加具有特殊性和复杂性，然而这种现实对于民族地区社会政治稳定的重要影响还没有得到完全足够的重视，使得当前民族地区的社会政治稳定的维持面临着诸多的困境。

---

① 《马克思恩格斯全集》第一卷，人民出版社 1986 年版，第 143—144 页。
② 王夫之：《读通鉴论》卷四。
③ 郑也夫：《代价论——一个社会学的新视角》，生活·读书·新知三联书店 1995 年版，第149 页。

（一）在一些民族地区村寨，民众对传统权威的认同远胜于现代行政权力，从而影响了现代行政权力的正常运行。民族地区传统社会中存在的家族制、酋长制、寨老制、教阶制、头人制、石牌制、山官制、土司制、领主制等种类繁多的传统权威形式具有强大的历史惯性，在少数民族闭塞的生存环境和封闭的生活方式中依然表现出极强的生命力，使得民族成员对于传统权威的认同要强于对现代行政权力的认同。当然，不可否认的是，民族地区的传统权威对于维护当地的社会政治稳定确实能够起到非常积极的作用，但有时也的确给现代行政权力在特定区域的正常运行带来一定的困难，从而给民族地区社会政治的稳定和国家的安全带来隐患。

（二）政府部门介入的边界难以把握。政府部门在民族地区与非民族地区维护社会政治稳定的策略措施是有区别的，因为民族地区的社会管理与非民族地区存在较大的差异，特别是在时机的选择、程序的启动都有其自身的特点，管理行为何时介入？哪些问题需要介入？介入的程度如何？都需要谨慎地决定。一些比较常见的问题民族内部可以通过传承下来的方式进行有效应对，并且效果也能得到保证，然而一些新出现的问题，特别是受到现代性影响以及国家政治产品影响而产生的那些问题，如果再单纯依靠民族自身的机制就很难产生针对性的效果，这时就需要政府部门介入依靠国家政策来实施管理。当然，在这纯二维划分的问题模式之下，政府部门的介入与否比较容易判断，但在实际情况中，民族地区的社会问题更多地体现出复合性，其中既有传统文化的因素，也有现代性的影响因素，在这样的情况之下，政府部门就很难进行有效判断了，这也往往导致管理的介入错过了最佳区间，不仅丧失了管理的作用，而且极易出现管理过界的问题，极大地影响了民族内部机制的运转。

（三）社会管理工具的价值取向偏差。民族地区自身拥有一套协调社会关系的逻辑与模式，并且依靠有形或者无形的工具进行操作来实现协调之目的，这些工具的应用都具有相当的价值合法性基础，能够为民族共同体内的成员所熟知和接受，协调的效果往往很好。但是在政府部门介入的情况下，整个管理活动就带上了浓重的理性化色彩，难以和民族地区自身的工具实现有效的兼容。政府部门直接采取政治化的社会管理方式和管理工具实施管理，其起点价值在于完成政治任务，民族的文化特殊性则考虑不多，故社会管理的最终落脚点也很难真正促进民族地区的社会稳定和谐。因此，社会管理工具的价值取向偏差性经常性地导致政府部门虽然在积极管理，不断采用各种工具，管理的成本也逐渐增加，但是效果却不甚明显，呈现出一种管理的"内卷化"倾向，无力应对民族地区层出不穷的社会问题。

可以说，正是由于民族传统文化与现代政治文化之间存在一定的区隔，导致在现代政治文化主导之下的政府部门在民族地区维持社会政治稳定的过程中面临着诸多的困境，而要解决这些困境、维护民族地区的社会稳定就需要充分发挥民族传统文化尤其是其具体的外化形式——民族特色仪式的重要作用。

第四章 民族特色仪式维护民族地区社会政治稳定的功能

　　基于民族传统文化、风俗习惯的民族特色仪式通过程序化的展演能够将民族的生活信仰、理想信念、价值取向、审美志趣、思维方式以及社会规范与传统权威等具体而生动地呈现出来，在这一过程中，民族特色仪式的功能主要体现在以下几个方面：第一，使抽象化的社会规范、价值取向和传统权威得到现实的体现，给民众带来直观的感受，从而表现出强大的社会整合功能。第二，庄严热烈的仪式场景能够极大地调动民众的参与热情和情感的表达，从而起到积极的心理调适功能。拉德克利夫·布朗认为这是仪式的一项重要社会功能，因为"情感通过仪式得到了庄重和统一的表达，从而再次肯定、更新和加强了社会稳定所依赖的那些情感"①。第三，在现代化的背景下，神圣、庄严、热烈甚至还带有几分神秘色彩的民族特色仪式常常成为民族地区发展旅游产业、构建社会资本的重要资源，从而表现出促进经济发展的功能。当然，我们也必须认识到，凡事都有正反两面，民族特色仪式的强大集聚效应和建构权威的能力，如果把握不好或是引导不当，也有可能引发危及民族地区社会稳定的事件，从而表现出隐含的负面制约功能。

第一节　社会整合功能

　　从本质上看，仪式就是一种特殊的强制性的社会活动，这正是民族特

---

　　① ［英］A. R. 拉德克利夫·布朗：《原始社会的结构与功能》，丁国勇译，中国社会科学出版社 2009 年版，第 167 页。

色仪式能够强化社会规范、整合社会关系的力量之源，因为从根本上讲，"仪式包含在仪轨之中，换言之，包含在先前被明确规定的行为方式之中。所有的社会仪式都具有同样的特点……大部分仪式都是强制性的"①。民族特色仪式内在的强制性特点使其能够在促进民族地区的社会整合过程中发挥积极作用。

一　有益于社会规范的强化

一般而言，象征着国家权力的法规、政策对于处理社会矛盾、协调社会关系和维护社会政治稳定具有非常重要的作用。但是在地势偏远的民族地区，由于其相对封闭的社会文化环境，使得象征现代国家权力的宏观层面的法规制度很难满足广大民族地区社会对法规制度的特色需求。由此导致民族地区的实际社会控制长期以来受地方特色的民族文化影响较大，一些带有明显地域特点的"内源性"规范比如民俗惯例、禁忌、民族习惯法、民间信仰等较为抽象的民族传统观念、习俗规则通过各类民族特色仪式的展演得以具体外化，并渗透到群体成员的生产、生活方式与思维模式之中，在解决村寨纠纷、处理民众争议以及族际之间的矛盾方面的确起到了有别于国家法律法规的重要作用。

因此，在民族地区，虽然社会网络中的权利义务关系由国家有关的法律规章进行了清晰、明确而具体的规范，然而再完整的法规制度也难以像民族风俗、民族习惯一样借助各类民族特色仪式的举行渗透到人们日常生产生活的各个方面，内化为人们的思维方式和价值理念，外化为明确的行为准则与处世规则。换句话说，就是借助民族特色的仪式，特定民族的传统习俗成为了神圣化的社会规范。正如意大利学者莫尼卡·埃丝波茜托所指出的那样，"仪式可以充分揭示最深层次的价值所在……人们在参加仪式展演过程中所表达出来的东西是他们最为之感动的，而由于这些表达受制于传统和形式，所以仪式所揭示的深层价值带有明显的群体属性"②。

著名社会学家帕森斯也认为："特定群体以及特定的社会机构所拥有

---

① ［法］涂尔干：《乱伦禁忌及其起源》，汲喆译，上海人民出版社 2003 年版，第 101 页。

② ［英］维克多·特纳：《仪式过程——结构与反结构》，黄剑波、柳博赟译，中国人民大学出版社 2006 年版，第 6 页。

的价值理念，以及对该群体及机构所持有的特殊情感，都是在各种仪式展演的过程中，转化为一种神圣而强大的力量，从而实施社会控制，调整纷繁复杂的各类社会关系。"① 所以，传统的民族习俗、惯例通过民族特色仪式转化为神圣化的社会规范之后，在一定程度上弥补了国家法规制度原则性、抽象性和注重理性的一些缺失和不足，成为一种有效的地方社会控制机制的协同手段与补救措施。在地势偏远而人口居住分散的民族村寨中，这种地方社会控制机制的补救作用尤其显著，许多社会矛盾甚至政治稳定问题都能随之得到很好的解决。下面几则案例可以从不同的角度证明民族特色仪式所起到的强化社会规范的作用。

案例一：贵州省榕江县政府与摆坮山苗族村寨通过"议榔"仪式维持地方秩序、进行村寨治理，形成了国家法规与民族特色仪式的协作模式，社会反响很好。

贵州省榕江县摆坮山周围 5 个乡的 13 个村包含有 30 多个苗寨，总共有 3 万余人，在 1989 年举行了隆重的"议榔"仪式订立民约。"议榔"仪式的主旨就是要制止红白喜事大操大办的风气，禁止姑表亲和包办婚姻，恢复 7 个寨子的相互通婚。1989 年初，当地苗族的民间领袖王家齐等 17 人，进过反复的磋商之后，决定采取"议榔"仪式进行社会改革，这一构想得到了榕江县委的支持和协助。在一个政府同意并且符合民间习俗的黄道吉日，30 多个苗族村寨的群众，穿着节日盛装一起聚集到摆坮山。在宣布"议榔"仪式开始之后，大家将购买的牛绑在一个木架下面，由王家齐等人用斧头把牛敲死，然后取下牛角（按老规矩，要取牛头，这次作了改革，只取角），在事先划定好的山坡脚下挖个坑埋下去，并在上面竖立一块石碑，石碑上刻写着苗、汉两种文字的"榔规"。接下来，由榔头王家齐宣读"榔规"，然后由一名歌师把"榔规"的条款编成的苗歌理词，再高声朗诵一遍。各苗族村寨代表纷纷打开录音机录音。歌师朗诵完毕之后，全场民众欢欣鼓舞，然后开始表演斗牛、吹芦笙等民族特色竞技节目，以示对"议榔"成功的庆祝。当晚，所有参加"议榔"仪式的农户，都能分到一份牛肉，全家老小一起分食。

---

① ［美］帕森斯：《社会行动的结构》，译林出版社 2003 年版，第 486 页。

"榔规"的"引言"中提到："榕江县摆垭山一带 12 村 30 余寨语言、服饰、习俗相同的苗族和居住在这片地区的各族人民，在中国共产党和各级人民政府领导下，根据《中华人民共和国宪法》和《中华人民共和国民族区域自治法》'各民族都有使用和发展自己的语言文字的自由，都有保持或者改革自己的风俗习惯的自由'的精神，为有利于生产生活，有利于社会安定团结，促进各民族共同繁荣，决定对本地区不利于社会进步、生产发展和影响民族团结的不良习俗进行改革，经大家讨论议榔如下。"条款的内容主要是主张婚姻自由，要求红白喜事不能铺张浪费，倡导民族团结等，违者罚款。①

我们可以发现，苗族特色的"议榔"仪式贯彻了国家的相关法律精神，国家不用派出工作人员或使用强制力量，只是通过鼓励和支持当地的"议榔"组织就能顺利实现对民族村寨的治理。民间权威依托国家的法律条文和政府的支持，从而使当地以传统的民族特色仪式解决自身社会问题的行为具有了合法性；而对于地方政府来说，民间权威通过民族特色仪式去落实国家法律的精神，在一定程度上代行了政府维持社会政治稳定的职责，因此，对于民间恢复民族特色仪式的行动自然是采取支持和乐观其成的积极态度。如此，则原本有可能对立的国家与民间两种力量通过民族特色的仪式达成了相互的认同与协作，最终实现双赢。

案例二：在云南红河偏僻的哈尼山寨，其维持当地村寨社会秩序的控制系统主要是由县、乡（镇）、村（办事处）、自然村的村民委员会组成的一套国家权力机关行政管理体系，以及由村寨内部象征传统权威的老人会、咪谷、莫批等组成的民间组织体系构成的。两者在村寨内部发挥着各自的社会控制作用。比如由县、乡（镇）、村（办事处）、自然村的村民委员会组成的一套行政管理体系主要负责村寨的生产、生活、发展，以及国家各项政策、法律法规在村寨如何实施等几个方面，而在保持村寨稳定，解决矛盾，维持团结，评价传统社会价值观，执行传统禁忌、习惯法，维护伦理道德标准等方面，则由村寨内部象征传统权威的老人会、咪谷、莫批

---

① 杨昌才：《少数民族习俗改革与社会主义精神文明建设》，《民族理论研究》1992 年第 2 期。转引自高丙中《民间的仪式与国家的在场》，郭于华《仪式与社会变迁》，社会科学文献出版社 2000 年版，第 310 页。

等组成的民间组织体系负责，而且发挥着其不可替代的作用。在当地传统文化系统中，由于自然神灵崇拜的存在，在该村寨举行的一些诸如祭天神、祭水井、祭山神、祭土地神等宗教祭祀仪式活动中，充分体现了哈尼村寨群体成员善待自然的辩证思想观，所以在国家权力机关出台一些保护山林、保护土地、保护水源林等政策并贯彻执行时，村寨举行的一些相应祭祀仪式活动，可以使群体成员善待自然的辩证思想观转化为个体遵守规范的行为意念。此时，村寨成员不仅很容易接受，而且更加乐意、更加主动地去遵守相应的人与自然和谐相处的规范，进而避免了乱砍滥伐，破坏生态环境等社会问题的发生，人们行为规范也得到进一步加强。①

案例三：中国人民大学人类学教授庄孔韶带领的研究团队在云南彝族村寨的调查研究中发现，民族特色仪式在民族地区禁毒工作中也凸显出重要的意义。

世界各地对吸毒人员开展戒毒工作后，其复吸率在 80%—90% 之间徘徊，而中国开展戒毒工作效果则与其他地方有着不小的差距，复吸率相对较高，大约为 99%，从而可知我国戒毒成功率仅为 1%。但是，根据庄孔韶教授的调查显示，在云南省宁蒗县跑马坪乡沙力坪村，借用共同信仰的力量以及古老的民族风俗习惯，在一个对当地人来说有特殊意义的"虎日"举行盟誓大会仪式与毒品展开抗衡，取得了显著的效果。如在 1999 年参加"虎日"仪式盟誓的吸毒者戒毒的成功率为 64%；2002 年，一共有 16 位吸毒者参加了"虎日"仪式，至 2003 年 6 月，其中 14 人都已融入正常生活，只有 2 人复吸，其戒毒成功率为 87%。② 由此可见，象征着民族风俗习惯的特色仪式对民族地区社会规范的维护力量不可小觑。该仪式的举行源于族内一些有见识、有远见的彝族家支头人看到毒品越来越猖獗，给整个民族带来了巨大威胁，于是试图通过仪式，强化当地风俗习惯如习惯法的约束力，以及信仰的力量来充分调动族群成员道德认同的力量，进而引导并教育族群吸毒成员改过自新，彻底戒毒，规范整个村寨社会秩

---

① 何斯强：《少数民族村寨社区管理资源的利用与整合——以云南红河哈尼族村寨社区管理中二元结构形式为例》，《思想战线》2006 年第 6 期。

② 虎日戒毒：《开掘文化的力量》，《新闻周刊》，http：//xmzk.xinminweekly.com.cn/sh/t2004 - 11 - 08。

序。仪式的操作具体如下："第一步，由族内家支头人金古雾千手握象，征用象征吉兆的新鲜猪胆牛胆，进而宣告血誓仪式开始；第二步，三个家支分别抽选代表进行有关戒毒的演说；第三步，受族人尊敬的'毕摩'登场，其身披法衣、头戴法帽，随后开始诵读古老的经文，祈求祖先神灵保佑；第四步，族群内吸毒者在由家族长老组成的禁毒委员会监视下，喝'决心酒'——鸡猪血酒，并盟誓永不回头，重新做人；最后，村寨禁毒委员会中的家族长老要在坚硬的岩石上刻'十'字，彝族人将此视为永恒的象征，从而表达村寨全体成员誓将与毒品斗争到底的决心……"① 该仪式首先选在"虎日"举行，其象征意义不言而喻，因为"虎"在当地彝族人的传统文化中象征着威武和勇猛，所以选择在"虎日"举行仪式被当地彝族人视为出兵的最佳时机，进而将仪式的开展置放于战争的语境中，所以村寨在这一天举行禁毒仪式也就自然而然地象征着彝族人把禁毒工作比作了战争，更加彰显出戒毒斗争之坚决，吸毒人员改过自新之坚决。此外，在此仪式过程中，在场的人们包含所有的吸毒成员在内，都经历了一个从不平等的现实社会到公正、平等的世界的心理过程，而且在整个仪式过程中，吸毒成员与族内正常人员各自扮演的角色并不是固定不变的，而是可以相互转化的。在吸毒成员看来，他们首先是吸毒者，随后转换成正常人员；而在族内正常人员看来，他们首先是正常人员，随后转换成吸毒者。这种角色的互相转换，恰是彼此相互理解和沟通的基础，同时也是整个族群认同的基础。正如人类学家维克多·特纳研究中突出的仪式价值一样，人们在仪式中可以体会到最让人感动的情怀，仪式可以将现实社会生活中由于不同个体产生的不同体验而形成的带有差异性的结构融成一种反结构，此种反结构可以消解一切的不平等，从而大大加强群体的凝聚力。所以，通过仪式可以将村寨吸毒者亲人无微不至的关怀，全体族人对他改过自新的期望，以及族群价值认同等信息直接传输给吸毒者，这样做的直接效果便是让他们意识到自己依然是族群内部一成员，依然是一名父亲，依然是一个丈夫，依然是一个儿子。自己的尊严，自己的权利，自己的自

---

① 庄孔韶等：《"虎日"的人类学发现与实践》，《社会学视野网》，http：//www.snzg.cn/article2010-12-06。

由依然受到尊重，而不像在戒毒所里那样，将自己与正常人割裂开来，像对待罪人一样，形成直观的对立情绪，则不利于戒毒工作的开展。

戒毒是一件非常困难的工作，最关键的是要有一个健康良好的戒毒环境，只有在群体中培养一种强烈的戒毒意识、不排斥吸毒者的认同心理，才能有效消除毒品带来的隐患。通过这个案例我们可以发现，借助民族特色仪式建立起来的群体认同心理对于抵抗毒品的诱惑的确发挥了积极作用，具有非常重要的意义。

案例四：死亡是人类一个永恒的话题，各少数民族都非常重视死亡事件，一般都会为死者举行民族特色的丧葬仪式。正如美国人类学家罗伯特·F.墨菲所说："死亡的降临普遍成为仪式的主题，没有哪一个人类社会把尸体当作腐烂的细胞团——其实正是如此——简简单单地弃之了事。"①

藏族最富有民族特色的丧葬仪式一般有塔葬、火葬、天葬、土葬、水葬5种。据了解，水葬是把整个族群里没有地位的人，死后分解扔到河里，这些人大多是家庭条件不好，没钱请人埋葬。天葬仪式，一般是用于农牧民，由喇嘛点香烧纸然后念经超度，一直看到吃尸体的秃鹫和苍鹰飞来，把尸体完全吃干净了人们才离去。这些吃尸体的秃鹫和苍鹰从来不伤害较小的动物，藏族人把它叫作"神鸟"。火葬则是人们经常看到的方式，主要是用柴草把尸体盖住，然后再朝上浇油，点火把尸体火化之后，收起骨灰放在瓦罐中埋在家中楼下或山顶和草地上，坟如塔形一样。土葬是一种最为低档次的葬式，一般是给患有病毒传染或者违法犯罪而死的人的礼葬，这样一方面可以遏制病的流行，另一方面也是对那些有过错的人的一种惩罚。塔葬是用盐水洒在尸体上，并且给它涂上一些香料以及贵重的药材把其保存好，然后放在银质或者金质的塔里，供人礼拜或膜拜。这是仅供一些如达赖、班禅以及土司等少数有威望的人享用的特殊葬礼。塔葬的葬礼仪式非常隆重，所属片区的老百姓不仅必须参加，还要主动送上自己的礼品表达心意。②

---

① [美]罗伯特·F.墨菲：《文化与社会人类学引论》，商务印书馆1994年版，第233页。

② 材料来自于课题组调查员石玉宝2010年1月5日在青海省互助县甘冲寺访谈记录。

　　上述藏族特色的丧葬仪式其实就是一种社会规范，比如塔葬是要求一定级别的，而土葬则可能带有惩罚的性质，这些对于藏民的现实生活都具有重要的教育指导意义，只有大家觉得现实生活有规范有秩序，精神生活才有价值有意义，社会才能维持稳定。

　　而在有些民族特色的丧葬仪式中，常常以复述、音乐、舞蹈的形式对当地的一些传统价值观念、道德评判标准进行表达，进而实现对族群全体成员的有效引导和教育，达到强化社会规范的效果。如云南的摩梭族人在丧葬仪式上要按照传统习俗为亡魂念《指路经》，其中不断地强调"你没有欠下别人的账吧，如果你还欠着汉族、纳西族、普米族、藏族的费，经过这些地时必须归还了再走，否则，祖灵不会接纳你"。[①] 摩梭人这种庄严的程序活动，严格的特色仪式会给活着的群体成员带来灵魂的震撼。这种不断强调经文的举动实际上是对传统民族文化的一种重复强制的记忆、一种历史传承的展演，目的是力图将经文中暗含的传统价值观念、道德准则、行为规范灌输给群体中活着的每一位成员，使大家对传统风俗、习惯心存敬仰、畏惧，从而产生一种普遍的制约力量，使大家自觉地遵从社会行为规范。

　　因此，民族特色的丧葬仪式其实就是一个通过仪式的展演把本民族传统的生活习俗、价值观念、道德规范和思维模式等内化为民族成员文化心理特质的过程。"从本质上说，这种礼仪本身对每个参加者'交待'了一些事情，加强他们对等级原理的印象、对出生秩序和政治特权的印象——这些对于中国家庭和社会来说有着根本的重要性价值。这种礼仪还充满了神圣的性质，使它们看起来似乎成了自然秩序的不朽的部分。许多参与者也许并没有清楚地意识到潜藏在这种礼仪背后的特殊意义。但是，他们不明白这些意义并不意味着他们没有接受这些意义，也不意味着这些意义没有对他们的行为产生广泛的影响。早在公元前 3 世纪，儒家学者就赞扬了祭祀礼仪的纯粹的社会效果。如所承认的，普通人认为这些礼仪是为死去的灵魂服务的，但受过教育的人则认识到这是为了强化社会理想。所以，礼仪、惩罚和法律都有着同一个目的，即为了统一人们的心灵和建立统一的秩序。"[②]

---

　　① 熊永翔：《当代滇蜀摩梭人丧葬仪式考察》，《宗教学研究》2010 年第 2 期。
　　② 顾建光：《文化与行为》，四川人民出版社 1988 年版，第 145—146 页。

通过上述几个案例的考察，我们可以发现民族特色仪式发挥对社会行为的规范功能主要源于其内在的观念体系，而观念体系的构建是通过民族特色仪式的重复展演在仪式参与者的意识观念中形成和巩固，并进而内化为一种强制性的集体潜意识。神学家保罗·蒂利希指出："外在的强制，对于一个伦理体系的形成来说是不充分的。它必须被内化，只有内化了的伦理体系才是稳妥可靠的。"①

二　有适于传统权威的形成

在民族地区一些特定的仪式活动中，通过公开性和集体性地对实践经历和族群记忆的陈说，借助某种至高无上的神权的力量，策略性地向参与者传递一定的价值和行为规范，从而使这些价值和行为规范在仪式参与者的精神或人格上产生具有控制性的特权和权威，形成物的因素的传统权威，如习惯法、宗教信仰、传统道德观、约定俗成的自然法则、教规戒律以及具有传统色彩的宗法精神规范等风俗习惯。而作为拥有与神进行交通之能力或作为神圣与世俗相连接的媒介物的民族特色仪式主持者，由于置身于仪式特定的话语性现场，也获得了特定情境下赋予的某种神圣性，因而在仪式参与者眼中也具备了特殊的能量，从而形成人的因素的传统权威。如"村老"、"榔头"、"苗王"、"鼓藏头"和"寨老"等。因为"仪式作为象征性的行为与活动，不仅是表达性的，而且是建构性的；它不仅可以展示观念的、思维的内在逻辑，也可以是展现和建构权威的权力技术"②。这些通过民族特色仪式建构起来的传统权威，其神圣的特殊能量不只是在仪式展演过程中起作用，还会延续到现实生活中，对民众的行为规范、生产生活以及价值取向都有重要的影响力。这些民族地区的传统权威对于社会整合，维护当地的社会政治稳定具有核心的地位和作用。

案例：2012 年 8 月 7 日，清江苗寨几个年轻人为了家里田地的征用事情特地从外地打工之所赶回来处理，一到施工场地便与政府工作人员发生

---

① ［美］保罗·蒂利希：《文化神学》，工人出版社 1988 年版，第 179 页。
② 郭于华：《仪式与社会变迁》，社会科学文献出版社 2000 年版，第 4 页。

了争执。

青年阿海说："我们支持政府工作，但是我们也会用鲜血来保障我们田地的权益，保证我们村土地和领土的完整。"

某副乡长说："我希望大家也要考虑政府的困难，你们要理解和谅解我们的解决方案。这也是在保障大家的利益，保证给你们一定赔偿。我们今天所做的就是要完成上级领导的指示，如果谁有捣乱的行为，我们就会严肃处理！"

某副乡长话还没有说完，青年阿天就打岔了："今天打也行，随便你们！你们怎么没有想过，你们之所以这么多天没有把征地补偿工作落实好，是什么原因啊？是你们没有良心，良心被狗吃了！"

正当大家争得白热化的时候，从寨子里冲来了一群人，男女老少都有，有的带着锄头、镰刀，有的提着菜刀和木棍，眼看一场斗殴甚至流血冲突就要爆发。这时苗寨寨老及时赶来了。寨老走到乡党委书记和副乡长面前，现场顿时一片安静！寨老说："领导，我是当家的，我讲几句：第一，你们必须先给我们的妇女儿童道歉，你们家里也有女人和小孩，我们现在也可以去欺负；第二，凡是有破坏我们这个民族团结和发展的事情，我们苗家人是有脾气的，你必须要付出一定的代价来偿还；第三，你们为人民做事，说话和行动要有良心，这样回家吃饭的时候才安心。"乡党委书记等一干人被这么一说，连连点头，对曾经在征地工作中有得罪人的地方进行鞠躬以示道歉，并赞同寨老的说法，按国家补偿办法和村民的要求签订合同，人群才渐渐地散去。① 这次如果不是作为传统权威的寨老及时赶到和果断处理，一场流血冲突恐怕难以避免。

三　有助于集体意识的培养

关于集体意识，涂尔干曾经做出过界定，他认为"所谓集体意识也可以称为集体表象，就是指处于特定环境下的一定社会群体成员所拥有的一系列价值信仰和社会情感的总和"。他还指出："由于集体意识具有强制性的社会属性，因此就决定了其与个人意识有着根本的区别，所有

---

① 材料来源于课题组调查员田如意的实地调研。

的社会成员从一出生开始，就能够反复感知到集体意识，逐渐就会将其视为一种制度的形式接受下来，并在思想和行为方面受到它的控制。"①集体意识所包含的控制性与强制性的社会属性就是借助一定的仪式展演来体现和强化的。在民族地区，传统价值观念也即集体意识的代代传承，往往是通过节日庆典仪式中传统权威人物（族长、寨老之类的）向族群全体成员公开宣讲的族群历史、村寨的规范以及诵读的经文、歌谣，等等，使民族传统的集体意识深深扎根在群体成员的头脑中，从而奠定民族地区的本土内生资源对当地社会实现有效控制的心理基础。克利福德·格尔兹认为，建构一个民族的精神世界和集体意识，需要借助仪式的展演（或是神圣化的活动），用一种象征性的形式把该民族的生存世界与想象世界融合为一体。②

　　民族地区族群集体意识常常以宗教信仰或民间信仰的形式体现出来。宗教仪式具有严格的仪轨，通过特定而严格的仪式程序，参与仪式的信仰者心中的集体意识能够得到极大强化从而形成一种"集体兴奋"并产生强烈的归属感。宗教信仰支配下的归属感在一定层面上的确能对促进族群与社会团结起到积极作用。在有着"中国苗乡"之美誉的贵州省高坡苗乡，当地苗族民众在每一年的农历四月初八这天都要举行祭祀仪式缅怀他们心目中的族群英雄"养洛"（即亚鲁）。在这种特色祭祀仪式的展演中，有象征高坡苗族青年男女反抗传统婚姻制度的射背牌活动，主要是抨击传统婚姻制度中压制人性自由、不能自己做主的弊端；还有吹着芦笙在洞葬边跳起舞蹈祭奠逝去的苗族祖先的活动。此时，关于民族苦难与欢乐的记忆以及传统的风俗习惯、精神理念与价值取向汇聚成群体的集体意识通过一场集体性的精神狂欢仪式，灌输并根植于族群成员的心灵深处。在对宗教仪式进行深入细致的研究之后，涂尔干提出：维持共同体的继续存在是仪式的一项重要社会功能，仪式能够使社会成员保持一定的信仰和信心，并强化所有社会成员心中那种个人从属于集体的观念。因此，仪式其实就是一种社会集体每隔一定时期就要借以来肯定自身的手段。③ 对于仪式所展现

---

① ［法］涂尔干：《社会分工论》，渠东译，生活·读书·新知三联书店 2000 年版，第 234 页。
② ［美］克利福德·格尔兹：《文化的解释》，译林出版社 1999 年版，第 138 页。
③ 参见吕大吉《西方宗教学说史》，中国社会科学出版社 1994 年版，第 740 页。

出的强化集体情绪与促进社会整合的功能和作用，功能主义的人类学家拉德克利夫·布朗也曾有详细论述。在民族地区社会里，集体意识不仅约束着绝大多数群体社会成员各种各样的社会行为，并且由集体意识所激发的民族认同感，表现得异常强烈，其所蕴含的巨大能量能够对那些违背族群价值规范和生活戒律的人给予惩罚。并且如果这种集体意识所激发的族群认同感越是强烈，那么社会成员对那些违背社会规范给集体意识带来损害的行为所怀的义愤情绪也就越发激烈。

民族特色仪式的强制性特点对于维护民族地区社会团结之精神基础的集体意识具有极为重要的作用。"仪式就本身而言就是一个巨大的象征符号，它能够建构、强化、倒错各种关系，其拥有巫术一样的影响力，虽然有时模糊不清但是坚定有力。"① 对于不参与仪式或者对仪式有犯忌和不敬行为者，仪式的群体成员会认为是对集体意识的冒犯而对之进行强制的社会隔离予以惩罚。因此，社会隔离就是维护集体意识的强制措施。

涂尔干认为，社会团结需要物质和精神两方面的基础。其中，物质基础是社会分工，而精神基础则是集体意识。而所谓集体意识也可以称为集体表象，就是指处于特定环境下的一定社会群体成员所拥有的一系列价值信仰和社会情感的总和。集体意识虽然表现为个人意识中的情感与信仰，然而，又与个人意识相分离，弥散于整个社会空间里。不同的社会里集体意识的控制力度是不一样的。在社会分工不发达的社会里，社会关系的稳定表现为以一种强烈的集体意识为基础的机械团结。并且集体意识越强的社会，对违反社会规范的行为表现得越愤怒，反应得也越激烈。对于社会分工并不是很明显的中国民族地区而言，社会隔离就是这种激烈反应的结果之一。② 社会隔离属于一种软性控制。这种以社会隔离作为惩罚的强制性规范在中国的少数民族地区比较常见，社会整合效果也非常明显。在社会隔离的压力下，当地民众一般非常注意自己的行为规范。"唯有借助精神方式，社会生活强制性的一面才能取得真正的效果。假如一个社会仅仅是依靠物质强制的手段，那么，其社会成员就只有在迫于生存压力

---

① 彭兆荣：《人类学仪式的理论和实践》，民族出版社 2007 年版，第 208 页。
② 宋林飞：《西方社会学理论》，南京大学出版社 2004 年版，第 34—35 页。

的情况下才会选择服从或妥协，……因此，一个社会对其社会成员的控制，绝不仅仅是借助物质强制手段，而是要依靠其所蕴含的集体意识和道德力量。"①

案例一：分布在甘肃与四川交界之处的摩天岭山脉两侧的甘肃文县及四川平武县、南坪县的白马藏族的朝格仪式是为当地村寨、各户祛邪、纳吉的集体性仪式。因此，在仪式期间，当地村寨的村民自始至终都必须积极参加。那些不参加的人不但要遭到大家的非议，并且还会受到主持者的点名批评。还可能面临一些物质上的处罚：就是罚交一缸酒（约100斤粮食酿制的酒）、10斤或20斤肉（牛、羊、猪肉）供全村寨的人吃喝。并且在未来的一年里，只要村寨里出现有人生病、牲畜死亡、房子失火等意外事件，大家就都会认为是那些没有参加仪式的人惹怒了神灵才引来了灾祸。因此，对于这些没有参加仪式的人，村寨的人在以后的生产和生活中都会有意识地与其保持距离，从而形成社会隔离。正是在社会隔离的强制整合下，当地所有的白马藏族人在思想上对朝格仪式都非常重视，不但在行动上积极参与，而且将仪式上所展现的集体意识真正内化成为一种民族特色的价值观念和精神信仰，对大家的日常行为形成了有效的约束和规范。②

案例二：在拉萨娘热乡，当地藏民经常以每家每户为单位参加修路架桥、修筑堤坝等公共基础设施的建设，以及参与邻里之间的播种、收割等互助性劳动。对于这种相对偏僻的民族村落而言，平时大家很少能够聚集在一起，通过这种公共劳动或集体性互助使大家能够联络感情，彼此互相交流沟通。集体性的劳动在某种意义上成为了一种当地的民族特色仪式，把大家整合为一体，体现了村寨的集体意识与集体荣誉。虽然村里也有规定，如果谁家没有人在家或者不能参加劳动，那么就交10元钱给村干部，由村干部去另找人代替。但是很少有人这么干，因为这绝不仅仅是钱的事情。最为典型的事例是村里有个天葬师叫米玛，可以算是村里最富的家庭之一，月均收入达到4000元以上。然而，由于民族风俗的问题，村民们对天葬师这个职业

---

① 张志刚：《人类学是什么》，北京大学出版社2002年版，第40页。
② 班运翔：《白马藏族朝格仪式研究》；郝苏民：《西北少数民族仪式考察——傩舞、仪式、萨满、崇拜、变迁》，学苑出版社2010年版，第47—82页。

在内心里有点排斥，认为其不干净，故平时大家对天葬师一家是敬而远之，一般不与其来往。村里有婚丧嫁娶活动，主人家在邀请天葬师时，甚至要单独为其准备一套餐具，待到活动结束之后要对这套餐具进行特别的处理或者直接丢弃。这一切，都让天葬师一家深深感到"社会隔离"的痛苦。因此，每次只要有村里的公共劳动或邻里互助等仪式性活动时，天葬师一家总是非常积极，绝对不会交对于他们家来说微不足道的 10 元钱来请人代劳。因为他们只有通过参与这种仪式性的劳动，才能感受到一种集体意识，感觉到跟大家在一起，当然他们也更希望通过自己在劳动中的表现来赢得大家的认可和接纳，真正成为集体的一分子，而不被社会隔离。[①]

案例三：2012 年 2 月 24 日，黔东南清江苗寨的翻鼓节要举行祭鼓仪式，然而主管木鼓的田某认为村里账目没有明细公开，怀疑村领导以权谋私，并对村领导没有把上级领导和外来客人带到自己家来坐一坐、吃饭喝酒心存不满，觉得受到了歧视，因此借机发难，阻拦大家把木鼓请到鼓场上去祭拜，结果引发激烈争吵。最后几个年轻人去把寨老请来协调，田某慑于寨老的崇高威望不敢再纠缠，终于同意大家将木鼓请出去祭祀，事情方才得以平息。[②] 据说，平时寨子里的一般社会纠纷和邻里矛盾大都由寨老来组织开会予以评判。如果寨老做出了决定，有谁不遵守，会受到社会隔离的惩罚：待到他家有红白喜事，或遇到什么意外事情的话，村里所有的人都不去参加。这就是为维护传统权威而实行社会隔离的强制整合。在偏僻的山寨村落里，邻里之间相互帮忙是维持正常生活秩序的重要保证，不可或缺。因此，有社会隔离的强制整合做保障，寨老们非常受人尊敬，威望很高。在此情形下，寨老们其实可以说就是村寨集体意识的具体象征，对寨老的尊崇其实就是对集体意识的认同和尊崇。

对于这种社会隔离的惩罚性措施，涂尔干还提出了自己的一套惩罚理论进行解释。他认为对于违反集体意识进行惩罚的目的和意义不在于吓阻或者制止错误行为的再犯，而在于满足社会成员集体意识的心理补偿。因为如果有集体成员的某些行为，冒犯了社会的集体意识，就会使所有的群

---

① 刘志扬：《西藏乡村政治结构中的家庭、村落与基层政权组织——以拉萨市娘热乡为中心的考察》，《西南民族大学学报》（人文社会科学版）2006 年第 9 期。
② 此材料来源于课题调查员田如意在黔东南清江苗寨的实地调研。

体成员心理受到伤害，大家会为群体所在社会的稳定格局可能受到被打破的威胁而心生焦虑，因此需要对违规行为进行惩罚算是给全部集体成员在情感上予以补偿。①

当然，对于涂尔干提出的违背集体意识的惩罚理论，我们必须要辩证地看待。只有当集体意识与社会的公平正义或者法律规范相一致的情况下，涂尔干的惩罚理论解释才显现其正确性，假如集体意识与社会的公平正义或者法律规范并不一致，那么，惩罚就可能只是作为对大家心理的一种补偿，是集体意识对不遵从者的一种报复，而那些违规的人的利益则可能被忽视和牺牲。

比如在案例一中，白马藏族朝格仪式上对于不参与集体仪式人员的处罚；还有西南地区的苗族村寨一般都对违背集体意识的行为施加惩罚，即罚"3 个 100"或者"3 个 120"，并将这种惩罚规定写进村规民约之中。黔东南雷山县西江苗寨在 2010 年"鼓藏节"期间出台的通告第 13 条规定：对于违反"村规民约"的，一律罚"4 个 120"（120 斤米、120 斤肉、120 斤酒、120 响爆竹）。雷山县郎德镇也利村"村规民约"第 35 条规定：凡是触犯村规民约两次以上的，罚"3 个 100"（100 斤米、100 斤肉、100 斤酒），并由寨老带领巡回全村喊寨一次。这些惩罚措施对于受罚的人来说意味着要付出相当的代价，也是很重的经济负担，但是对其他人而言却是非常快乐的事情。有位曾亲身经历这种处罚仪式的教育工作者，认为自己平日里在民众心中比较有威信，说话大家应该会听，于是他当场指出这种罚 3 个 100 之类的处罚是违背国家法律的，对受害人是不公平的，结果话未说完就遭到众人的责骂，还差点挨打。②

涂尔干就曾对此类仪式、庆典以及宗教活动中的严厉规定表示疑问："假如有人触犯了禁忌、触犯了某种不洁的或神圣的动物或人，弄灭了圣火，吃了某种肉，没有向祖坟杀牲献祭，没有字正腔圆地诵读祭文，没有庆祝某类节日，——诸如此类的行为真的对社会构成了危害吗？"③ 事实

---

① 宋林飞：《西方社会学理论》，南京大学出版社 2004 年版，第 36 页。
② 徐晓光：《从苗族"罚 3 个 100"等看习惯法在村寨社会的功能》，《山东大学学报》（哲学社会科学版）2005 年第 3 期。
③ ［法］涂尔干：《社会分工论》，渠东译，生活·读书·新知三联书店 2000 年版，第 33 页。

上，问题的根本不在于仪式上的犯规行为是否真的对社会构成现实危害，而在于它触犯了集体意识，不是因为犯罪了才触犯集体意识，而是触犯集体意识本身就是一种犯罪行为。人们"在任何意识里都会发现某种感情，当这种感情强烈和精确到了一定程度，触犯它的所有行为都应被算作犯罪……社会中罪恶之所以是罪恶，是因为它遭到了社会的排斥"①。

　　对仪式上的犯规行为的惩罚越是严厉，说明集体意识越强烈，群体的信仰越虔诚，这种惩罚的"核心就是群体对因为内部成员侵犯了公认的群体观念而可能导致的社会动荡状态的反应。在这个反应中包含了集体愤怒的情感，从而起到使社会恢复安宁的作用。它的最终目的就是保持社区成员的最基本的情感"②。从某种意义上来讲，当一个群体对于违犯集体意识的行为无动于衷时，那么这个群体就显得缺乏凝聚力，有解体的危险。

　　综合上述分析，我们发现，民族特色仪式在一定程度上展现的是蕴含社会内聚力的集体意识，其功能在于把社会的价值观念、思维模式以及生活经验灌输给个人，增进特定的民族认同感，建构共同的社会记忆。因此，"为了维持社会作为一个社会整体而存在，并不只是依靠最基本的人类生产劳动，而且在物质性的生产劳动之外，还要伴随着具有社会凝聚力的精神因素的创造和维持运作，特别是需要某种象征性力量"③。

四　有利于社会关系的巩固

　　由于历史的原因，少数民族村寨大多处于贫困落后的边远山区，地理环境相对封闭，交通基础设施比较薄弱，经济发展水平也比较落后，从而导致民众与外界交往不多。因此，亲戚朋友之间、邻居乡亲之间的"互助"和"友情"关系就显现为村民生活中非常重要的关系，并在此基础上逐渐形成了日常生活用品互通有无，农忙时互相借用生产工具，相互协作；遇到困难时互相帮助；逢年过节或是闲暇时光彼此走动、相互拜访的"熟人"社会关系。因此，我们可以发现，少数民族地区由于地理环境、

①　[法] 涂尔干：《社会分工论》，渠东译，生活·读书·新知三联书店 2000 年版，第 44 页。
②　[英] A. R. 拉德克利夫·布朗：《原始社会的结构与功能》，丁国勇译，中国社会科学出版社 2009 年版，第 220 页。
③　高宣扬：《当代社会理论》（下），中国人民大学出版社 2005 年版，第 740 页。

社会经济条件的局限，社会交流面相对狭窄，社会关系以族群、姻亲为主。虽然这种基于地域和血缘的社会关系结构相对较为清晰简单，然而对于民族地区社会的稳定、和谐却有非常重要的意义。因此，民族地区的特色节庆仪式众多，其中一项重要的功能就是巩固族群与姻亲之间的社会关系，强化血缘和地域的纽带联系。

如"鼓藏节"是黔东南苗族社会的一个传统节日，节日可以延续4年至5年的时间，但是每个苗族村寨要13年才过一次。"鼓藏节"就是要举行隆重的"立鼓祭祖"仪式，祭祖仪式上的木鼓被看作是大家的祖先和保护神的栖居之处，围绕这个祭"鼓"仪式还形成了以父系血缘关系为基础的当地苗族传统的基本社会组织——"鼓社"，"鼓社"在维系当地的社会团结、维护社会秩序方面具有积极的意义。

"鼓藏节"的活动安排按日程可分为三个阶段："子日"为第一阶段，主要活动时迎接亲朋好友。受到邀请的亲朋好友们在这一天都会带着各式各样、数量不等的单数礼物前来过节，礼物一般有鲤鱼、活鸡、活鸭、米酒和鞭炮等。主人一方面要热情招待客人，另一方面还要把客人带来的礼物分门别类地清理好，其中的鸡、鸭、鱼要宰杀并烹调好作为晚上宴请客人的菜肴。宴席的形式一般是苗族传统的长桌宴，主人与亲朋好友分别落座长桌两旁，开怀畅饮的同时彼此之间也进行一些家长里短的倾诉，酒过几巡之后，宾主还会吹起芦笙，载歌载舞。此时，亲朋好友之间的关系纽带由于时间的流逝而产生的隔阂和疏离又得到了修补和恢复，变得重新亲密起来。

"丑日"为第二阶段，主要活动是杀猪祭祖。在这一阶段的杀猪和分肉环节，充分显现了"鼓藏节"仪式维系和强化姻亲关系的功能。如，杀猪一般是由（大）舅舅来主刀，以充分显示苗族社会"舅权"地位的尊崇和肯定。猪杀好之后，主人带领亲朋好友一起祭祀祖先，然后围坐长桌喝酒吃猪内脏。正是在这种"吃鼓藏"的仪式活动中，祖先、主人一家和姻亲们构成的社会关系得到了巩固。"吃鼓藏"之后的分肉环节是非常重要的，具体哪块肉分给哪位亲友都有特别的讲究，比如，带猪尾巴的最大的一腿肉要给（大）舅舅，其他的猪肉则依次分给二舅、姑父之类的亲属，不能出错。如果出错可能会影响姻亲关系的和谐，姻亲关系有可能因此而疏远甚至中断交往，这就不利于维护民族村寨原本就不宽广的社会关系。由此可见，特定民族的特色仪式活动中的礼物馈赠是按照一定的分配原则来进行的，这种分配原则是随着族群的历史变迁而逐渐形成和发展起来的，已经沉淀为族群的一种文化心理和生活习俗，成为了特定民族维护特定社会关系的行为规则。在这种情形下，如果礼物馈赠活动与特定的文化心理和习俗规则相违背，那么基于此分配规则之上的社会关系就有破裂的可能。

"寅日"为第三阶段，主要活动是送客人离去。客人们在这一天纷纷告别，离去时主人会把早就按规矩分好的猪肉回赠给各位姻亲。这三个阶段前后可延续3—4天。凡是仪式都具有一定的强制性，"鼓藏节"的祭祖仪式也表现出强制性的一面：就是族群的成员，不管离家多远，都要赶回来参与，因此，村寨里许多在外地打工、学习的人员都要在节日期间赶回来，整个村寨里因之客来人往、宾客盈门、热闹非凡。

如果说"鼓藏节"的"子日"、"丑日"、"寅日"三个阶段的仪式活动的主要作用在于维系和巩固姻亲关系的话，那么在"寅日"送客之后，左邻右舍的族人和兄弟之间的相互串门吃"闹寨酒"就展示了对血亲关系的重视和对家族观念的维护。族人及兄弟之间的串门喝酒、气氛热烈融洽、相互的交流沟通不仅使血亲认同重新得以强化，更使平时家长里短的一些误解和矛盾消散于无形，亲情关系和家族意识的维系也由此得到进一步的巩固。①

其实，这种亲戚之间的礼物馈赠以及族人的串门吃酒带有很大的仪式表演性。比如亲朋来送礼必定要把礼物挑起来，这样好看且主人很有面子，而对于主人赠予的猪腿，客人也同样是肩挑手提，招摇过市。这种礼物交换的方式其实是对民族地区这种特定社会关系的宣示，它交换的是特定社会传统中的人际关系和亲朋关系，并证明、确认或建立这种社会关系。因此，这种民族特色的礼物馈赠与串门拜访仪式正如萨林斯所指出的那样："实物流动和人际关系之间的联系是相互的。某一特定的社会关系可以界定物品的既定运动，但某一特定的交易也同样能促成特定的社会关系。"② 拉德克利夫·布

---

① 刘锋、靳志华：《"鼓藏节"仪式之权力表达》，《贵州民族学院学报》（哲学社会科学版）2010年第3期。

② Marshall David Sahlins，*Stone Age Economics*，Transaction Publishers，1972：186.

朗曾指出，"参加仪式活动能够有效地改善人们之间的感情，而良好的社会秩序正是以这些感情为基础的"①。由此，我们发现，"鼓藏节"活动中姻亲之间的礼物馈赠和族人兄弟之间的相互串门吃酒都是民族传统的文化价值观念的体现，其作为一种具有民族特色的仪式展演充分发挥了展示亲朋好友之间的密疏关系、维系和巩固姻亲和血亲之间的情感、维护当地社会秩序的积极作用。

民族地区的一些婚丧嫁娶仪式往往具有明显的民族特色，其在巩固和维系社会关系、维护社会秩序方面也体现出积极的作用。对于婚礼在强化社会关系方面的作用，费孝通先生早有论述，他认为：举行婚礼在社会生活中的作用非常关键，具有调节社会关系的积极意义。因为婚礼会吸引众多的亲朋好友参加，为大家提供了相聚的机会，并且婚礼现场举行的宴会有利于大家坐下来喝酒聊天，增进彼此之间的沟通交流，从而不仅使原有的亲属关系得以巩固，而且使因结亲而形成的新的亲属关系得以建立和确认。②

而在一些民族特色的丧葬仪式，也展现出巩固社会关系、维护社会秩序的功能。民族村寨举行丧葬活动，基于血亲的族人邻里和基于姻亲的亲朋好友都会赶来，相互倾诉痛苦与伤悲、彼此相互安慰和鼓励，大家纷纷出力、出钱或直接带来物资共办丧葬仪式，形成一种强大的凝聚效应，以应对和修补死亡事件给原来社会关系造成的破裂和伤害。列维·斯特劳斯曾对丧葬仪式的意义做出如下评价：丧礼仪式的作用不仅在于使个体在其所属社会里的价值得以展现，而且还能帮助人们把因为个体的死亡而出现分裂的群体再度聚合起来，从而使大家意识到从此之后需要在原来关系的基础上构建一种新的社会关系。③

第二节　心理调适功能

民族特色仪式的展演其实也是一种情感的表达，当人们通过仪式的展演

---

① ［英］A. R. 拉德克利夫·布朗：《原始社会的结构与功能》，丁国勇译，中国社会科学出版社 2009 年版，第 145 页。

② 费孝通：《江村经济：中国农民的生活》，商务印书馆 2001 年版，第 121 页。

③ ［法］列维·斯特劳斯：《种族与历史，种族与文化》，中国人民大学出版社 2006 年版，第 101 页。

缓解了情感的焦虑不安，解决了问题与烦恼之后，现实世界中的不安情绪和紧迫问题也随之得以解决，这正是民族特色仪式的心理调适功能所在。"社会成员头脑中的某些情感不仅是人们有序的社会生活的决定因素，而且它还控制着个体与他人之间的行为。对这些情感的有规则的象征性表现就产生了仪式。因此，仪式特定的社会功能就表现在它对这些社会情感的作用方式上，仪式对这些社会构成所依赖的社会情感在某种程度上起着调节、维持和代代传承的作用。"[①] 彭兆荣也指出："仪式在满足人们心理层面上的需求方面也有着重要的作用，特别是在人类生活中的一些不可意料的事情上，比如生病、危险、生活变化等，仪式可以起到心理上的舒缓、化解、转移等作用。"[②]

一　发挥调适功能的机理分析

民族特色仪式能够发挥心理调适功能的机理在于两个方面：一个方面是仪式自身具有神圣的时间和空间，在这神圣的时空里，仪式参与者的身心都会产生一些微妙的转变，这是内因；另一个方面是社会本身存在诸多的紧张与冲突，人们在焦虑和不安的心态下，的确有心理调适的需求，这是外因。正是仪式的内在神圣与社会的外在需求促成了民族特色仪式心理调适功能的发挥。

（一）仪式神圣的时间与空间

"仪式将存在之重要时刻化为戏剧，并借此为整体生命带来结构。某些事件被标举出来，成为符号，以便将存在安排为一个可理解的有秩序的综合体。"[③] 这些被标志性的事件就包括了人的出生、成年、结婚与死亡以及季节的变化、灾害性事件等。这些被标志的事件就构成了仪式的时间，而仪式的具体举行场景就构成了仪式的空间，仪式的时间与空间就构成了仪式的神圣秩序。此时，任何对仪式秩序的破坏都是难以容忍的，因为人们认为这可能惹怒神灵，导致仪式丧失神圣地位和神奇效力，惹来灾祸。

---

①　[英] A. R. 拉德克利夫·布朗：《原始社会的结构与功能》，丁国勇译，中国社会科学出版社 2009 年版，第 159 页。

②　彭兆荣：《人类学仪式的理论和实践》，民族出版社 2007 年版，第 27 页。

③　[比利时] 杜普瑞：《人的宗教向度》，傅佩荣译，（台北）幼狮文化事业公司 1986 年版，第 168 页。

进入了神圣的仪式秩序，人们就会在信仰的支配下感受到神灵的在场，从而变得虔诚、恭敬和谨言慎行，并有一种对于圣洁的追求和向往，此时此刻，日常的尘俗琐事就显得俗气与渺小，而因之集聚的焦虑与紧张也就随之释然。因此，仪式过程中常见的舞蹈往往既不是出于审美目的，也不是为了随意的娱乐，而是一种信仰情感的表达和展现，舞者在某种信仰的支撑下翩翩起舞，传递着人们向神灵示好、祈求神灵庇佑的意愿。并且"在舞蹈仪式中，不仅舞蹈者发生了转变，而且作为观众的人由于被此种舞蹈所吸引，也加入到这种转变的行列之中"。① 在追求神圣、圣洁心理的驱使下，人们甚至会认为，仪式的效果好坏、神灵满意与否，其关键就在于参与仪式献祭者的纯洁程度。如古希腊的柏拉图就认为："善人向诸神献祭，通过祈祷、奉献等方式与神交流，这是一切事务中最高贵最优秀的，也最有助于导致一种非常适宜的幸福生活。但是对恶人而言，则是相反，因为恶人有不洁的灵魂，而神是纯洁的。无论是一个善良的人或是神都不能从一个被污染的人那里不恰当地接受礼物。为此，不虔诚的人向神献祭只是在浪费他们的时间，而若是虔诚的人献祭，那么诸神是很乐意接受的。"② 因此，仪式的参与者们不仅在外表上要沐浴更衣力求洁净，更是在心灵上要坦诚向善追求圣洁，唯恐失去神灵的眷顾。

民族特色的节日庆典仪式与祭祀仪式基本上都是人们根据民族地区的生产、生活节奏而规定的。如西藏的传统农业节日"望果节"、苗寨的"鼓藏节"、藏历新年、穆斯林的"古尔邦节"、蒙古族的"那达慕节"等，有学者将这种根据生产活动、生活作息规律而举行仪式的时间秩序称为"仪式历法"③。利奇就指出："我们若要理解节庆是如何巧妙地安排时间的，就必须把节庆系统看成一个整体，而不是单个节日。"④ 这些系列公共

① ［美］F. J. 斯特伦：《人与神——宗教生活的理解》，金泽、何其敏译，上海人民出版社1991年版，第244页。

② 柏拉图：《法律篇》716E—717A，转引自王晓朝《希腊宗教概论》，上海人民出版社1997年版，第162页。

③ 参见［英］M. 提泰《人的科学》，转引自叶舒宪《中国神话哲学》，中国社会科学出版社1992年版，第167页。

④ ［美］埃德蒙·R. 利奇：《关于时间的象征》，史宗《20世纪西方宗教人类学文选》，生活·读书·新知三联书店1995年版，第501页。

的具有民族特色的节庆与祭祀仪式强调和关切的就是现实的社会生活秩序。正是通过这些可以预期的有规律的节庆与祭祀仪式活动，使平淡而显得枯燥的日常生活出现一些转折和节奏感，让人们切实感受到社会生活的秩序。并且在仪式展演期间，现实生活短暂的停顿与休整也让民族地区民众有了从世俗层面进入神圣层面感受神圣的机会。因此，墨菲认为："时节礼仪通过密切地接近神圣性力量，为时间和大众提供了周期性神圣化的机会。"①

民族特色仪式的空间既包括节庆与祭祀仪式展演所处的现实物理空间，也包括仪式参与者心中想象的神圣空间，只有两者的有机结合才能构成真正完整意义上的仪式空间。民族特色的节庆与祭祀仪式展演所处的山林、草坪、山洞、庙宇、祠堂、墓地等都是真实的空间，但是空间中的一些神圣物件，比如神树、神石、神像或者一些大鼓、牛头、牛角之类的物体，这些物件虽然也处于真实存在状态，但是它们却代表着仪式参与者心中的神圣观念。因此，神圣物件的作用就是圣化仪式展演的真实空间，使这个地方有别于其他普通的地方，由此引导仪式参与者从现实的物理空间进入神圣的想象空间，形成与世俗领域的区隔。在一定程度上，这一过程中包含着很大的虚构和想象的成分，但是，经过仪式的反复展演、不断强化，最终这些虚构性的想象空间也就具有了现实的意义，仪式空间就将真实的物理空间与想象的神圣空间结合在了一起。由此，人们在祭祀献祭时，总是假定神灵的在场，正是这种神人共处的仪式空间才保证了仪式的有效性和仪式功能的发挥。正如有学者指出："当仪式经过其中的行为、动作的整合之后，那些与仪式相关联的神话内容、生活内容、生存观念乃至欲望意识等等，皆被组织进了仪式的空间结构之中，从而也产生了这个空间的意义结构。"②

民族特色仪式空间具有封闭性与开放性的特点。封闭性主要表现为针对外来人员与一些不洁的"污染"，力图将这些人和违背规范和禁忌的行为从原来的仪式空间里排斥出去，以恢复和维持仪式空间的纯洁。而节庆

---

① ［美］罗伯特·F. 墨菲：《文化与社会人类学引论》，商务印书馆1994年版，第234页。
② 张建建：《冲傩还愿》，贵州人民出版社1997年版，第158页。

与祭祀仪式中一些吸纳众人参与的体育竞技活动则表现出仪式空间的开放性，其实质是希图构建统一的族群心理认同以及增强族际交往的纽带。

民族特色仪式的时间和空间也具有一定的延伸性。用于祭祀的牺牲和供品，经过神圣的祭祀仪式之后，在仪式参与者的眼里都成为了具有神性的东西，尽管此时仪式已经结束。但在祭祀仪式结束之后，人们分食那些已经具有神性的供品，就象征着和神圣的事物产生了直接的联系，由此实现了神与物、神与人、人与物以及人与人的仪式性结合。这些具有象征意义的仪式性结合超越了日常的现实生活与想象世界的边界，于是，现实的世界与想象的世界通过仪式中一系列的象征性活动而融合起来，成为了一个世界。[①]

（二）社会内在的冲突与紧张

一个社会的正常运转来自两个方面的保障：一是特定社会的传统风俗习惯与规章制度的继承与沿袭；二是特定社会的传统价值观念、思维模式、文化心理、生活习俗和道德伦理等对全体成员的制约。这就表明，在任何社会里，社会与其个体成员之间都必然存在着控制与反控制、制约与反制约的矛盾。因为，从社会个体的角度而言，总是希望无拘无束的随性而为，然而普遍存在的社会规章和价值观念、生活习俗的约束和管制让上述愿望注定不可能实现。正所谓，虽然人生下来是自由的，但却无时不处于罗网之中。这个无形的罗网就是特定社会的价值观念、传统习俗与规章制度。相对于这种无形社会网络的强势制约，社会个体成员无疑处于弱势，尽管会出现内心压抑与情感焦虑，但是除了服从社会规章制度和习俗的制约，一般别无选择。但是社会个体成员这种压抑的情绪和焦虑的心理无疑是一种社会负能量，如果缺乏恰当的疏导和调适，任其日积月累达到一定程度之后，就可能会成为一种强大的社会抗拒力量而猛然爆发，从而危及社会的正常秩序与政治稳定。因此，展现各类社会文化心理与价值观念的各种仪式就逐渐演绎出来，在仪式展演的虚拟场景中，人们借助角色的转换、结构的反转甚至对正常社会规章制度的颠覆的戏剧化表演，能够

---

① ［美］克利福德·格尔兹：《文化的解释》，纳日碧力戈等译，上海人民出版社 1999 年版，第 129 页。

舒缓焦虑、调适情绪，从而更好地适应社会的规章制度。比如西方社会的一些狂欢仪式（奔牛节、狂欢节之类）就能起到发泄人们心中焦虑情绪、调适心理的功效。

民族地区由于特殊的地理环境，自然灾害频发，人与人之间、人与自然之间难免存在一定程度的紧张与冲突，因此经常会举行一些带有民族特色的祭祀、祈祷仪式，来舒缓和发泄心中因各类紧张和冲突引发的焦虑。各具特色的民族仪式在一定程度上是通过一系列的象征行为展示了民族地区社会生活本身所固有的紧张和冲突。

通过对恩丹布部落的深入调查研究，人类学家维克多·特纳（Victor Turner）得出了一个结论：仪式的举行与社会冲突之间存在着某种紧密的联系。[①] 得出这一结论的一个重要的证据就在于每次恩丹布部落举行仪式的决定往往与村民在生产生活中面临的危机密切相关。维克多·特纳（Victor Turner）对此的解释是：在日常的生产生活中，部落社会群体以及社会个体之间不可避免地会产生一些纠纷、争吵和矛盾，并且这种负面情绪会随着时间的延续逐渐积累起来，从而影响部落社会的团结和个体成员之间关系的和谐。这种情形是与部落社会的价值信仰体系完全相违背的，整个部落社会因此而陷入一种道德上的困惑，全体成员觉得他们的生活偏离了正常的轨道、失去了正常的秩序，为此感到焦虑不安。根据部落社会的信仰体系，他们认为举行一些特定的仪式就能使社会重新回到正常的轨道、恢复有序的状态。恩丹布部落间隔一定时间不定期地举行一些独特的仪式，其实就是演绎着部落社会从有序到无序再到有序的发展历程。正是基于此种逻辑，每当部落社会里发生一些纠纷或事件，人们都会举行特定的仪式寻求解决的方法。维克多·特纳（Victor Turner）把这种仪式的展演过程称为是一种"社会剧"（social drama），因为在仪式活动的表演过程中，部落社会原本的权力结构被颠覆，各种潜在的不安定因素转化为一种争吵，部落社会生产生活的现实与神秘的价值信仰体系之间的冲突和矛盾就在这种"社会剧"（social drama）的表演中化解了。

---

① ［美］维克多·特纳：《仪式过程——结构与反结构》，黄剑波、柳博赟译，中国人民大学出版社 2006 年版，第 10 页。

社会冲突论者格鲁克曼也认为仪式产生于社会冲突，因为"任何社会里，社会冲突都时常发生，社会情绪由此充溢着焦虑、仇恨甚至反叛；人们因此就需要借助一些与现实情形完全相反的仪式来宣泄这些负面的情感，使冲突在没有爆发前就化解了"①。格鲁克曼得出如此的结论源于其在东非一个部落里发现了当地人举行的一种特色仪式活动，在这个仪式展演过程中，大家都唱诵神圣的国歌来诅咒国王而不是颂扬。这其实是以一种反叛的形式来展现对国王的忠诚，因为在大家眼里国王的权力是神圣的，必须遵从，但是也会感到这种神圣权力的压力和威胁，因此通过这反叛的仪式发泄不满的情绪之后，一切又回到对权力尊崇、对国王忠诚的正常轨道上来，社会秩序复归平稳。这与中国古代国家祭祀仪式有着异曲同工之妙。中国古代，每当遇到大的灾祸，比如洪水、旱灾、地震、火灾、疫病等，君王就要举行国家祭祀仪式，祈求祖先神灵降福，庇佑天下百姓。由于灾祸会让人们怀疑王朝是否已经失去天命，上天不再庇佑天下百姓了，在当时的社会环境里，这种怀疑会直接威胁到王朝的合法性，引发大的社会冲突，比如农民起义。此时的国家祭祀仪式就是为了应对社会危机而举行的。因此，这种国家祭祀仪式其实带有强烈的剧场化表演色彩，不管其现实效果如何，但是对于缓解民众的焦虑、消除可能发生的社会冲突、维护社会政治稳定还是有重要意义的。当然，有人会对仪式的现实功能表示怀疑，因为毕竟这些仪式只是人们信仰的表现形式而已，其本身是虚拟的。但有学者指出，虽然仪式总体来讲属于一个虚拟的世界，其虚拟性主要包括四个方面：仪式场景布置的虚拟性、仪式表演手法的虚拟性、仪式行为方式的虚拟性和仪式参与者心理时空的虚拟性，但是在这个虚拟的世界里，仪式参与者的情感与心态却是真实的。②

马林诺夫斯基也指出，仪式产生的根本原因在于其能满足社会群体和个体成员某种深层次的迫切需要。③ 因此，马林诺夫斯基从两个维度对仪

---

① Gluckman. M., "Ritual", *In Man，Myth，and Magic*，London：Phoebus Publishing，1970：pp. 2392—2398.

② 参见薛艺兵《对仪式现象的人类学解释》（上），《广西民族研究》2003 年第 2 期。

③ 参见［英］拉德克利夫·布朗《原始社会的结构与功能》，潘蛟等译，中央民族大学出版社 2002 年版，第 86 页。

式进行分析，在社会群体方面，有化解社会矛盾、构建社会认同、整合社会关系的需求；在个体成员方面，有消除生产、生活、人生历程等方面焦虑的心理需要。这两个方面的需要不仅构成了仪式产生的根本原因，也成为了仪式展演的根本目的。① 以个体成员为例，为了消除心理上的焦虑感，仅靠自己的能力难以解决这个问题，所以希望通过特定的仪式获得某种神圣力量的帮助，在一定程度上仪式也能起到这样的功效。很多人类学家对仪式的这一功能都有论述，比如华莱士就认为，仪式能够让人提振信心、减少焦虑，仪式活动的目的就是使人们能够以良好的情绪来面对现实。② 维克多·特纳则认为，仪式能让参与者感到轻松、愉悦、安全和解脱，并对共同参与仪式者产生一种亲近感。③

因此，仪式的展演不仅在某种意义上为社会群体和社会个体成员提供了化解冲突、消除焦虑、宣泄情感的机会，也能进行心理调适，让社会及其个体成员都能以一种良好的精神状态面对现实生活。如在现实社会中，人们对生的执着追求和渴望、对生命美好的无限留恋和不舍与死亡的无法避免、死期的难以预知是一对永恒存在的紧张与冲突，让人们产生讳谈死亡、忧虑生命甚至恐惧死者的不安和焦虑。因此，民族特色丧葬仪式的一个重要功能就是"把对死者的恐惧、对变化不定的生命状况的忧虑、对由于相信死者的灵魂具有力量和复仇心而导致的苦恼以及在死别之际人们所怀有的情感尽可能地缓和下来"④，通过仪式的展演在调整和维持"生命秩序"⑤ 与社会稳定方面发挥积极的作用。

二　禁忌仪式的心理调适功能

禁忌缘于仪式的神圣时空会在信仰的支撑下形成一种神圣秩序，围绕

---

① ［英］马林诺夫斯基：《文化论》，费孝通译，北京中国民间艺术出版社 1987 年版，第 79 页。

② 转引自纳日碧力戈《人类学理论的新格局》，社会科学文献出版社 2001 年版，第 64 页。

③ 转引自夏建中《文化人类学理论流派》，中国人民大学出版社 1997 年版，第 165 页。

④ ［日］池田大作、［英］B. 威尔逊：《社会与宗教》，梁鸿飞、王健译，四川人民出版社 1996 年版，第 5 页。

⑤ "所谓生命秩序，是要为生命的种种状态、种种阶段作某种合理的安排，赋予某种意义，从而使生命个体，尤其是人，能充分体验自身生命的完满。建立生命秩序，在根本上即是建立人自身的存在秩序。……如果生命秩序发生了混乱，则就是人的存在感受的混乱，无意义的生活感受便得以产生。"（参见张建建《冲傩还愿》，贵州人民出版社 1997 年版，第 219—220 页。）

神圣秩序会产生诸多的规范，这些规范即为禁忌，而不遵守这些行为规范则会被视为对神圣秩序的冒犯，这就是违犯禁忌。少数民族民众一般认为违犯禁忌的行为是一种"污染"①，并且这种"污染"会亵渎神灵、引发神怒而带来灾祸，影响当地的社会生活秩序和群体的平安。因此，为了"把人重新整合到圣界领域中"②，需要对那些违背习俗的污染或不洁行为进行净化和清除，以求获取神灵的宽恕和谅解，重新整合被打破的社会秩序与行为规范。因此，在少数民族地区，为了消除对大自然神秘力量的恐惧心理或是为了摆脱因违背族群特定的传统风俗规则担心遭受祖先和神灵的怪罪与惩罚而产生的焦虑情绪，人们常常会举行各类民族特色的仪式。比如，生活在云南省沧源佤族自治县东北部班奈村的佤族民众有着较为特殊的价值观念和思维方式，他们认为在他们族群生活的环境里存在着各种各样的神灵，这些神灵拥有非常神圣的力量且以一种众人难以觉察的神秘形式存在于万事万物之中，时刻掌控着族群成员的社会行为，并决定着村寨的安危与族群成员的命运。一旦族群成员有冒犯神灵的社会行为，那么就会给整个村寨带来不幸或严重的灾难，如发生洪水、蝗虫、旱灾、地震，等等。其中，他们确信不疑的一个传统观念就是：如果本村寨的同姓男女进行通婚，一定会激怒神灵，给村寨带来灾祸。

因此，班奈村的佤族严禁本寨的同姓男女进行通婚，这种传统习俗已经转化为全体村寨成员的社会行为规则而代代传承。一旦有人违背了本寨同姓男女通婚的规则，全体族群成员就会出于对惹怒神灵、灾祸降临的恐惧和担忧而产生严重的焦虑心理，这种焦虑心理在一定条件下就很有可能转化为对违背规则成员的集体攻击行为，从而可能引发族群内部的争斗与冲突，危及村寨的社会秩序稳定。此时，为了避免灾祸、维系村寨成员的团结与村寨社会秩序的稳定，村寨就要组织举行传统的颇具民族特色的

---

① 道格拉斯认为："污染从来不是一个孤立的事件。只有在一种系统的秩序观念下，才会有所谓污染。……因为污染的观念之所以有意义，只蕴于一种方式之中，这就是只有当它与人们的整个思想结构密切联系时，才有意义。也就是要通过其隔离污染的仪式从关系上把握其要旨、范围、界限，以及内在的特征。"（道格拉斯：《〈利未记〉的憎恨》，史宗《20世纪西方宗教人类学文选》，生活·读书·新知三联书店1995年版，第322页。）

② ［比利时］杜普瑞：《人的宗教向度》，傅佩荣译，（台北）幼狮文化事业公司1986年版，第186页。

"正寨"或"洗寨"仪式，一是显示对违规者的惩罚，二是请求神灵的宽恕，三是调适村寨成员的心理，舒缓焦虑情绪。在"正寨"仪式上，主持者一般会向神灵祈祷：

> ……
> 兹有我们的孩子，
> 违犯了祖宗的规矩，
> 我们便清扫调整家园村落，
> 因为我们恐惧大灾大难，
> ……
> 我们用最健壮的鸡重新正寨，
> 之后让我们能祛凶迎吉。①

透过佤族这种谦卑而诚惶诚恐的祷词，我们能够感受到村寨成员渴望得到神灵的宽恕、摆脱恐惧与焦虑心理、复归正常社会生活秩序的强烈意愿。可以说佤族这种禁止本村寨同姓男女通婚的规则就属于仪式性禁忌，拉德克利夫·布朗认为："仪式性禁忌指的是一种行为规则，它与一种信仰紧密相连，即任何人如果违反了这个规则都会导致他的仪式状态发生不好的变化。在不同的社会中，这种仪式状态的变化会采取不同的方式，但有一个基本的理念是认为会有或大或小的不幸降临到那人身上。因此必须通过一系列仪式才能逃脱危险，恢复到原来的仪式状态。"②

穆斯林在麦加举行的一年一度的"朝觐"仪式，由于朝觐有着诸多的禁忌，因此也可视为一种禁忌仪式。除了对朝觐者的年龄、身体状况以及妇女的陪同人员等条件有着诸多禁限之外，朝觐者首先必须受戒，受戒之后就要心怀善意、慎言谨行，恪守不得发生争执冲突、不得杀生等戒律。其次，就是要把身体沐浴干净，以洁净之身开启圣洁之旅、踏入神圣之

---

① 赵秀兰：《佤族同姓婚禁忌探析——以班奈村佤族同姓婚禁忌为例》，《云南民族大学学报》2011年第1期。

② ［英］A. R. 拉德克利夫·布朗：《原始社会的结构与功能》，丁国勇译，中国社会科学出版社2009年版，第133页。

地。朝觐仪式有着明确的仪式时间与神圣的仪式空间，这一切都凸显朝觐仪式的神圣以及与世俗的区隔，因此，在朝觐者的观念里，认为自己参加了朝觐仪式，就能够脱离日常生活的世俗环境，步入安静、圣洁、有序且富有意义的仪式空间。在这个神圣的仪式空间里，一切都是按照仪式秩序有节奏地展演，生活显得美好而富有意义。虽然朝觐仪式属于集体性的行动，但对每位参加者而言却是独立的个人行为，然而"即使是一个人单独举行仪式，他也可以从仪式中获得满足感。这种满足感来源于他执行了一种仪式责任。他在执行仪式时感受到：他有权利也有责任为维护人与自然相互依存的宇宙的秩序做出贡献。因而，他得到的满足感使仪式对他具有一种特别的价值"[①]。因此，参与朝觐仪式的人们通过这种仪式活动，不仅能够获取心灵上的慰藉，释放心中的焦虑与压力，而且能使心理重新恢复到平衡的状态，从而对生活的充满希望与信心。

三 戏谑仪式的心理调适功能

戏谑仪式缘于社会中存在的紧张与冲突有缓解和消除的现实需要，通过非正常的反向方式让冲突与紧张在一定程度上得以释放，从而满足现实的缓解需求。拉德克利夫·布朗认为：戏谑关系是一种友谊和敌对关系的结合物，通过戏谑关系可以达到一种社会联合与社会分离相结合的状态。他认为戏谑关系中的"友谊"指的是一种责任，这种责任要求双方不得公开争吵或彼此产生冲突。避免双方公开冲突的一个办法就是双方相互回避或者给予对方极大的尊重。但是，与回避关系表现出的极端尊敬不同的戏谑关系却是一种包含有不敬的行为双方之间的亲热，甚至在极端的情况下还包含有放肆的成分。戏谑双方在相互凌辱而又不得把这种凌辱当真的关系中，采取了伪装的冲突，从而使真正的冲突得以避免。[②]

中国少数民族地区举行的各类民族特色仪式上充斥着各种戏谑关系，戏谑仪式在一定程度上已经成为调适社会心理、控制社会行为，从而调节民族地区社会平衡避免族群内部以及族际之间产生冲突的社会工具和手段。

---

① ［英］A.R. 拉德克利夫·布朗：《原始社会的结构与功能》，丁国勇译，中国社会科学出版社 2009 年版，第 144 页。

② 同上书，第 89—102 页。

如，中国少数民族的婚礼上就常常会出现各种类型的戏谑仪式，较为典型且为大家所熟悉的就是迎亲仪式中男女双方的拦门礼和拦路礼。拦门礼与拦路礼的根本区别在于戏谑仪式的地点不同。拦门礼一般是在新郎或是新娘的家门口举行，而拦路礼则是在迎亲或送亲的路上举行，如著名电影《红高粱》中的颠轿片段，其实就是一种拦路礼，只不过那是汉族的拦路礼。"据统计，在中国少数民族迎亲仪式中存在拦门礼的共有 29 个民族，其中存在女方拦门礼的共有 26 个民族，而存在男方拦门礼的则有 14 个民族。存在拦路礼的共有 22 个民族，其中存在女方拦路礼的有 17 个民族，而存在男方拦路礼的则有 8 个民族。"① 拦门礼与拦路礼中的戏谑仪式包括：设置障碍、故意闭门拒人、要求对歌、泼水、抹花脸等刁难、戏弄、嘲讽甚至侮辱的举动，这些举动有时是结亲的双方相互进行，有时只是结亲的一方针对另一方。如湘西洪江花瑶的婚礼仪式中，当男方的迎亲人员风尘仆仆来至女方村寨时，寨门口早已有女家人员摆下拦门酒。首先得对歌，歌对不上来就不可以喝酒，而酒没喝完则不能进寨子。因此，男方迎亲人员顾不得劳累使出看家本领应对挑战，边对歌边喝酒，场面甚为欢快热烈，对歌的歌词亦不乏戏谑与调侃。

有些婚礼戏谑仪式表现了人们趋吉避祸的心理。在贵州省锦屏县九寨侗族村寨，只要新郎和迎亲的客人进入新娘家的大门之后，新娘的女伴们就会拿着拌有辣椒水和桐油的锅灰，偷偷地给新郎和接亲客们抹花脸。据说是古时候鬼怪常常在接亲时在路上抢亲，而当接亲的人都抹了大花脸之后，鬼怪见了就会害怕而不敢拦路抢亲了。②

有些婚礼戏谑仪式则表现了人们对于新娘离开村寨的不舍心理。在湘西洪江花瑶的迎亲仪式中，往往由媒公带领新郎村寨里的一帮小伙子，挑着丰盛的礼物，来到女方村寨迎娶新娘。当在女方家里把新娘装扮好，一切收拾妥当准备返回新郎家去时，女方寨子里前来送亲的大姑娘小媳妇们一起拥上前来，将早已准备好的湿泥巴劈头盖脸地甩向媒公，一边甩还一

---

① 瞿明安：《中国少数民族迎亲仪式中群体性的戏谑关系》，《中南民族大学学报》2008 年第 2 期。

② 傅安辉、余达忠：《九寨民俗——一个侗族社区的文化变迁》，贵州人民出版社 1997 年版，第 87 页。

边唱：

"最坏的人就是媒人公，我们姐妹们朝夕相处，从不分离的，却被他们一个个给骗走了！"

在密集如雨点般的泥巴和略带伤感的歌声中媒公狼狈逃窜，而大姑娘和小媳妇们则是毫不放松，紧追不舍。跑得稍慢的媒公就可能被泼辣的小姑娘们抓住，一把推到冰冷的水田里，搞得满身泥污。即便如此，媒公还是非常高兴。根据当地花瑶习俗，媒公身上的泥巴越多，就意味着以后新人的日子越幸福，寨子也会越兴旺。因此，媒公的泥巴衣服，往往还会挂在寨子里展示三天，以示吉利。① 整个戏谑仪式诙谐滑稽甚至带有淡淡的离愁，却也充满了乐趣，充分表达了女方村寨的朋友们对新娘的不舍之情。

民族地区婚礼中的戏谑仪式是结亲双方的心理状态和价值观念的象征性反映。戏谑仪式上那些带有些许敌意的种种不敬行为在两个结亲的群体之间起到了加强沟通和进行初步认同的社会功能。如，在黔南的布依族村寨，当唱完放客歌，送亲的客人们将要离去的时候，主家却突然冲出来许多手上抹有红染料或黑锅灰的人，往送亲的客人们的脸上涂抹，俗称"打花猫"，直到送亲的客人们抹得满脸通红或者漆黑为止，而有些送亲的客人也有所准备，也会反过来往主家的脸上涂抹，主客之间相互嬉笑打闹，直至最后送亲的客人们全部逃出寨门远去。② 这些带有滑稽色彩且充满戏剧性表演的戏谑仪式，增添了婚礼的喜庆与欢乐气氛，从而强化了两个结亲群体对于即将建立起来的姻亲关系的心理认同，使得原本比较陌生甚或还带有某种轻微敌意情绪的两个结亲群体经此一番戏谑闹腾变得亲近起来，彼此的关系亦因此变得比较友好和容易协调。

民族地区的人们除了在真正的婚礼上举行一些戏谑性的仪式表演外，有时为了营造喜庆气氛甚至还会举行一些"假结婚"的戏谑仪式，以消解大家内心的紧张与焦虑，缓解压力。如在位于西藏自治区东部的昌都地区

---

① 禹明华、刘智群：《论花瑶山歌在花瑶婚俗中的特殊功用》，《邵阳学院学报》2007年第12期。

② 吴文定、李远祥、黄家祥：《黔南布依山歌与人生礼仪》，《贵州民族学院学报》2005年第6期。

盐井纳西民族乡加达村，每年都会举行一次"假结婚"的戏谑仪式。"假结婚"的具体时间由喇嘛卜卦测算，一般是藏历新年的正月初九或是前后一两天的日子。"假结婚"的娶亲队伍共有三位"新郎"，每位"新郎"有三位"伴郎"，再加上协助娶亲的"礼士"等共有二十多人。婚礼的"洞房"设在村公所的"天井"围屋，前来"新娘"家观看"假结婚"戏谑仪式展演的人们是密密麻麻挤得水泄不通。娶亲队伍进村之后，立即就陷入嬉笑打闹人群的层层包围之中，随着阵阵鞭炮声，不时有奇形怪状的"妖怪"混进娶亲队伍捣乱打闹，甚至还有受到惊吓的牦牛也闯进娶亲队伍里，引发阵阵尖叫与哄笑。伴随着娶亲队伍的行进，整个村寨陷入了集体狂欢的海洋。在"假结婚"的戏谑仪式中，三位"新郎"对既不年轻也不貌美的"新娘"表现出很不满意的样子，甚至吵闹着要"逃婚"，然而在"伴郎"的阻拦和人们的挽留下始终不能得逞，在众人的哄笑声中显得很是狼狈与无奈，场面颇为滑稽。因此，满腹委屈的"新郎"们与"新娘"一见面就开始斗嘴和打情骂俏。三位"新郎"轮流上阵，数落"新娘"的不是，一些装扮滑稽的"鬼怪"也来帮腔，然而"新娘"毫不胆怯地凭着伶牙俐齿展开反击，她口若悬河地夸奖自己的优点与过人之处，讥讽"新郎"们的缺点与笨拙表现，其巧舌如簧的雄辩口才引得围观人群的阵阵喝彩。在整个"假结婚"的戏谑仪式过程中，各种诙谐的对话与滑稽的表演把人们逗得乐不可支。

"假结婚"戏谑仪式的意义在于：当地民众认为举行"假结婚"仪式能够让他们的山神"雷丘"高兴，因为他们觉得"雷丘"非常喜欢以这种独特的戏谑仪式欢度新年。村民通过这种戏谑仪式为全体村寨避灾迎福，祈求来年全体村民的健康吉祥，生产活动风调雨顺，等等。大家认为如果不举行"假结婚"的戏谑仪式则会惹怒山神，来年整个村寨可能会遇到不顺利的事情。[①] 虽然村民们信仰的山神"雷丘"不可能真实存在，然而通过"假结婚"戏谑仪式的展演，的确能够让村民们以狂欢的方式让平时在生产生活中积淀于心的压力与焦虑情绪得到较为彻底的释放，从而以一种

----

① 吴成立：《多元认同："假结婚"仪式与盐井地方社会》，《西藏民族学院学报》2009 年第 3 期。

更加平和舒畅的个人心情、更加轻松和谐的邻里关系去迎接来年的生产生活，客观来看，在一定程度上确实有利于消除灾祸、趋吉迎福。

此外，在民族地区的其他庆典与祭祀中，也不乏戏谑的仪式，如各类节日庆典的祭祀仪式中都带有民族特色的竞技运动项目。考察西方社会的历史，我们就会发现竞技体育运动与祭祀仪式其实具有悠久的渊源。比如，古希腊的运动会都是为了祭祀神灵而举办的[①]，在古希腊人眼里，从事体育竞技活动是一件非常神圣的事情，是为了与神接近并努力赢得神的喜爱而进行的仪式化行为。中国民族地区少数民族的祭祀仪式与竞技运动的结合之初应该也有着类似的心理，这与一些学者经常提到的"娱神"目的是相契合的。各少数民族节日庆典祭祀仪式中的竞技项目往往花样繁多，不仅是"娱神"，而且实现众人欢乐的"娱人"亦是重要目的之一。如，仫佬族节日庆典上的特色民族传统体育项目主要有低佬竹球、打灰包、裤裆棋、抢粽把、舞草龙、象步虎掌、斗鸡、凤凰护蛋、烽火球等。赫哲族的"乌日贡"大会是中国境内的赫哲人每年举行民族体育比赛和文艺演出的重大节日，节日期间要进行一些文娱表演和各类特色体育竞技项目，具体有撒网、射击、游泳、叉草球、划船、摔跤、投叉等具有民族特色的体育比赛，目的是加强族群感情联系，巩固族群内部的友谊。黔东南西江苗寨的"鼓藏节"期间，苗家人也会举行很多富有民族特色的趣味体育竞技项目，如赛歌、斗牛、斗鸟、斗狗以及篮球赛等。而桂北侗乡的抢花炮比赛场面极为热烈、滑稽，民族特色浓郁，给当地民众枯燥单调的生活增添了无限的乐趣。村民在激烈的竞技活动中，能够强化集体意识，激化族群的自信心和自豪感，释放一些紧张与不安的情绪，深化族群内部和族际之间的认同和了解。拉德克利夫·布朗指出，群体之间经常从事一些具有戏谑色彩的竞争性游戏，如足球、篮球等体育比赛，这种友好的社会敌对关系从理论上讲是非常重要的。因为这是一种表面的对抗，却受习俗

---

① "传统的饮誉全球的奥林匹克体育竞技活动起源于丧葬仪式。奥林匹克竞技节日据言是为了纪念庇罗甫斯而创立的。传说庇罗甫斯在奥林匹亚有一神圣的属地；为了敬奉奥林匹亚的英雄，他就一年一度举行以羊为牺牲的祭祀仪式。后来他死并葬在奥林匹亚，所有的伯罗奔尼撒的小伙子们将自己捆绑着来到他的墓前，以他们的血祭奠这位死去的英雄。（Frazer，1898：92）这就是奥林匹克体育竞技活动的原始雏形。"（参见彭兆荣《人类学仪式的理论和实践》，民族出版社2007年版，第180页。）

规则主导的友谊关系，属于戏谑关系友好泛化的例证。如牛津大学和剑桥大学就经常通过举行划船、踢足球等竞技比赛来保持友好的关系。[①]

尤为重要的是，竞技性的戏谑仪式要求大家在尊重比赛规则、尊重对手的条件下平等竞技，这在一定程度上能够培养少数民族民众公平竞争的意识，从而具备坦然接受存在公平差异的心理。有了这种心理基础，当大家在面对一些现实的公平差异时就能够保持平和的心态而不至于产生偏激和义愤情绪，这对于维护民族地区的社会政治稳定具有非常积极的作用。

在中国的古代社会里，结构等级严密，存在严重的等级差异。现代的中国社会发生了巨大的变化，但是差异并没有随着社会的发展变化而消失，而是以一些新的形式表现出来。因为社会的资源是有限的，不同的人由于禀赋、能力各异，对社会资源的占有情况自然不同，在人与人之间、人与自然之间以及人与社会之间必然存在着广泛而普遍的差异。只是这种差异是在公平竞争的条件下形成的，以公平正义的社会制度为前提，我们称之为公平差异。与古代的等级差异不同，公平差异的理论前提是承认所有公民在政治上都是平等的，维持平等地位的是保障社会公平正义的制度。

在一定意义上，各阶层、各利益群体以及个体之间存在公平差异具有合理性，因为适度公平差异的存在，不仅对社会无害，反而能够形成一种激励，成为社会进步的动力。正如李普塞特所说："在没有分层的社会里，所有的工作都取得相对平等的报酬，那些工作量较大，费力不讨好，产生较多焦虑的职位就得不到最能干的人。因此，分层体系被看作是一种激励制度，用来鼓励最能干的人，担任最艰难的角色以实现社会有效运行的社会机制。"[②] 社会要发展就必须保持有一定的差异，"发展"本身就意味着差异。著名政治哲学家约翰·罗尔斯就认为：人与人之间并不是完全平等的，尤其是由于生理、种族、社会地位、文化背景、教育等方面的差异，必然造成人与人之间事实上的不平等。

约翰·罗尔斯在指出人与人必然存在事实上的不平等后，提出要用社

---

① ［英］A. R. 拉德克利夫·布朗：《原始社会的结构与功能》，丁国勇译，中国社会科学出版社 2009 年版，第 107 页。

② ［美］李普塞特：《一致与冲突》，上海人民出版社 1995 年版，第 72 页。

会正义来限制和尽可能消除这种不平等，这种限制的方式是：第一，确定人的平等的自由权利，这是绝对的；第二，给每个人以公平的竞争机会，促使人们通过自身的努力来减少不平等差别，这也是绝对的；第三，使社会的不平等限定在这样一个程度上：即一种不平等的后果必须对每个社会成员，尤其是对处于社会劣势地位的人们有利。① 因自然的原因或经过符合社会公平正义原则的制度协调之后存在的差异，属于合理的差异，社会成员也能够理解和认同。这和民族特色仪式上的竞技比赛基本类似，虽然每个参与选手的体能、心理素质、技艺都是不同的，甚至有较大的差异，但对于比赛的结果大家都能够欣然接受，因为比赛规则给了每位选手平等的竞争机会，符合公平正义的法则，比赛的结果属于合理的公平差异。

同样地，中国少数民族地区由于自然环境的局限以及历史的原因，在社会、经济、文化等方面比东南沿海地区要落后一些，存在事实上的差异，并且由于改革开放之初，国家基于先富带动后富的战略考虑曾给予东南沿海地区一些优惠政策，在一定程度上还拉大了这种差异。但是，中国共产党的十六届六中全会明确提出："社会公平正义是社会和谐的基本条件，制度是社会公平正义的根本保证。"因此，"必须加紧建设对保障社会公平正义具有重大作用的制度"，在制度的框架里把一切差异和不平等尽可能降至最低，保证所有的阶层、所有的群体以及所有的地区都拥有平等的权利和利益，使那些不合理的差异转变为合理的、公平的差异。国家的西部大开发战略就是在这种情形下出台的，因此，现在西部民族地区与东南沿海发达地区的差异可以说是一种合理的公平差异，并且经过民族地区民众的努力，这种差异会逐渐缩小甚至发生转变。对此，如果民众能够保持平静的心态来看待这种差异，则对于民族地区的社会经济发展和社会政治稳定都具有极其重要的意义。

总之，戏谑仪式使人们能在一个特定的情境里把现实生活中受到压抑的情感与生物本能进行合法的宣泄和释放，使人们的心理得到放松和调适，从而能够更好地维系社会规范的控制功能。比如，有些民族在婚礼仪式上戏谑翁媳。人们在这种特殊的公开仪式上通过戏谑的方式，表达了对

---

① 转引自万俊人《西方现代伦理学史》下卷，北京大学出版社 1992 年版，第 690 页。

近亲之间的性关系禁忌调侃式的宣泄与反抗，心理上得到了调适，从而能够更好地维持这种乱伦禁忌和约束的运行机制，这对于社会关系的维护和社会结构的稳定都有重要的保障功能。当然，随着社会的进步与发展，戏谑仪式的规范与调节功能有逐渐弱化的趋势，而作为民众娱乐手段的价值却日益增强。

综上所述，充分发挥民族特色仪式心理调适的功能，对有效维持民族地区的社会秩序稳定将起到积极的促进作用。

第三节　促进经济发展的功能

民族特色仪式作为完全融合于少数民族群众生产生活中的民族文化的特殊表现形式是最有生命力的文化因子，一旦植入经济，就能转化为促进民族地区社会经济发展的一种强大动力，从而为维护民族地区的社会政治稳定奠定坚实的经济基础。在资金和技术缺乏的民族地区，开发利用传统的文化资源不失为一条生态、低碳的经济发展路径。[①] 正是基于此种价值导向，许多民族村寨将民族特色仪式开发为村寨旅游、民俗文化旅游项目，的确取得了促进当地经济发展的良好效果。

一　民族特色仪式与民族地区经济发展的关联

在民族地区的历史长河中，民族特色仪式与经济发展的关系一直比较紧密。在历史上，以农业经济为主的民族地区民众对气候、土地以及祖先的经验非常依赖，受自然崇拜和祖先崇拜影响较深的民族地区的民众认为，这一切的后面都有神灵在掌握，所以需要举行一系列民族特色的仪式来讨好抑或控制神灵，以便按自己的意图行事，保证农业生产的顺利进行。如，遇上干旱年份的求雨仪式、丰收过后的祭祀土地神仪式，每年的祭祖仪式以及各类祭神仪式。当然，这些仪式未必真的有实际效果，但是具有心理调适功能是肯定的，能给民族地区的民众心理带来安慰，带来希

---

① 廖小东、丰凤：《西部欠发达地区农村公共品需求研究》，《贵州财经学院学报》2012 年第 5 期。

望。因为尽管祭祀的神是不存在的，但是由于民众对神的存在确信不疑，因而仪式的确能产生真实的精神力量。这就是："去献祭的时候，人是自然的奴隶，当献祭完毕归来之时，人就变成自然的主人，因为他们已经与自然后面的神灵达成了和解，心理的恐惧和不安减轻了，人以祈祷和献祭换来了心灵的平衡。"① 所以，民族特色的祭祀仪式能使民众无论面对什么困难，都仍然能够满怀希望地投入生产活动，为经济发展注入不竭的动力。

当前，受益于市场经济的驱动和国家西部开发战略的推进，民族地区的经济发展日渐起步。然而受制于特殊的地理条件，社会欠发展经济欠发达的民族地区缺乏足够的资金和先进的技术，不可能复制中国沿海发达地区的发展模式。现实的可行路径就是开发利用自身的民族文化资源，形成经济发展的内生动力。正是基于此一思考，"许多民族村寨将曾经是自己生存技术的传统民族特色仪式转换为一种表演性的节目，开发为村寨旅游、民俗文化旅游项目，成为促进民族地区经济发展的重要动力"②。马翀炜套用法国人类学家布迪厄的场域理论，将这种把民族传统文化作为一种资源手段或工具在经济发展中加以积极运用的现象称作"民族文化的资本化运用"。他认为："在经济资本相对不足的地方，象征资本所扮演的角色就变得更加重要。以中国而论，面对东西部经济巨大的反差，单纯的经济资本的投入，显然是不够的。少数民族增强自身造血机能势在必行。包括经济资本、象征资本的多种资本的投入成为民族发展的关键。"③

二 民族特色仪式对民族地区经济发展的作用

民族特色仪式对民族地区经济发展的促进作用主要表现以下几个方面。

（一）转化为旅游资源，成为带动经济发展的动力

许多民族村寨，虽然有秀丽的自然风光和浓郁的民族风情，但是如果没有通过民族特色仪式展示出来，就难以吸引四面八方的游客前去游玩，自然也就不会有当地经济的快速发展。因此，许多民族村寨都在政府的组

---

① 朱狄：《原始文化研究》，生活·读书·新知三联书店1988年版，第788页。

② 廖小东、丰凤：《仪式的功能与社会变迁分析》，《湖南科技大学学报》2012年第4期。

③ 马翀炜：《民族文化的资本化运用》，《民族研究》2001年第1期。

织和引导下将自己传统的民族特色的祭祀、歌舞仪式包装为旅游项目，成为创收的一个重要来源。如黔东南雷山县西江苗寨的"鼓藏节"，2010年利用西江千户苗寨传统"鼓藏节"的非物质文化遗产的品牌效应，围绕神圣、神秘而隆重的"祭鼓"、"祭祖"仪式组织策划了系列节目，打造成"2010年中国·雷山苗年暨西江鼓藏节"，通过展示苗族服饰、饮食、歌舞等民族文化，大力发展乡村旅游和民族文化旅游，并对外开展宣传形成广泛的影响，吸引各方游客纷至沓来，不仅带动了西江及其附近村寨的经济繁荣，更是极大地促进了雷山的县域经济发展。

云南西双版纳傣族的泼水节又名"浴佛节"，是一种带有民族特色的佛教仪式。原本仪式的时间有着严格的限定，一般在傣历的六月中旬，阳历4月13日至4月15日之间（即农历清明前后十天左右）举行。然而为了开发村寨民俗文化旅游的需要，改变为在旅游季节里天天举行泼水的仪式性表演。现在傣族"泼水节"已经成为了对游客颇具吸引力的著名旅游品牌，成为当地经济发展的支柱产业。四川凉山州布拖县利用彝族的"都则"（祭火）仪式资源，组织策划成"火把节"，以带动当地民俗文化旅游的发展。

在西部民族地区，将以民族特色仪式为主要表现形式的民族文化转化为一种独特的、颇具竞争力的旅游资源正成为一种普遍现象，使旅游文化产业逐渐成为带动该地区经济发展的主要动力。以经济欠发达的贵州省为例，2011年全省旅游总收入1429.48亿元，占全省GDP的1/4（贵州省2011年GDP为5600亿元），同比增长34.7%；接待旅游总人数1.7亿人次，同比增长31.8%。[①]

（二）具有生态意义，保持经济发展的可持续

农业是民族村寨的支柱产业，自然生态系统是村民们获取生活资料、进行农业生产的重要资源，直接影响着村民的生存与村寨的经济发展。在万物有灵观念的影响下，少数民族民众敬奉水源、供奉祭祀山林、土地，并且还订立村规民约进行约束。谁破坏山林、水源就是亵渎神灵，将失去

---

① 《2011年贵州旅游十大新闻》，http：//www.cnta.gov.cn/html/2012－1/2012－1－18－10－39－88110.html。

神灵的庇护和面临族群的处罚。

中国西南民族地区许多民族村寨周围都矗立着一片参天大树,村民们称之为"保寨树",认为这些树具有神性,不仅有益于村寨的风水,而且还能够避邪,保护村寨免受各种侵害。布朗族就将村寨的大树幻想成部落和村寨的保护神顶礼膜拜,苗族人甚至在古歌中称保寨枫树为"枫树妈妈",形成一种"虚拟的血缘关系",认为自己就像子女接受母爱一样受到枫树的庇护。在英国古典人类学家费雷泽的《金枝》一书中,还专门提到了苗族村寨将枫树当作"保寨树"的风俗。事实上,这些树枝繁叶茂能够遮阳避雨、调节气候、净化空气,的确能给村民们带了不少好处,而且大树的发达根系深扎土中,有利于水源保持、防风固沙、防止泥石流和山体滑坡等自然灾害的发生。因此,少数民族这种与树木、山林、土地、水源结成"虚拟的血缘关系"的习俗行为,看似荒唐,实际上有一定的道理。"这些由'虚拟血缘关系'演变的风俗揭示了原生态朴素的哲理:如果生存环境受到破坏,村落和族群便无以依靠,无以依赖。可持续发展便成为无本之木。"[1]

然而,所有这一切都与民族特色的仪式紧密关联,所有的崇拜行为要通过仪式来展现,所有的保佑和幸福的感觉要通过仪式来获得。少数民族在把他们赖以生存的树木、山林、土地、水源以及祖先都视为神圣之后,必须通过庄严、隆重的各类民族特色仪式进行祭祀、朝拜才能形成一种共同的信仰和规则为大家所信奉和遵循。因此,民族特色仪式在满足了少数民族群众祈求平安幸福的美好愿望和心理诉求的同时也起到了维护民族村寨生态环境,有利于经济可持续发展的积极作用。

尤其是在国家实施西部开发战略和全球金融动荡的大背景下,东南沿海发达地区的投资与产业纷纷向西部民族地区转移。因此,西部民族地区急需应对的一项重大课题就是如何防止高污染和高能耗的产业进入绿色西部。而借用发达地区的资金和管理技术,开发利用以民族特色仪式为主要表现形式的民族自身的象征资本,大力开展乡村旅游、民俗文化旅游产业,是民族地区发展生态型绿色、低碳经济的一个理想选择。

---

[1] 彭兆荣:《人类学仪式的理论和实践》,民族出版社 2007 年版,第 335 页。

（三）能够凝聚人心，奠定经济发展的基础

民族地区的经济发展当然可以引进利用发达地区的资本、管理技术，甚至直接拿来一些科技成果，但是经济发展的主体还是民族地区的民众。没有各族民众的素质的提升和积极参与，实现民族地区的经济发展是不可想象的。

民族特色仪式能够建构并强化民族地区民众的共同信仰，成为整合族群共同体、凝聚族群人心的重要力量。原因正如涂尔干所指出：在举行仪式的时候，人们的"思想全部集中在了共同信仰和共同传统之上，集中在了对伟大祖先的追忆之上，集中在了集体理想之上——而他们就是这个理想的具体化身；简言之，他们完全倾注于社会的事物"。并且，这些大规模特色仪式所要满足的物质利益，"也都与公共秩序发生了关系，因而也都是社会性的。五谷丰登，风调雨顺，繁衍生息，都有助于社会成为一个整体。因此，在每个人意识的视野中，所见到的都是社会，社会支配和引导着一切行为；……人们感觉到有某种外在于他们的东西再次获得了新生，有某种力量又被赋予了生机，有某种生命又被重新唤醒了，这种振奋不是想象，所有个体都从中受益。因为每个人内心所激起的社会存在的火花，都必然会参与到这种集体更新的过程中来"[①]。

因此，民族特色的仪式作为民族地区民众互动、社会聚合、人际交往的重要场所，在少数民族的社会中起着促进社会交往的积极作用。通过仪式能增进族群的认同，强化人们的"家园自豪感"，形成强大的民族合力，为经济发展奠定了重要的社会资本基础。

第四节　文化传承功能

前述章节的分析已经清晰地表明，包括民族风俗、民族习惯法等在内的民族传统文化对于民族地区的社会秩序与繁荣稳定具有至关重要的意义。许多民族村寨的民众正是因为民族传统文化出现传承的中断与日益衰落而觉得精神无所依归，苦于生活失去了意义，他们要么是沉迷于酗酒赌

---

① ［法］涂尔干：《宗教生活的基本形式》，渠东、汲喆译，上海人民出版社1999年版，第457页。

博，要么是慌不择路地信奉外来的基督教甚至还有人误入歧路迷上邪教。这无疑给民族地区的社会政治稳定构成了巨大的隐患和严重的威胁。

一 理论分析

民族传统文化属于一个民族的群体记忆，包括了认识记忆（如价值取向、习惯法等）与习惯记忆（如生产、生活的风俗等），而这些记忆往往需要借助民族特色仪式的展演和宣示才能得以具体化呈现，才能让记忆在族群中得以延续，因此，民族传统文化的传承主要是通过民族特色仪式的展演才得以实现和完成的。利奇从知识与信息的角度来分析仪式后指出，仪式的重复叙述从而能够将其所蕴含的知识传承下去。一些民族没有文字，那么他们会通过各种手段来尽可能地储存信息和传递知识，一切关于生产生活的知识都通过族群的记忆叙事和特色仪式的展演来储存和传递。所有这些需要储存和传递的知识信息在表达形式上可以分为用语言表达和用行动表达两类；在具体内容上包括有关社会的知识和有关自然的知识两类。因此，一个得到完全展演的仪式序列通常是反复地重复自身，将其所蕴含的知识和信息持续地传递出去。[1] 保罗·康纳顿曾说："仪式作为文化特有种类的身体实践形式，能够把认知记忆与习惯记忆结合在一起。并且仪式的展演包含了群体生活、生产活动中的许多动作，不仅让仪式参与者回忆起该族群重要的认识分类，同时也会产生习惯记忆。"[2]

民族传统文化的传承特点，就是要求后续文化对前期文化进行一定程度的复制。前期文化中的思想观念、价值取向、社会规范与行为准则等都成为后续文化的言语行为标准，后续文化的主体必须通过亲身参与族群特色仪式类的习俗活动才能在耳濡目染中实现对族群习俗惯例潜移默化地接受。比如，白马藏族的朝格仪式就在将白马藏族丰富的舞蹈和民歌比较完整地传承到今天的历史过程中发挥了非常重要的作用。白马藏族的民歌传唱主要是两条途径：第一，依靠歌手们平日的积累；第二，就是在朝格仪式期间进行歌曲的传唱和歌唱技艺的切磋交流。每次朝格仪式不但是歌

---

① 转引自郭于华《仪式与社会变迁》，社会科学文献出版社 2000 年版，第 340 页。
② ［美］保罗·康纳顿：《社会如何记忆》，纳日碧力戈译，上海人民出版社 2000 年版，第 108 页。

手们充分展示自己歌技的舞台，而且也成为歌手们歌唱技艺竞赛的场所。①

　　原始民族缺乏对文字的掌握，也没有什么正规的教育，要把世代积累的生产知识和生活技能传承下去就需要借助民族特色仪式的象征性展演，而通过这种特色仪式的权力建构技术而塑造的传统权威人物对于包含民族生存知识的传统文化的传承过程中起到了重要的作用。中国民族地区的一些少数民族迄今仍然没有自己的文字，关于本民族的传统文化和记忆完全靠举行民族特色仪式时传统权威人物的叙述和歌唱来传承。他们不仅在仪式的展演中进行宣讲和操演，而且在日常生活中因崇高的威望也能对民众口传身授，让许多本民族的传统文化得以传承。人类学家弗雷泽就曾对古代各民族特色仪式上的地方权威人物——巫师的文化传承作用赞赏有加，他在《金枝》中提道："我们尽管可以正当不接受巫师的过分自负，并谴责他们对人类的欺骗，但作为总体来看，当初出现由这类人组成的阶层，的确曾对人类产生过不可估量的好处。他们不仅是内外科医生的直接前辈，也是自然科学各个分支的科学家和发明家的直接前辈，正是他们开始了那在以后时代由其后继者们创造出如此辉煌而有益的成果的工作。"② 因此，通过民族特色仪式传承下来的民族传统文化对于充实少数民族民众的精神生活具有重要的意义，对于维护民族地区的社会政治稳定起到了积极的作用。

二　实证研究

　　在本课题开展的问卷调查中，在贵州、广西、青海、甘肃的少数民族村寨总共发放了1200份问卷进行了随机调查，回收有效问卷1132份，样本合格率为94.3％③。

　　本课题调查的关系民众日常生活的公共品主要涉及五个重要的方面：民族文化、教育、医疗卫生、养老保险、居住环境。其中民族文化侧重于

---

　　① 班运翔：《白马藏族朝格仪式研究》；郝苏民：《西北少数民族仪式考察——傩舞、仪式、萨满、崇拜、变迁》，学苑出版社2010年版，第47—82页。

　　② ［英］弗雷泽：《金枝》（上册），徐育新、汪培基、张泽石译，中国民间文艺出版社1987年版，第95页。

　　③ 附注：由于许多调查问卷很难回访，本课题对在有些问题上存在瑕疵的调查问卷，如有的问题没有做出选择的情况，只是在统计时把该问题剔除，而没有将其完全视为废卷。因而在后来的统计过程中存在一些问题的样本不足1132份的情况。

民风民俗和民族宗教信仰两个方面，民众的需求状况具体如图4—1所示。

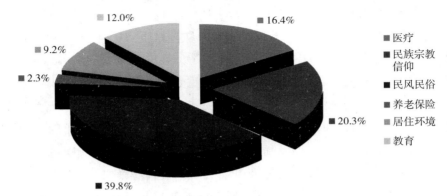

图4—1 调查区域民族村寨有关生活的公共品的需求比例

由图4—1我们可以发现，在日常生活中，民众最需要有关民风民俗和民族宗教信仰的公共品，分别占到39.8％和20.3％。

农民对民族文化类公共品的需求意愿强烈，是因为一些民俗活动和民族宗教信仰活动（比如民族节日、舞狮、舞龙、民族特色戏曲、民族特色仪式、民族特色祭祀等），农民都能从中得到一定的认同感或享受身心愉悦，感受到生活的价值与意义。在具体的调查过程中，我们也发现被调查区域民众参与各类民族特色仪式的比例较高，具体参与比例如图4—2所示：

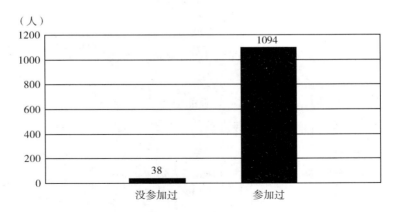

图4—2 被调查区域民众参加过民族特色仪式的比例

从行为经济学的角度来看，这完全符合农民"理性选择"的逻辑。华中科技大学贺雪峰教授明确指出：当前农民的苦恼在于生活失去了意义。他由此提出要通过以农民为本位的新农村建设，重建乡村生活的价值与意义。"因为当下农民的苦恼，不是因为没有解决温饱问题，而是因为生活正在失去意义；不是为现实的物质生活匮乏发愁，而是对未来生活预期的不确定深感焦虑；不是由于消费水平没有提高，而是因为人与人的信任正在降低；不是由于生产劳动强度太高，而是因为生活方式变化太快；不是因为经济收入没有增加，而是因为整体福利正在减少。总之，苦恼的根源不是来自纯粹物质方面，而主要是来自于精神和社会方面。当下的农民问题，不单纯是一个经济问题，而更是一个文化问题，不单纯是生产方式的问题，而更是生活方式的问题。"① 湖南省社科院朱有志教授也曾指出，物质条件远非农民生存尊严的全部。农民生存条件的改善还必须要有一定的非物质因素，例如，环境优良、人际和谐、邻里互助、能够在村庄中寻求到生活的意义、有文化参与、有社区共同体认同，等等②。

从我们的实际调查来看，出于民族认同感和归属感、对民族风俗习惯的认同以及邻里之间相互娱乐是被调查区域民众参加民族特色仪式的主要动机，具体情形如图4—3所示。

图4—3表明，出于民族认同感和归属感、对民族风俗习惯的认同以及邻里之间相互娱乐而参加民族特色仪式的民众比例占到被调查人群的76%。

根据在贵州省民族村寨问卷调查的结果，我们采用一种加权的方法（对某种公共物品表示满意就记＋1；表示非常满意记＋2；表示一般记0；表示不满记-1；表示非常不满的记-2），最后根据选择每个选项的个数得出一个均值来衡量被调查区域民众对各类公共品的满意度，具体情形如图4—4所示。

由图4—4我们可以发现，民族文化类的民风民俗的满意度均值为-75，民族宗教信仰满意度均值为-62。此外，种植养殖技术的满意度均值为-66，养老保险的均值为-25，环境卫生为-10，村务公开为-10，选举民主

---

① 贺雪峰：《农民之苦在于丧失生活意义》，《三农中国》。
② 朱有志、黄海：《老人协会、村庄生活与集体经济发展》，《企业家天地》2007年第12期。

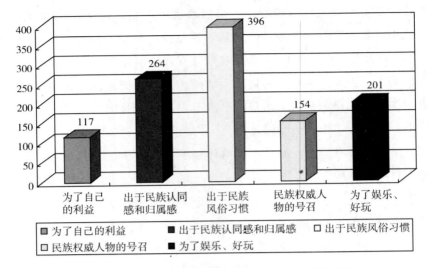

图4—3　被调查区域民众参加民族特色仪式的动因

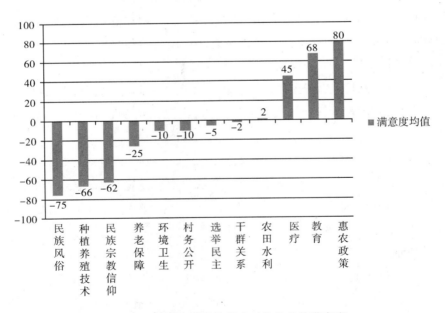

图4—4　调查区域民族村寨对公共品的满意度

为-5，干群关系为-2。由于国家和地方各级政府近几年接连推出了9年义务教育、新农村合作医疗、免除农业税和直接发放农业补贴等一系列优惠措施，因此医疗、教育、惠农政策三项的满意度均值比较高，分别达到45、68、80，表明所调查民族地区的民众现阶段对医疗、教育和惠农政策这三类公共品的满意度较高、需求相对较弱。民族文化类的民风民俗与民族宗教信仰分别为 - 75 和 - 62，生产类的种植养殖技术是 - 66，相较其他公共品而言满意度明显低出很多，表示了农民对民族文化生活的迫切需要和发展经济的强烈愿望。这些情况在我们的实地访谈中也得到了验证（详情见后面附录的访谈记录）。

第五节　可能的制约功能

任何事物都存在正反两方面，民族特色仪式在对民族地区发挥强化社会规范、促进社会整合、带动经济发展功能的同时，也可能会对民族地区的经济社会发展带来一些负面的影响，从而不利于当地社会稳定的维护，如不对之加以足够的重视，甚至有可能消解民族特色仪式的正面功能。

一　包含愚昧落后因素可能带来的负面影响

有些民族特色仪式，虽然在维护民族村寨的社会秩序方面发挥了一定的作用，但是其主要是借助看不见的神灵的力量来对社会进行控制，因此一旦民众的信仰随着社会的发展发生了变化，就很容易带来负面的社会影响，如一种比较具有代表性的民族特色仪式——"神判"，就是一个明显的例证。"神判"仪式其实是一种心证，就是其作出判断主要是依靠人们对神灵的敬畏心理，而不是现代法律体系所要求的证据。这种心证的逻辑推理就在于，人们既然敬畏神灵，那么就不会欺骗神灵，面对神灵必定说实话，因此是非对错也就会真相大白。在我国的西部民族地区曾经盛行过各种类型的"神判"仪式，直到现在都会偶有举行。比如居住于贵州省黔南州与黔东南州的水族就时常举行一种叫作"过阴"的"神判"仪式。所谓"过阴"就是具有神奇本领的鬼师用一些日常生活用品如蛋、线或米等来占卜，然后据占卜所得作出是非对错的判断。通常为大家所听到的一种"神判"仪式是"捞油锅"，就是把一锅油烧滚开，然后往里面丢入刀片、斧头或铜钱之类的东西，然后让所有的怀疑对象徒手去捞这些东西。据说如果嫌疑对象是清白的则手不会烫伤，如果嫌疑对象手被烫伤了，那就证明其所犯错误被坐实了，因此那些真有问题的嫌疑人是不敢把手伸进油锅捞东西的，这显然是一种"心证"形式的威吓。尽管这种简单而粗暴的"心证"可能也曾经解决了一些问题，但是由于其缺乏科学的依据，必然存在一定的隐患，因为"神判"仪式的真正作用在于"心证"的威吓，而一旦仪式的当事人不再信仰所谓的"神灵"，那么"心证"的威吓作用必将失效。特别是在现代社会里，人们对于神灵的信仰与敬畏都已经大不如前，因此"捞油锅"这种简单而近乎粗暴的"神判"仪式将难以使真正的犯事者感到畏惧而坦白，倒是有可能连累一些无辜的人受到伤害，导致非但不能搞清楚事情的本来面目，反而可能会引起社会混乱，危及社会秩序的稳定。比如在2010年12月，贵州省龙里县的金谷村金下组就发生了一起"捞油锅"的"神判"闹剧。事情的起因在于该村接连发生了6起焚烧稻草的案件，虽然村民们怀疑有人纵火，但是大家使出各种手段，包括报警请警方介入，都没能发现什么可疑之处。万般无奈之际，几位村组长就请来法师，希望通过举行"捞油锅"的"神判"仪式来查出纵火者，结果纵火者没有找到，37名参与"捞油锅"仪式的无辜村民被严重烫伤，引发社会恐慌。并且尤为让人难以接受的是组织者还让许多小学生到现场参观这种愚昧粗暴的"神判"仪式，影响非常恶劣。最后因受伤人数太多，群众终于被激怒而差点引发大规模群体性事件，当地党政部门闻讯紧急介入处置，首先免费救治所有伤者，然后一边安抚民众一边缉拿凶手，才终于将事情平息下去。[①]

除了上述的"神判"仪式之外，在民族地区通常还存在请巫师举行一些特别仪式治病的情况，这在一定程度上可能会威胁到民族地区民众的生命安全。因为这些所谓的"治病仪式"并不能真正治病，反而会延误病情，最后影响救治。因此，我们要本着"取其精华，弃其糟粕"的精神，对一些可能给民族地区社会政治稳定带来不利影响的蕴含愚昧因素的民族特色仪式予以扬弃。

---

① 《为表清白，几十人肉掌捞油锅》，《金黔在线—贵州都市报》，http：//www.gog.com.cn//2010 - 12 - 23。

二　突出民族传统权威可能带来的负面影响

民族传统权威的产生受益于各类民族特色仪式的展演过程中的神圣资源，其对于维护民族地区的社会秩序稳定能够起到非常积极的作用，如通过民族传统权威人物提倡诚信友爱、勤俭节约、团结互助等价值观念，能够有效地规范和制约族群全体成员日常的生产生活行为，从而维持社会安定有序。然而，凡事都有正反两面，民族传统权威本身所具有的一些局限，比如传统保守、囿于地域观念、个人利益的考量等，也可能从另一个方面给民族地区的社会稳定造成负面的作用。

（一）民族地区传统权威可能影响民族村寨的社会主义民主政治建设

《中华人民共和国村民委员会组织法》中明确规定，村民委员会是中国农村的基层管理机构，村民委员会的委员必须经过全体村民民主投票产生，由此来保证中国农村"村民自治"管理模式的实现。虽然中国农村的村民委员会并不包含在我国政府行政层级的序列当中，但在现实过程中，由于村民委员会掌握着农村的各类资源，并且上级政府机关对于农村各项工作的落实和执行也必须依赖于它，因此村民委员会一般被大家视为事实上的基层政权，在农村各类事务中拥有相当的权力。

在民族村寨的村民委员会的选举过程中，一些民族传统权威人物完全可以凭借自己的影响力使选举结果符合自己的意愿。一方面是民族传统权威人物可以利用自己的权威地位为自己拉选票，使自己当选；另一方面是民族传统权威人物也可以想办法保证符合自己利益的代言人在选举中胜出，从而使村民委员会成为其把持的谋取私利的工具。尤其是基于地缘或血缘关系形成的少数民族村寨一般由一个或几个宗族构成，宗族意识非常强烈。如果是民族传统权威人物再夹杂着宗族意识，利用自己的影响力掌控村民委员会，并将其变为自己所在宗族利益的保护机构，把村民委员会变成为自己宗族谋取私利的会议，这就必然会招致村寨其他宗族的反对和抗议，这些宗族也会想办法去干扰或影响村寨有关决策的制定和执行，使其能够符合自己的利益。①

---

①　瞿州莲：《民族地区残存宗族组织的现状剖析——以湖南永顺县羊峰乡青龙村土家族社区为例》，《湖北民族学院学报》（哲学社会科学版）2006 年第 24 期。

这一切都会影响民族村寨社会秩序的稳定，并从根本上动摇民族村寨民众对于建设社会主义政治文明的信心，影响中国社会主义政治文明在民族村寨的建设进程。

（二）民族地区传统权威可能与象征国家意志的国家法规政策相冲突

民族地区广泛存在的少数民族习惯法通过各类民族特色仪式转化为可视的过程与规则，从而实实在在地决定着民族地区民众的行为规范、塑造着民众的价值取向，在民众心中具有崇高的地位，成为民族地区物的因素的传统权威。当国家法规政策在民族地区的实施因各种各样的原因而效果不佳时，少数民族习惯法作为物的因素的传统权威的确能够起到有效的补充作用。比如针对民族地区一些特殊的社会问题的处理，民族习惯法通常要比国家法规有着更为细致、更为实用、更具有可操作性的规则，从而弥补国家法规偏重宏观性、普遍性和法理性而具体针对性不足的缺陷。然而，即便如此，国家法规与少数民族习惯法在实际的运行过程中仍然难免会产生一些冲突，这就为维持民族地区的社会政治稳定埋下了隐患。如国家刑法规定，杀人者必须要追究刑事责任，但是一些少数民族的习惯法却认为杀人者只要愿意付出"赔命价"即可完事。再比如一夫一妻制在中国的婚姻法中有明文规定，但是在一些少数民族族群里依然还存在走婚、一妻多夫甚至共夫共妻的现象，这显然与国家的婚姻法相违背，然而在这些少数民族的民族习惯法里，这种婚姻现象却被认为是合法的。虽然为了与国家意志保持一致，一些少数民族的习惯法做了一些修改，然而受制于传统民族文化与生活习俗的强大惯性，要真正改变民众沿袭已久的社会行为绝非易事，在一些民族村寨依然习惯性地按照民族习惯法行事。如一妻多夫的现象依然存在于四川省雅江县祝桑乡的藏族族群里，在那里兄弟几个人一起娶一个老婆，是很正常的事情。而作为传统藏族婚俗之一的走婚，至今还流行于雅江县瓦多乡扎坝部落。此外，生活在云南泸沽湖边的摩梭族人也保留有走婚的传统。①

这就充分展现了生活在由多个民族组成的国家中的少数民族，在社会

---

① 《奇特的藏族婚俗》，《CCTV—乡土》，http：//sannong. cntv. cn/program/xiangtu/2011－01－20.

与政治生活方面具有双重性：“一方面生活在国家统一的政治制度和社会规范之下，另一方面也同时生活在他们本民族的政治与社会生活当中。”① 当然，我们必须认识到，上述与现代刑法制度不一致的“赔命价”以及有悖于现代婚姻制度的一妻多夫、共夫共妻和走婚现象仅仅是民族习惯法中许多落后于时代的不合理的规定之一。民族习惯法中的一些与国家法规相抵触的规则的确是属于违背人类文明制度的陈规陋习，具有许多弊病，如果任其继续发展存在，将有损于国家法规的权威，不利于国家意志的统一，给民族地区社会的稳定发展带来不利影响。

三　强化民族认同感可能带来的负面影响

在民族地区举行的各类民族特色仪式，虽然能够增强族群的凝聚力、强化民众的族群认同心理，但是与此同时也可能带来另外一种后果，就是当特定族群的认同得到强化之后，族群成员可能会对其他的少数民族族群产生排斥心理，并且强烈的族群认同可能会超越甚至覆盖国家认同，这就可能因此而引发各种社会矛盾与冲突，从而危及民族地区的社会秩序稳定。

（一）过于强调民族认同感可能引发民族地区族际之间的矛盾与冲突

借助民族特色仪式形成的民族认同感，的确能够增强族群的凝聚力，促进人际社会关系的融洽，但是，当这种民族认同感过于浓厚而覆盖了其他情感时，就可能会产生不好的后果。尤其是当族群的个体意识完全被族群的集体认同感所超越，那么族群的个体成员就会在思想与行为上对其他族群产生排斥，很容易在维护族群利益心理的驱使下形成狭隘的族群利己主义和族群排他主义，从而引发民族地区族际之间的矛盾和冲突。因为狭隘的族群利己主义和族群排他主义思想观念一旦形成，就意味着只要本族群成员与外族群成员发生矛盾或纠纷，本族群成员都有责任和义务出面去维护本族群成员的利益，这就极易引发两个甚至多个族群之间的争斗，结果往往是两败俱伤，并且族群之间的矛盾与仇恨也可能因此越来越深，形成打不开的死结。这对于民族地区的发展和社会秩序的维护都是非常不利

---

① 周星：《民族政治学》，中国社会科学出版社1993年版，第264页。

的。如在贵州省黔东南州某县的一个民族村寨，居住着苗族和水族两个少数民族，虽为朝夕相处的近邻，但是两个民族都只是注重自己的族群认同，相互之间却并不怎么来往。两个族群之间时常为了一些个体成员之间的矛盾和纠纷而引发集体的争斗。

当然，过于强调民族认同而形成的狭隘的族群利己主义和族群排他主义思想观念在山林边界、水利灌溉、田土面积等涉及经济利益的方面表现得特别明显。

民族地区一般处于山区，在狭隘的族群利己主义和排他主义思想观念的影响下，一些民众往往基于自己的利益以历史传闻或传统习惯来提出山林、田土的边界要求以及水利灌溉的主导权，由此引发族群之间的纠纷和冲突，有时甚至发生群体性的械斗。[1]

在 2009 年的中国新闻网上有一篇报道就描述了一件这样的纷争事件：

在广西壮族自治区罗城仫佬族自治县有两个屯，天河镇的长风屯与乔善乡的单竹洞屯。随着改革开放以来的经济发展，全国土地开始全面升值，农村土地的价值也随之水涨船高。在这两个屯之间有个土地肥沃、适宜耕种的山坡，叫作"平顶岭"。鉴于其价值地不断上升，两个屯都声称根据历史传统，这个山坡归自己所有，由此导致双方时常为之发生争斗。根据有关方面的数据，自 20 世纪 80 年代开始，双方总共发生了 10 多次争斗，有人为此受伤住院，有人为此锒铛入狱。仅仅在 2008 年 9 月至 2009 年 2 月间，就发生了 6 次冲突。[2]

由此我们可以发现，这种因过于强调民族认同而形成的狭隘的族群利己主义和族群排他主义思想观念而引发的族群之间的矛盾与冲突不仅严重破坏了当地民众的生活秩序，也对当地社会稳定构成了极大的威胁。

（二）过分强调民族认同感可能诱发危及国家政权的活动

在民族地区普遍盛行各式宗教信仰，如在回族聚居区盛行伊斯兰教信仰，在藏族聚居区盛行佛教信仰，在其他地区还形成一些具有地方色彩的

---

① 《少数民族地区乡土农村的矛盾纠纷及对策》，《雷山县人民政府法制办公室》，http：//www.gzgov.gov.cn。

② 警方调解：《广西仫佬族两村庄八十年恩怨一朝化解》，《中国新闻网》，http：//www.chinanews.com/gn/news/2009－08－24。

宗教，如萨满教、东正教以及一些民间信仰等被特定的民族所信奉。基于对这些宗教信仰基础之上的民族特色仪式，在某种程度上强化了一些民族的民族认同感，而且在一些充满慈爱、行善的教义教化下，不仅在一定程度上加强了族群内部的团结，而且也深化了有着相同宗教信仰的族际之间的感情，在维护民族地区社会稳定方面发挥了积极的作用。然而，也正是基于此，一些有着不良政治企图的人，可能会以相同的宗教信仰为幌子，实施通过强化民族认同而弱化国家认同之目的，最终危及民族地区的社会政治稳定。如2008年在西藏拉萨爆发的以达赖为首的"藏独"集团策划的"3·14"打、砸、抢的恶性事件，2009年在新疆乌鲁木齐爆发"东突"分裂组织策划的"7·5"打、砸、抢、杀的暴力事件等，不法分子都是打着宗教的幌子并以民族认同为诱饵，阴谋实施分裂祖国、颠覆国家政权之企图，严重威胁到民族地区社会的安全稳定，造成极大的负面影响。

四　给经济发展可能带来的负面影响

任何事物都存在两面性，民族特色仪式在促进对民族地区经济发展的同时也可能会对民族地区的经济发展带来一些不利的影响，甚至构成消极的阻碍作用。

（一）仪式消费的浪费，客观上造成再生产投入资本的减少，制约了民族地区经济的发展。

浓厚的宗教观念与信仰也使一些民族地区的民众重来世、轻现实，在举行民族色的仪式上投入大量的人力物力，存在挥霍浪费的现象，这甚至已经成为他们的一种生活方式。有人曾形象地把一些少数民族的生活概括为"吃在酒上、穿在银上、用在鬼上"。所谓"用在鬼上"就是指大量的开支用于各类祭祀鬼神的民族仪式上。如云南景颇族鬼神信仰浓厚，许多人对鬼神的存在深信不疑，他们对鬼神表示感谢、乞求宽恕的主要方式就是举行仪式进行祭祀，祭祀时要杀掉大量的牛、猪、鸡等家兽家禽。苗族也有"椎牛祭祖"的习俗，即在祭祖时一次杀掉多头"牛牯"，开支不菲。笔者2010年在黔东南雷山县苗寨过"鼓藏节"时，发现当地苗族农户不论贫富，每户均杀3—4头猪，在节日期间祭祀祖宗神灵、招待客人吃饱喝足之后，将剩余猪肉大部分分给客人带走。可以说，当地苗家一年到头的重要劳动成果——几头肥猪，在几天的节日期间就消耗殆尽，基本没给家里的经济发展带来贡献。这必然会给本不富裕的当地苗族农户的经济生产带来不利的影响。

四川乐山峨边彝族自治县西河村的彝族民众存在普遍的毕摩信仰。据调查，当地社区81％的人每年请一至两次毕摩举行彝族特色的歌舞和角色转换仪式，每次开支从几十元到上千元不等，平均花费为817元/年。在这个家庭年均收入不算高的民族村落，用于请毕摩的家庭支出占据家庭开支的第一位，与食物开支持平。[①] 这在少数民族地区是一项非常高的仪式消费，甚至比一些藏传佛教信仰地区的仪式消费还要高。

这样的仪式性浪费行为也引起历代政府和学者们的关注。如清政府在平定湘西苗族乾嘉年间的起义后，就曾明令严禁当地苗族举行"椎牛大典"的仪式，其重要理由之一就是禁止"奢靡之风"。许多近现代学者包括部分苗族学者也认为苗族的"鼓藏节"是一种浪费行为，新中国成立以后政府也曾对这一仪式采取不支持甚至禁止的态度，直至20世纪80年代初才改变。

仪式的浪费主要是基于经济学的视角，是从生产资本的角度希望少数民族民众能将有限的经济资源投入到再生产中去，以促进经济的发展。当然，此视角在学界尚存争议，比如人类学者就不会这么看。费孝通先生就认为"礼仪的开支不全然是浪费和奢侈的，这些开支在社会生活中起着重要的作用"[②]。需要认清的是，仪式性浪费正是源于对仪式的神圣信仰，而一旦这种信仰弱化或消失，那么这一问题也就不复存在。

（二）随着经济的发展和社会流动的加大，民族地区民众的社会价值观念开始发生变化，民族特色仪式呈现神圣地位衰减、传统社会功能弱化的趋势，进而引起民众的"家园自豪感"弱化，这一趋势的发展可能会动摇民族村寨经济发展的基础，最终会对民族地区的经济发展产生不利影响。

人们对特定社会价值体系的认可是仪式发挥社会功能的重要前提，也

---

① 童正容、陈昌文：《第三社区：西部民族村落的发展方向》，《西南科技大学学报》（哲学社会科学版）2005年第2期。

② 费孝通：《江村经济》，商务印书馆2001年版，第121页。

是仪式存在的合法性基础。丹尼斯·朗曾指出：合法性"是以共同的规范为先决条件的"，"受它支配的那些人的共同价值观"是其存在的基础。① 民族地区各具特色的少数民族祭祖、祭神仪式，正是在一定程度上契合了"宗法农业社会"的一些"共同规范"，成为各少数民族民众"共同价值观"的象征，确立了合法性信仰的地位。但是在开发村寨旅游、民俗文化旅游产业的过程中，村寨原本封闭的生活秩序被打乱了，传统的社会结构走向解体、宗族渐趋式微，族群传统的"共同价值观"多元化趋向日益明显。尤其是经过市场经济的洗礼，见识了外面精彩世界的年轻人对民族服饰、民族风俗、民族歌舞等传统文化的尊崇意识日渐消散，曾经无比神圣的民族特色仪式在他们眼中亦不过是一种纯粹的娱乐活动而已。

由此，以经济发展为圭臬的社会取向促使民族特色仪式进行了世俗化的转化，此举虽然促进了村寨旅游、民俗旅游，带动了当地经济的发展，但经济的发展也导致民众信仰的多元化，从而动摇了民族特色仪式的神圣地位，部分丧失了社会整合功能，民族地区社会由此也缺乏凝聚力和向心力。如，随着民俗文化旅游开发，广西龙胜县平安壮寨专注于经济效益的村民们正与本民族的宗教信仰日渐疏远，表现为莫一大王诞生日的纪念活动逐渐消失，在新建的家庭旅馆中敬奉莫一大王的神位让位于客房而逐渐消失，年轻一代对本民族神祇更是知之甚少。随着仪式神圣性的衰减，过去有着至高无上权力的精神领袖壮族寨老们的权力亦正日趋式微，管理范畴逐渐缩小，仅在红白喜事、风俗习惯、民族忌讳等事务上做些协调或处理和解释工作。② 民族特色仪式的神圣地位的衰减，还会导致民众心中的民族传统风俗习惯逐渐淡化，从而弱化民族地区民众举行和参与民族特色仪式的热情。在实际调查过程中，我们发现民族传统风俗习惯的淡化和因习俗观念淡化而不愿意参加成为导致民族特色仪式减少的重要原因，具体情形如图4—5所示。

从图4—5中，我们发现被调查区域民众因民族风俗习惯淡化和不愿意参加的比例达到调查样本的48.4%，成为民族特色仪式活动减少

---

① ［美］丹尼斯·H.朗：《权力论》，陆震纶、郑明哲译，中国社会科学出版社2001年版，第3页。

② 茆长荣：《旅游开发对传统村寨的文化影响研究》，《南京晓庄学院学报》2006年第4期。

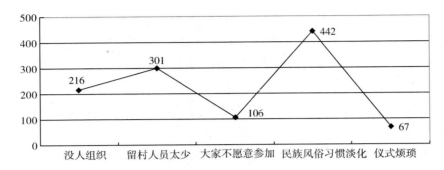

图 4—5　被调查区域民族特色仪式活动减少的原因

的直接原因。而没人组织、留村人员太少以及嫌仪式太烦琐，其实也在某种程度上间接表明了大家心中的习俗淡化和民族特色仪式神圣性地位的降低。

民族特色仪式神圣性地位的衰减导致民族凝聚力与向心力缺乏的具体表现就是一些民族地区民众的族群认同与"家园自豪感"的意识渐趋弱化，而民众"家园自豪感"的强弱对民族村寨的兴衰有着重要的影响。失去"家园自豪感"的民众，会感到精神失落而陷入苦闷彷徨，对家乡的村寨失去精神依恋，许多民族村寨的年轻人正因为此而离开村寨去往城市寻找安身立命之处。[1] 随着年轻人的流失，民族村寨因失去活力而日渐凋敝，经济发展自然陷入困境。

五　民族特色仪式聚集活动的易触发性

许多民族地区的民众，宗教信仰比较强烈，但是"由于文化意识的欠缺，导致他们对自己族群的历史变迁、传统文化成就、先辈的功绩并没有真正了解，这就导致了他们所展现的民族情感带有很大程度的盲目与狭隘，缺乏足够的理性与宽容"[2]。在举行民族特色的仪式时，常常伴随有较大规模的人群聚集，而这些聚集的仪式参与者一般都具有相同的宗教信仰背景，仪式展演的特殊社会情境让这些仪式的参与者们仿佛置身于社会剧

---

[1]　廖小东、丰凤：《西部欠发达地区农村公共品需求研究》，《贵州财经学院学报》2012 年第 5 期。

[2]　李佩伦：《读〈试论云南回族的基本特点和发展战略〉有感》，《民族工作》1991 年第 9 期。

场，从而激发心中的宗教激情与狂热。涂尔干指出：在那些大型仪式的展演过程中，个体的意识与在场所有参与者的集体意识产生了高度的融合，因此人群的狂热情感很容易被激发。每一个个体都会被这份集体情感所感染，从而也获得这种狂热的情感，因为这跟个体的性格以及个体接受这种情感的意愿已经没有多大关系了。只要个体对于自己身处其中的集体情感还有所反应，那么这种狂热集体情感所蕴含的力量就能渗透到所有个体的内心。① 如 2009 年 2 月 8 日，贵州省德江县发生一起因土家族舞龙仪式发生纠纷而触发群体性事件，导致一些参与仪式的民族群众围攻县政府。② 事件起因于德江县是土家族聚居的地区，每年的元宵节都有延续了上百年的舞龙灯、炸龙灯的传统习俗，这也是当地土家族祈求幸福安康生活的特色仪式活动。在 2009 年元宵节，当地政府出于防止安全隐患的考虑禁止舞龙队走城区原来的线路，要求改走其他线路，导致当地群众认为自己心中无比神圣的传统活动受到行政权力的干扰，没有得到应有的尊重和保护而心存不满。于是象征传统的舞龙队仍然按照原来的路线进行，结果遭到了城管执法人员、政府执勤人员和派出所民警的阻止，从而引发冲突和围攻政府事件。

　　尤其是在一些聚集性极强的民族特色的宗教仪式上，虔诚的民众在信仰的支撑和传统权威的影响下，往往会陷入一种集体兴奋的状态并产生一种追求圣洁的心理，从而出现带有狭隘的宗教偏见的排斥异己行为。正如古斯塔夫·勒庞所说，"社会中的特定群体一般总是期望受到全社会的关注，因此只要给这个群体发出某种暗示就能对其产生极大的引导作用。因为这种暗示会迅速在群体里传递，从而对群体里每个成员的思想产生影响，在此情形下，一种近乎全体一致的群体感情马上就会形成"③。集聚的人群在神圣心理作祟下的排斥行为近乎一种失去理智的疯狂，此时一旦受到什么偶然事件的激发或者是受到居心不良者的挑唆，往往会不顾一切法

---

① ［法］涂尔干：《社会分工论》，渠东译，生活·读书·新知三联书店 2000 年版，第 62 页。

② 《贵州德江发生一起因舞龙纠纷围攻县政府事件》，《新华网》，http://news. xinhua-net. com/newscenter/2009 - 02/09/content _ 10787365. htm。

③ ［法］古斯塔夫·勒庞：《乌合之众——大众心理研究》，冯克利译，中央编译出版社 2000 年版，第 90 页。

律的规定进行肆意的破坏，极易引起社会冲突而导致群体性事件发生，给民族地区的社会政治稳定带来严重危害。这正符合古斯塔夫·勒庞提出的关于群体心理学的一个定律："在充满疯狂热情的社会群体里，那些对个人具有极强约束作用的道德观念与社会机制将完全丧失效力。"①

---

① ［法］古斯塔夫·勒庞：《乌合之众——大众心理研究》，冯克利译，中央编译出版社 2000 年版，第 11 页。

第五章　民族特色仪式维护社会稳定功能的现代张力

张力原是自然科学中的概念，是指一种既相互联结又朝着相反方向伸展的作用力。被借用到社会科学领域，张力一般是指存在着冲突、紧张的对立统一关系。在前述章节的分析中，我们发现虽然民族特色仪式对维护民族地区的社会政治稳定具有重要的功能，但是随着现代化的推进，当下民族地区相对封闭的传统生活面临更大的压力和挑战，少数民族群众的焦虑感有日益强化的倾向，传统与现代之间的张力不可避免地显现出来。在持续的张力之下，民族特色仪式的维稳功能有式微甚至失效的危险，而一旦传统的社会规范工具失灵，则少数民族民众可能会产生集体焦虑。那么在此情况下，我们又该如何应对？如何采取相应管理对策将可能的风险降至最低？要解决这些问题，我们首先必须对民族特色仪式维护社会政治稳定功能在现代社会里面临的具体张力情况进行认真的思考和深入地分析。

第一节　张力之一：民族地区传统权威与现代行政权力的紧张

马克斯·韦伯将社会统治合法性的基础分为三种纯粹类型：传统型权威、个人魅力型权威和法理型权威。其中，传统型权威是指"建立在遗传下来的（历来就存在的）制度和统治权力的神圣的基础之上，并且也被相信是这样的"。[①] 本书所论之民族地区的传统权威就是基于韦伯界定的基础

---

① ［德］马克斯·韦伯：《经济与社会》（上卷），商务印书馆1997年版，第251页。

上，民族地区的地方精英们通过民族特色仪式等传统习俗活动获得了能够影响特定社会群体的生产和生活方式的能力。现代行政权力一般是指"国家行政机关依靠特定的强制手段，为有效执行国家意志而根据宪法原则对全社会进行管理的一种能力"①。

一　表现形式

根据马克斯·韦伯的说法，民族特色仪式所构建和推崇的是一种传统权威，而现代社会所推崇的是现代行政权力，属于法理权威。随着现代化的进程，民族地区村寨的政治生态也会受到现代因素的影响而逐步转型。"政治现代化涉及权威合理化，并以单一的、世俗的、全国的政治权威来取代传统的、宗教的、家庭的和种族的等五花八门的政治权威。这一变化意味着，政府是人的产物而不是自然或上帝的产物，秩序井然的社会必须有一个明确的来源于人的最高权威。"② 这里世俗的全国性政治权威就是指现代政治制度与现代行政权力。

但是，在民族地区，传统因素不会马上与现代因素彻底决裂而全部消失。相反，在现代化的进程中，民族地区的传统文明与现代文明相互交织，杂然并存，某些方面虽然具有现代化的表象，但本质上还是传统的一套东西。在制度层面上，以传统权威为基础的家长制正在向以法理权威为基础的科层制转换，以单一传统权威向多元权威转换。在多元权威体系中，由于现代行政权力以国家宪法和法律为原则，通过强制性的手段，对国家的政治、经济、社会和文化等各项事务进行全面管理，因此占据了主导地位。同时，尽管民族传统权威会逐渐失去原有的历史地位，但在当下的社会生活中依然客观存在，与现代行政权力共存于多元权威体系中。

因此，在中国社会转型期，现代行政权力与传统权威代表着新旧两种因素相互交织、此消彼长，彼此间的摩擦与冲突在所难免，而这种现象在民族地区表现得较为突出。现代行政权力固有的公共性、强制性与扩张性

---

① 张国庆：《公共行政学》，北京大学出版社 2007 年版，第 88 页。

② ［美］塞缪尔·P. 亨廷顿：《变化社会中的政治秩序》，王冠华等译，上海人民出版社 2008 年版，第 25 页。

等特点所带来的对民族地区传统权威生存空间的侵占，触动了传统权威的利益诉求，民族地区传统权威又以自己的方式作出响应，漠视与抵抗现代行政权力，从而影响民族地区现代行政权力的正常运行，甚至影响民族地区的社会治理。民族地区的传统权威与现代行政权力的张力主要表现在以下几个方面：

第一，现代行政权力以国家的暴力工具做后盾，行政权力主体行使职权的强制性往往忽视传统权威力量的存在，从而引发紧张关系。

第二，在现代社会里，民族特色仪式所建构和塑造的传统权威仍然具有强大的历史惯性，在少数民族闭塞的生存环境和封闭的生活方式中依旧表现出极强的生命力，使得民族地区的一些民众对传统权威的认同远胜于对现代行政权力的认同，从而影响了现代行政权力在特定区域的正常运行，甚至可能危及民族地区的社会稳定和国家的安全。

第三，在权力的运行过程中，受传统权威思想与观念的影响，出现现代行政权力异化、行政权力主体越权的现象。传统权威的权力主体一般以个人的意志和小群体的利益为根本的落脚点和出发点，"人治"色彩浓厚。这种传统权威思想在现代社会中的延续从某种程度上加剧了民族地区的现代行政权力在实际运行过程中的异化现象：一些行政权力主体片面追逐权力并滥用权力、以权谋私及贪污受贿，而作为权力客体的民族地区民众则由于对传统权威膜拜心理的遗留而缺乏对行政权力的监督意识及采取有效的权力制约措施。

二　原因分析

民族地区传统权威与现代行政权力的张力之根源在于二者之间利益追求、价值取向、权力来源和权力运行方式上的差异。

1. 利益追求的差别。现代化过程中的民族地区社会转型带来了利益主体向多元化方向发展，"所谓利益主体就是在一定经济关系下从事生产活动或其他社会活动，以便直接或间接地追求自己社会需要满足的归属者，即利益确定的追求者和归属者"[①]。现代行政权力在本质上代表着国家利

---

① 苏宏章：《利益论》，辽宁大学出版社1991年版，第72页。

益，又属于整体利益，民族地区的传统权威代表着特定群体或个人利益，是局部利益。社会利益的整合和有序需要个人、群体利益服从于国家利益，部分利益服从于整体利益，个人利益或群体利益与国家利益的一致性，所以传统权威主体与行政权力主体存在着利益共同性。但是作为不同的利益主体，两者也存在着在政治、经济、物质和精神方面的利益差别和对立。利益主体的活动总是以满足自己的利益需要为目的，民族地区的传统权威主体在与现代行政权力主体的利益格局中处于弱势地位，并总试图改变这种局面，而现代行政权力主体又会竭力保护而不会轻易放弃自己的优势地位。当每一方利益主体感到自己利益受到对方威胁时，冲突就随时可能发生。

2. 价值取向的不同。现代行政权力的运用是在宪法和法律的原则下以实现国家的意志为目标，实施对社会事务的全面管理，所以它是以社会为导向的宪政和法治为价值取向，讲究公益、平等、效率和理性。从传统权威演变历史上看，传统权威在当代社会的存在价值通常是由实现社会某一群体利益为目标，以自我为导向的传统道德、礼义和宗法等为价值取向，倾向封建保守和宗法等级。现代行政权力具有现代法理型权威的特质，与现代社会发展相适应，在运行机制上是与一系列的原则、制度和规范相联系。从本质上看，现代行政权力要服务于社会以维护社会公共利益作为合法性的前提，在原则上，要维护社会的公平，讲究科学、效率和平等去维持行政权力的正常运转，在态度上，要用理性的原则处理复杂的种类繁多的社会事务。传统权威是建立在传统道德价值观基础上的，基于传统社会的农业经济、血缘关系的宗法制度和专制的官僚政治演变而来，以道德约束规范行为，以宗法的家长、等级观念维持内部的运转，在人格特质上，传统权威的立场要维持现状不变以获取自己生存的空间，造就了复古与守旧的人格心理。

3. 权力来源的差异。现代行政权力建立在废除君主专制和引入西方政治民主思想的基础上，在传统型国家向现代型国家转变的过程中，经过变迁之后的现代授权仪式或者经由现代仪式产生的国家的宪法、一般法律以及行政性的法规赋予了现代行政权力以正当性和合法性。

正是仪式的政治合法性构建功能实现方式的转变造成了民族地区传统

权威与现代行政权力之权力来源的差别。政治合法性是保持社会政治秩序的基础，它将政治权力的行使变成了"合法"的权威。没有合法性，统治者就必须依靠压制来保持他们的权力，然而单靠这种压制是不能保持系统的稳定的。合法性问题是一个古今政治统治都必须面对的问题。它不只是一个在"现代"的背景才存在于政治统治领域的问题。因为任何时代的政治统治都必须为自己的统治正当性提供理由而承担政治合法性的建构任务，以获得政治统治的基本尊严。① 尤尔根·哈贝马斯曾指出："任何一种统治都试图唤醒和培养人们对其合法性的信念，一切权力都要求为自身辩护。"②

　　合法性这样一种政治现象是和社会成员的合法性观念直接相联系的，或者说，合法性首先是人们头脑中合法性观念的直接产物。而合法性观念亦即人们关于何种政治统治或政治权力是"应当的"、"值得服从的"一类认识，本身就是一种价值判断，这种价值判断的标准或规范又直接来自于一定的社会意识形态。借用西方马克思主义学者泰尔朋（G. Therborn）的话说，正是通过意识形态对政治主体的"建构机制"，社会成员才得以形成这些关于合法性的价值规范。而仪式正是这种"建构机制"在所有社会里的表现形态。韦斯勒（H. J. Wechsler）认为："仪式是一种象征性的陈述形式。"③ 也就是说，仪式是信仰的外化，其重要意义在于使政治信仰得以强化和宣泄，使信仰变成了看得见的行为。然而，随着人类社会的变迁，仪式的象征性陈述会以不同的方式呈现。

　　在古代社会，专制王权通过一个个连续的仪式来获得人们的支持与忠诚，从精神与心理上强化统治者与被统治者的联系，正是仪式的反复展演，等级与不平等被内化进每个人的心灵并被视为"理所当然"。比如中国古人心中的合法性的价值规范就是符合"正统"：秉承天命、有功德、权力继承符合传统习惯等。但这些关于合法性的价值判断，并不是先验的、凭空产生的，而是随着古代社会的变迁而逐渐形成的，由历代王朝的

　　① 任剑涛：《道德与中国传统政治的合法性》，《华中师范大学学报》（人文社会科学版）2005 年第 1 期。

　　② ［德］尤尔根·哈贝马斯：《合法性危机》，上海人民出版社 2000 年版，第 127 页。

　　③ H. J. Wechsler, *Offering of Jade and Silk*, New Haven：Yale University Press，1985：2.

统治者通过举行国家祭祀仪式不断引导、反复强化而最终确立的。《左传》云"国之大事，在祀与戎"，这里的"戎"是指武力或军队；而"祀"的意义则很丰富，它不仅仅是通过祭祀表达了一种秩序，并通过特定的仪式不断强化这种秩序，更重要的意义在于通过祭祀宣扬合法性信仰。郊天拜祖，祭祀圣贤，为古代中国的王朝政权奠定了不可缺少的合法性基础。

可以说，在古代社会，仪式的政治合法性构建功能的表现形式主要是展演，而展演是需要观众的，虽然绝大部分民众不能到现场观看仪式，然而他们潜在的"在场"，仍然要被动地接受和被灌输关于政权合法性的理念和信仰。安东尼·吉登斯认为，虽然在非现代社会里，"政治"所涵盖的领域相当有限，权威性资源的配置只限于极少数国家"政体"的积极参与者，但是这种与现代政治社会的"截然不同"只能在这一层面上理解，那就是社会成员与政治生活的"疏离"而不是与之"隔绝"。① 古代中国的国家祭祀仪式的一个重要特征就是"疏离性"，民众不能随便参加，但绝不是"隔绝"，因为仪式需要观众，并且希望在观众中产生政治认同的效果。所以尽管古代国家祭祀仪式的"封闭性"，使一般的民众不可能现场参与，但鉴于仪式的展示性、象征性之目的，民众事实上是潜在的"在场"者。

清末的中国社会正处于从传统向现代变迁的关键时期，民众开始觉醒，不再是被动地接受信仰的灌输，而是开始谋求自己的参与。仪式的合法性构建功能的表现形式开始发生变化，从之前的展演转向参与。民众通过组织社团与政党、集会、请愿、游行、示威、投票和选举等政治仪式亲自参与表达和实践关于合法性的理念和信仰，如清末的选举就是仪式的政治合法性构建的初步尝试。因为选举是一种仪式，通过这一仪式，民众对政治制度的忠诚本身被动员起来并显示出来。并且选举作为一种仪式能够通过迅速流通和反应的方式引起社会和道德密度的提高，产生各种社会集会，集中人们的注意力，并强化共同的情绪气氛。②

当然这中间存在反复，刚刚步入现代社会的统治者们往往还想着甚至

---

① ［英］安东尼·吉登斯：《民族——国家与暴力》，胡宗泽、赵力涛译，生活·读书·新知三联书店 1998 年版，第 86 页。

② ［美］杰弗里·亚历山大：《迪尔凯姆社会学》，戴聪腾译，辽宁教育出版社 2001 年版，第 159 页。

还习惯于运用传统社会里仪式的展演性构建功能。比较著名的例子是 1914 年袁世凯的祭天大典和 1929 年的孙中山"奉安大典"。袁氏想通过传统祭天仪式的展演为日后称帝寻求合法性，然而不仅没有获得合法性支持，达到社会政治整合的效果，反而激发了更为重大的政治危机和社会危机。而 1929 年的"奉安大典"则基本实现了古代"国家祭祀"仪式的合法性构建功能，成为建构国民政府政权的重要基础。当然，国民政府此次能够较为成功地运作基于古代"国家祭祀"的政治仪式，有一个重要因素不容忽视：是通过现代性的社会组织力量——政党（国民党）来组织运作，吸纳了民众的参与。这次祭祀事件，预示了后来构建中国政权合法性的仪式必须走社会参与的道路。

　　现代民族国家的建构基于西方的"主权在民"的理论，国家政权需要民众的参与授权才具备合法性，完全不同于古代王朝政权的合法性构建来源于特定仪式的展示表演。现代政治合法性理论认为：合法性意味着社会大众对于政权的认同和服从，这虽然与统治者种种解释和说教的努力有关。不过，这种认同与服从不是统治者单向灌输的结果，更不是依靠暴力就能达成的，而是依靠统治者与被统治者的双向互动。因此，D. 斯特恩伯格提出，对合法性应同时从两方面来观察："在政府方面，其本身能自觉到拥有统治权力，并依据所拥有的权力进行施政，采取各种措施以适应环境变化；在人民方面，则承认同意授权政府统治权力之行使。而政治系统统治的合法性要在这两方面的条件均具备时才拥有。"[①]

　　在现代政治体系中，民众广泛参与的世俗化、理性化的仪式越来越凸显，升国旗、唱国歌、举行国庆庆祝仪式等充满社会生活的方方面面。国旗国歌是现代民族国家的重要象征，升国旗、唱国歌的仪式则是民众参与现代民族国家建构政权合法性的重要活动。因此，武昌起义之后，临时参议院决定用红黄蓝白黑五色旗作为中华民国国旗，象征汉、满、蒙、回、藏五族参与组成共和国。1912 年元旦，南京临时政府一成立，就马上向全社会征求国歌。甚至更换特定的服装亦可成为现代民族国家动员民众参与

　　① D. Sternberger, "Legitimacy", *International Encyclopedia of the Social Science*, V. 9, N. Y. Macmillan Co. The Free Press, p. 244.

政权合法性建构的仪式性行为。早在"戊戌维新"时，康有为就提出中国"守旧者固结甚深，非易其衣服不能易人心、成风俗，新政亦不能行"① 而力主"易服"。中华民国成立后，孙中山带头穿一种由学生服改制而成的服装，被称作"中山装"。由此，穿"中山装"成为人人皆可参与的支持民国、响应民主共和的仪式性行为。

现代社会的议会制、代议制在某种意义上讲就是一种更能体现民众参与的"会议仪式"。如，中国的人民代表大会的代表是由人民选举并代表人民的意志参与政治，通过与会代表对领导层提出的政策的同意与认可，领导层的意见就成功且合法地被转化为"人民的意志"、"人民的利益"而成为合法性权威。这种转化机制实际上已经成为一种"会议仪式"。这种"会议仪式"在显示和强化权威的同时，也将政治合法性的建构象征性地归因于"人民"的参与。② 总之，现代社会里所有用于政治合法性构建的仪式的一个共同而重要的特点是体现参与。

而民族地区由于社会、经济、文化发展的相对落后形成了较为封闭的社会环境，在许多民族村寨，传统道德规范、风俗习俗、民间信仰以及习惯法则等仍然被无条件地遵从，而作为这些传统习俗规则表现形式的民族特色仪式的权力建构功能并没有受到现代社会仪式变迁的影响而发生根本性的转变，其依然延续历史习惯赋予传统权威的一种内在化了的、天然神圣性的力量，从而使民族地区的传统权威具有与世俗化、法理性的现代行政权力完全不同的权力来源。

4. 权力运行的异途。传统权威主体依靠对客体的影响力、号召力和控制力对客体发生作用，在方式上通常是教育、传承和劝导等。在民族地区，传统权威在民众中常常具有相当于领袖的地位而受到特别的尊崇，因而其权力的运行主要依靠自己的影响和威望，而不需要其他什么强制措施做后盾。古斯塔夫·勒庞曾指出："大多数人，尤其是群众中的大多数人，除了自己的行业之外，对任何问题都没有清楚而合理的想法，领袖的作用就是他们的领路人。……领袖握有非常专制的权威，这种专制性当然是他

---

① 康有为：《波兰分灭记》卷 6，转引自陈旭麓《近代中国社会的新陈代谢》，上海人民出版社 1992 年版，第 329 页。

② 马敏：《政治象征符号的工具价值分析》，《四川行政学院学报》2004 年第 4 期。

们得到服从的条件，他们的权威无须任何后盾，就能轻易使人们听命于自己。"① 现代行政权力的运行是内部结构与外部结构、静态结构与动态结构统一的结果，依靠从上到下层级分布和下级服从上级的方式对行政客体发生作用，在方式上是强制的，是以国家强大的暴力机器作为威慑力和后盾的。因此，在民族地区，依托国家暴力工具做后盾的现代行政权力与依靠影响而不需后盾的传统权威在权力运行方式上的不同也可能造成相互之间的对立和冲突。

第二节　张力之二：民族特色仪式社会控制功能的式微

从某种意义上来看，社会实质上就是一种以人们的情感互动为基础的仪式秩序。如节日庆典仪式决定了人们文化生活的秩序，生老病死的人生阶段性仪式决定了人们生命过程的秩序，日常的礼节性交往仪式决定了人们社会交往的秩序，会议与就职等政治性的仪式决定了人们政治生活的秩序。然而，随着民族地区社会的现代化进程，人们的思想渐趋发生变化、价值观念日益多元，当传统的情感互动遇到障碍或互动的方式发生转变时，原有的仪式秩序就可能受到阻隔而中断，由此导致民族特色仪式的社会控制功能受到影响。

一　表现形式

社会学的研究认为，一切社会秩序的建立和稳定都依赖于社会控制，社会控制一般是指运用社会力量使人们遵从社会规范、准则，维持社会秩序的过程。古代中国正是通过举行国家祭祀仪式形成等级森严的权力次序、分工明确的职能部门，各种社会力量也是在国家祭祀的社会行动模式当中得到整合。但是随着社会的变迁，社会的思想日益多元，传统的一元思想主导的格局被打破，社会控制的难度加大，仪式的社会控制功能更多地表现为一些象征性的表演，起着号召和谋求社会团结和一致的作用。尤

---

① ［法］古斯塔夫·勒庞：《乌合之众——大众心理研究》，冯克利译，中央编译出版社 2000 年版，第 99 页。

其在当代社会里，电视、网络以及手机的普及，使民众能够更为方便、自由地参与一些虚拟化的仪式，在"虚拟仪式"里，现实社会里的强迫、控制失去了用武之地，民众参与社会活动的深度、广度以及热情空前提升，影响面也更为宽泛。"虚拟仪式"的兴起反映了现代社会里民众参与社会活动的主动性、能动性和自由度明显增强，而仪式传统的社会控制功能必然被削弱。亨廷顿就曾经指出："现代化免不了带来异化、沉沦颓丧和无常等一类新旧价值观念冲突造成的冲突面。……新的价值观往往会破坏社交和权威的旧基础。"[①]

因此，在现代化的进程中，民族特色仪式的社会控制功能也会面临渐趋式微的局面，我们可以通过最具典型意义的民族特色祭祀仪式进行考察。民族地区由于具有祖先崇拜的信仰习俗和以农业生产为主要谋生手段的生活习惯，各少数民族经常会举行祭祀祖先和各类神灵的仪式，所谓"祭祀，就是人们用于表达性情的仪式。它代表着无私、忠诚、爱戴和尊敬的极致以及臻于完美的礼节和优雅"[②]。因此，各类祭祀仪式是民族特色仪式极为重要的表现形式，对民族特色的祭祀仪式的社会功能变迁与现代困境进行深入的分析对于我们了解和把握整体民族特色仪式的社会控制功能的变化具有象征性的意义。

（一）现代化背景下民族特色祭祀仪式的现实困境

借鉴哈贝马斯关于工具理性和价值理性的概念，我们可以将民族地区的祭祀仪式区分为工具性和价值性两个方面。所谓价值性就是祭祀仪式的价值属性：是指将祭祀仪式建基于某些伦理的、美学的、宗教的或其他行为方式有意识的信念之上，以某种特定的终极的立场或方向为依归。而工具性则是祭祀仪式的工具属性：是指为实现特定目标而运用祭祀仪式的价值取向观念，注重于祭祀的适用性与有效性。

民族地区通过举行各类祭祀仪式建构民族传统权威、整合族群共同体、传承民族传统文化无疑充分展示了工具性的一面。《说文解字》释

---

① ［美］塞缪尔·P.亨廷顿：《变化社会中的政治秩序》，王冠华等译，上海人民出版社2008年版，第25页。

② ［英］A.R.拉德克利夫·布朗：《原始社会的结构与功能》，丁国勇译，中国社会科学出版社2009年版，第161页。

"祭"为"从示，以手持肉"，表明"祭"的本义是以牲肉献给神灵。表明祭祀行为出现之初就带有一种工具性的控制意识，企图用人的行为影响神灵，使之按人的意图行事。费孝通先生也曾就中国人祭祀的工具性进行过分析，他指出："中国人总是以自己的生活要求作为信仰的表达形式。人们对神祇的祭祀相当实际，往往采用有求必应的功利主义方式，主要是为了风调雨顺、免灾逃祸。祭祀很有点像请客、疏通、贿赂；祈祷有点像许愿、哀乞。祭祀的对象——鬼神对中国人而言是权力，不是理想；是财源，不是公道。"① 但是，在中国社会整体开始现代转型的大背景下，民族地区的祭祀仪式陷入日渐式微的现实困境。

首先表现为工具性功能的衰减。民族地区由于特殊的地理环境，自然灾害频发，人与人之间、人与自然之间难免存在一定程度的紧张与冲突。在经历现代化潮流冲击之前，民族地区在面对这些紧张与冲突时，通过举行祭祀祖先或各类神灵的仪式，情况几乎能够马上得以改观，似乎也在事实层面验证了祖先或各路神灵的灵验和祭祀仪式的有效性。而实际情况可能是由于当时民族地区的环境相对封闭，经济发展较为迟缓，人口流动性低，社会变动不大。即使某一偶然事件打破社会的正常生活节奏，经过一段时间的沉淀，社会可能会自行复归平静。如果人们恰在这段时间里举行了某种祭祀仪式的话，那么将一切归功于祭祀活动与祖宗神灵亦是情理之中的事。因此，可以说当时的祭祀仪式在一定程度上是通过一系列的象征行为展示了民族地区社会生活本身所固有的一些紧张和冲突，而仪式性表演使少数民族传统风俗习惯的核心价值得以延续的同时，也在一定程度上舒缓了民众心中的紧张情绪，起到了心理调适的功能。正如陈荣富所说："尽管前提是虚假的，神是不存在的，但是由于信徒笃信神的存在，因而由仪式所产生的精神力量却是真实的。"②

然而，随着现代化的冲击，民族地区的经济发展加速，人口流动性加强。经济的快速发展可能会带来环境的污染，从而引起民众的生病概率和死亡概率上升；人口的流动加快，各种意外事件发生的可能性也随

---

① 费孝通：《美国与美国人》，生活·读书·新知三联书店1985年版，第110页。
② 陈荣富：《宗教礼仪与文化》，新华出版社1992年版，第50—51页。

之上升。这一切彻底打破了民族地区原本的生活节奏，给民族地区相对封闭的传统生活带来更大的压力和挑战，少数民族群众的紧张与焦虑感日益加剧。不管民众如何频繁地举行祭祀祖宗和各路神灵的仪式，意外事故照样时有发生，紧张与焦虑难以消除，一切恢复原有的平静已经没有可能，老办法越来越解决不了新问题。祭祀的工具性目的难以实现，民众难免对原有的祭祀仪式产生怀疑，难道传统的祭祀仪式开始失效？抑或是祖宗和神灵不灵验了？民众对祭祀工具性功能的怀疑甚至否定，必然导致祭祀仪式出现哈贝马斯所说的"贬值"，参与的热诚随之逐渐降低。

其次是价值属性的衰落。祭祀仪式的价值属性表明其对社会发挥功能需要一个对社会价值体系的认可前提，如果人们不相信所谓的"神灵"，祭祀仪式也就失去了存在的合法性基础。正如丹尼斯·朗所说：合法性"是以共同的规范为先决条件的"，它的存在是基于"受它支配的那些人的共同价值观"之上的。[①] 中国民族地区的祭祀仪式祭祀祖宗、神灵，正是遵循了"宗法农业社会"的一些"共同规范"，在一定程度上迎合了民心、顺应了民意，充当了集体意识的代表，成为人民"共同价值观"的象征，从而成功地确立起合法性信仰。然而近年来，随着现代化的冲击，社会经济的飞速发展，各民族原本的"共同价值观"正逐步趋向多元化。民族村寨封闭性被打破，人员流动频繁，村寨的传统社会结构渐趋解体、宗族日益式微、社会开始分层，村民们的生计呈现多元化态势。经过市场经济的洗礼，见识了外面精彩世界的年轻人开阔了眼界，思想也开始发生变化，他们不再尊崇民族语言、服饰、风俗、歌舞等民族传统文化，对民族传统的祭祀仪式也不再感到神圣，而视之为一种纯粹的娱乐活动。由于他们对传统文化的认知和自身在社会生活中的角色都已经发生了改变，因而其思想、行为也就不会再继续接受传统文化的束缚。

信仰的式微和思想观念的变化导致祭祀仪式的合法性基础逐渐消失，将直接导致祭祀仪式的价值属性衰落。法国学者勒庞就敏锐地察觉到人类历史巨变后面的思想、观念和信仰因素，他说："发生在文明变革之前的

---

① ［美］丹尼斯·H. 朗：《权力论》，陆震纶、郑明哲译，中国社会科学出版社 2001 年版。

大动荡，如罗马帝国的衰亡和阿拉伯帝国的建立，乍看上去，似乎是由政治变化、外敌入侵或王朝的倾覆决定的。但是对这些事件做些更为细致的研究，就会发现在它们的表面原因背后，可以普遍看到人民的思想所发生的深刻变化。真正的历史大动荡，并不是那些以其宏大而暴烈的场面让我们吃惊的事情。造成文明洗心革面的唯一重要的变化，是影响到思想、观念和信仰的变化。令人难忘的历史事件，不过是人类思想不露痕迹的变化所造成的可见后果而已。"① 晚清时期中国发生巨变，建基于国家祭祀之上的权力秩序全面崩解，根源正是民众的思想、观念和信仰发生了变化。

在另一方面，因失去价值属性而走下神坛的传统祭祀仪式却被民众当成赚钱和娱乐的工具而大肆消费利用，将祭祀仪式的工具属性发挥到极致。比如，受市场经济的影响，一些民族村寨试图通过祭祀仪式的表演带来一定的经济收益，解决村民创收的问题，也试图通过祭祀仪式来体现村寨文化的特色，开辟为旅游资源。可以说，村民们关注的焦点已经从祖先和神灵转移到了自身，传统的信仰让位于自身发展。然而，作为信仰表达的祭祀仪式，在掺杂经济利益的因素之后沦为纯粹的赚钱和娱乐工具，对其神圣性的影响是致命的。

综上所述，民族地区祭祀仪式陷入的现实困境路径就是：随着社会的发展，祭祀仪式的工具属性受到挑战；转变后的仪式，神性的成分越来越少，人性的成分日益上升，价值属性却渐趋式微，而工具属性日益为民众所注重利用。最终，价值属性与工具属性保持适度张力的平衡格局被打破，形成工具性过度扩张而价值性缺失的局面，必然导致民族地区祭祀仪式的政治社会功能无法正常发挥，呈现自我否定、渐趋衰落之势。

（二）民族特色祭祀仪式社会控制功能式微的后果

民族特色祭祀仪式社会控制功能式微的直接后果就是导致民族传统权威日渐失势、风光不再，进而可能影响到民族地区社会的治理生态。因为祭祀仪式提供的共同体秩序、心理安抚甚至娱乐以及身份的认同都属于民族地区社会的"公共产品"，传统权威们的合法性来自于他们负责组织、

---

① ［法］古斯塔夫·勒庞：《乌合之众——大众心理研究》，冯克利译，中央编译出版社 2000 年版，第 5 页。

主持祭祀仪式为大家提供"公共产品",履行的是民族地区的一项重要社会职能。弗雷泽曾对古埃及人、朝鲜人、西徐亚人、南太平洋的纽埃岛或"野人岛"等珊瑚岛上的居民做过研究,认为"世界其他很多地区,国王们曾被期待着要为他们人民的利益去控制自然进程,并在他们未实现人们的期望时受到惩罚"。① 弗雷泽所列举的民族学上的事实,与中国民族地区的情况很类似。中国民族地区的传统权威们通常是族群的主祭,他们肩负着族群的安全与繁荣,如果不能给民众带来所期待的福祉,他们就负有责任,其合法性权威就会降低。恩格斯认为,"政治统治到处都是以执行某种社会职能为基础,而且只有政治统治在它执行了它的这种社会职能才能持续下去"。比如在印度和波斯,"每一个专制政府都十分清楚地知道他们首先是河谷灌溉的总管",而英国人则由于在印度忽略了经营灌溉这类"社会职能",使得他们的统治不能和前人"一样具有某种合理性"②。中国古代王朝举行国家祭祀仪式进行祈雨、祭礼以及通过封禅寻求大一统、祭祀文武名臣等都有为社会提供安全、秩序、灌溉等"公共产品"的一面,事实上也是在行使其"社会职能"。当皇帝在处理上述问题表现出无能时,他对于合法性的要求,也就不再被认为是正当的了。所以,中国民族地区传统权威们的合法性很大程度依赖于其能否有效地行使"社会职能"。当他们不能再有效地提供"公共产品"而履行职能时,权威的降低在所难免。

相对于显而易见的直接后果而言,民族特色祭祀仪式式微的间接后果则主要在于影响不易显现的精神意义层面,作用持续而深远。民族特色祭祀仪式曾是民族地区民众的精神依赖,而传统权威则是民族地区民众的精神领袖,它们共同构成了民族地区的精神象征体系。随着民族特色祭祀仪式功能渐弱,传统权威们风光不再,民族地区也可能因此失去了有效的社会整合工具,导致族群内部凝聚力下降,并且随着精神象征体系的瓦解,民众也苦于村寨生活失去了意义,年轻人更是纷纷逃离家园,许多民族村寨因此日益凋敝。但是重建新的精神象征体系显然绝非易事。美国心理学

---

① ［英］弗雷泽:《金枝》,中国民间文艺出版社 1987 年版,第 133 页。
② 《马克思恩格斯选集》第 3 卷,人民出版社 1995 年版,第 522—523 页。

家卡普兰曾指出:"我们对如何做某件事知道得越多,就越是难于学会以不同的方式做这件事。"他将这种现象称为"练就的无能"。① 中国民族地区的特色祭祀仪式在历史上的反复举行中就成为了这种"练就的无能"。各族民众对民族传统文化的象征符号体系越是熟悉,对民族特色祭祀仪式的依赖就越深。E. A. 罗斯曾说:"对于一个老于世故的时代来说,产生新的礼仪就像产生新的神话或新的史诗一样困难。"② 套用这个话,笔者认为,对于中国民族地区老于世故的各少数民族来说,要重构一种新的合法性信仰、重建一种新的精神象征体系,也不会比创造新的神话和新的史诗容易。

在《论传统》一书中,希尔斯教授曾提出"实质性传统"的概念,他指出:许多实质性传统都是人类原始心理倾向的表露,如敬重权威和道德规范、思念过去、依恋家乡和集体、信仰上帝、渴求家庭的温情,等等,都属于作为社会动物的人类原始心理需要。根据希尔斯教授的理论,祖先崇拜、自然神灵崇拜就是中国民族地区的实质性传统,而民族特色的各类祭祀仪式作为这些信仰、崇拜行为模式的制度化形式也是一种实质性传统。希尔斯认为,在现代社会里实质性传统还将继续存在,这并不是因为它们是仍未破除的习惯和迷信的外部表现,而是因为大多数人天生就需要它们,缺少了它们便不能生存下去。③

因此,情势发展大概是:延续了数千年并在历史上起过巨大作用的民族特色祭祀仪式,不仅是民族传统文化的重要组成部分,而且融入了各少数民族的血脉之中,其在中国民族地区的影响将是长期的。所谓:冰冻三尺,非一日之寒;而三尺之冰,也非一日可解。当然,随着社会环境的剧烈变动,民众的信仰和价值观念体系发生了较大变化,传统的民族特色祭祀仪式必须随之作出调整。但是,少数民族民众是否会因传统精神象征体系的日趋瓦解而陷入迷惘和焦虑进而影响民族地区的社会秩序?族群身份的标志是否会因此趋向模糊?民族村寨又该如何走出凋

---

① 〔美〕卡普兰、纳尔逊:《社会问题心理学研究的性质和结果》,夏伯铭译,《现代外国哲学社会科学文摘》1984 年第 8 期。

② 〔美〕E. A. 罗斯:《社会控制》,秦志勇、毛永政译,华夏出版社 1989 年版,第 196 页。

③ 〔美〕希尔斯:《论传统》,上海人民出版社 1991 年版,译序第 9 页。

敝的阴影而重新发展？国家对之该采取何种行动？这些问题值得我们认真思考。

二 原因分析

现代社会的一个显著变化就是原来的熟人社会逐渐陌生化。传统社会中的集体意识或是"地方性常识"，随着现代化的冲击和社会分工的不断细化而不断被蚕食，以地缘和血缘为基础的传统民族村寨因存在的根基被削弱而日趋式微。民族村寨中的人们因为生活与生产活动再也不如从前那样相同，人们之间相互沟通往来的交集趋向缩小且呈现加剧的态势，彼此会逐渐感到与周围人的隔阂日趋加深，会感到身边都是"熟悉的陌生人"，这就是现代化带来的熟人社会陌生化。涂尔干早就已经觉察到了社会变迁给人际关系带来的变化。在《社会分工论》一书中，涂尔干提出传统社会的稳定来自于成员的共同性，属于机械团结，即一些有着相同的信仰和情感的人做着大致相同的事情，由此导致一种统一的意识。

然而在现代社会里，维系社会的纽带来自于社会分工协作，而不再是以共同的情感和信仰为主，大家因为彼此存在差异而产生相互依赖的关系，这属于有机团结。[①] 在"有机团结"这种熟人社会陌生化的情势下，"集体意识的发展已经落后于个人意识，它在整体上已经渐渐变得脆弱而又模糊，集体类型也失去了它以前的显赫地位，变得更加抽象不明"[②]，因此，"个人意识越来越摆脱了集体意识的羁绊，而集体意识最初所具有的控制和决定行为的权力也正在消失殆尽"[③]。所以，随着民族地区民众流通性的日趋频繁和个人意识的日益彰显，传统的集体意识持续不断地被弱化，民族村寨不可避免地逐渐呈现熟人社会陌生化的局面，在此情势之下，原本建基于地缘和血缘之上，以具有共同的情感和信仰的集体意识为支撑的民族特色仪式的社会控制功能的式微自然是在情理之中。

---

① ［法］涂尔干：《社会分工论》，渠东译，生活·读书·新知三联书店2000年版，第108页。
② 同上书，第132页。
③ 同上书，第128页。

第三节　张力之三:民族特色仪式经济功能与文化功能的变化

民族特色仪式虽然富有特色，但本质上也属于仪式的一个类别。一般而言，仪式指受一定规则支配的象征性或表演性行为。虽然属于象征性和表演性行为，但是仪式并不就意味着原始、传统与落后，从原始人的祭拜自然神灵到今天升国旗以及总统就职典礼都属于仪式，可以说仪式是人类生活的一部分，存在于任何社会。无论通过田野调查还是文献资料查阅，我们发现在不同的社会阶段，仪式的作用和意义会有所差异，即随着社会的变迁，仪式的功能会出现一些变化。那么，随着现代化的进程，民族特色仪式的功能会发生什么变化？变化的原因何在？这些变化又会如何体现并对民族地区的社会造成何种影响呢？

一　表现形式

随着社会的现代化进程，仪式的有些功能会发生相应的变化和调整。这种变化表现为两种情形:一是仪式的功能本身发生了变化；二是仪式的功能本身没有变，但是实现功能的形式出现了转变。

（一）经济功能实现方式的转变

仪式产生于人类的生活实践，必然带有一定的经济利益目的性，因此在任何社会阶段，仪式都具有经济功能，但是随着社会的变迁，仪式的经济功能实现方式会发生一些变化，从最初的简单的心理暗示转变为现代的资本化运作。

狩猎曾是早期人类的重要生活来源之一，因此，每次出去打猎之前，人们总是要举行祭祀神灵的仪式，以求获得更多猎物。仪式的经济目的性非常明显，尽管不大可能有实际效果，但是能够给人们以心理安慰，增强狩猎时的信心是可能的。

古代中国是典型的农业国家，农业生产不仅是古代中国百姓的衣食之源，也是统治者的立国之本。但是农业生产的收成在很大程度上受自然条件所左右，而非人力所能控制。这就使得古代农业生产活动披上一层神秘的色彩，人们通过举行各种各样的神灵祭祀仪式来祈求好的收成。古人吃饭穿衣主要依靠耕田和养蚕，因而，在每年的耕田、采蚕活动开始之前，都伴有对先农、先蚕神的祭祀仪式，称为借田礼、先蚕礼。国家祭祀体系中的借田礼、先蚕礼，就是皇帝率百官亲耕农田，皇后率公、卿、列侯夫人采桑养蚕。此举虽属象征性的仪式行为，但足以体现古代王朝对农业生产之重视，希望借以皇帝为首、百官从之的象征性耕作仪式之效力保证一年农作的收成。汉文帝曾下诏："农，天下之大本也，民所以恃以生也，而民或不务本而事末，故生不遂，朕忧其然，故今亲率群臣，农以劝之。"①

农业生产活动对自然的气候条件非常依赖，而雨水尤甚。因之，古人为求得风调雨顺以保证农业收成，维持国计民生，就形成了相应的祈雨祭祀仪式。求雨仪式反映了农耕文明对雨水的依赖，然而未必真正有实际效果，毕竟求雨与下雨之间没必然的因果关系。荀子就曾指出："雩而雨，何也？曰，无何也，犹不雩而雨也。天旱而雩，非以为得求也，以文之也。"② 意即，求雨仪式以后下雨和求雨仪式其实没有什么关系，不求雨也会下雨。天旱举行求雨仪式并不能求来雨，只不过是获取心理安慰而已。当然，仪式带来的心理安慰也是有积极意义的，使人们能够在面对困难时保持信心，获取精神力量，为战胜困难发展经济奠定了基础。

在中国的少数民族地区，由于特殊的地理环境，自然灾害频发，人与人之间、人与自然之间难免存在一定程度的紧张与冲突，因此经常会举行一些带有民族特色的祭祀、祈祷仪式来舒缓和发泄心中因各类紧张和冲突引发的焦虑。这种通过仪式获取心理安慰维护经济活动的传统形成为一些民族特色的仪式得到较好的传承和保留，甚至成为了许多少数民族重要的生存技术或生活方式。然而在市场经济席卷全球的今天，加之国家的西部开发战略，民族地区的经济发展受到很大的影响。但是基本处于欠发达地区的民族地区由于受资金、技术以及地理条件的限制，照搬东南沿海地区的发展模式是不现实的，也是不可取的。现实而可行的道路就是开发利用民族自身文化资源，形成自身的造血机能，获取经济发展的动力。

①《汉书·文帝纪》。
②《荀子·天论》。

当前，中国民族地区在经济建设中所面临的最大困境就是资金问题，资金的短缺已经成为制约一些民族村寨社会经济发展的瓶颈。因此，挖掘传统文化资源，搭建平台，依托特色仪式的展演吸引社会资本，就成为许多地方惯用的招商引资策略，尤其是那些拥有在全国乃至世界影响的传统文化资源的地区。正是源于这一思路，许多少数民族村寨将曾经是自己生存技术的传统民族特色仪式转换为一种表演性的节目，开发为村寨旅游、民俗文化旅游项目，成为促进民族地区经济发展的重要动力。如著名的四川凉山彝族的"火把节"、云南西双版纳傣族的"泼水节"、黔东南西江苗寨的"鼓藏节"、清江苗寨的"翻鼓节"等。这些民族村寨正是通过特色仪式的资本化运作，吸引了世人的关注，招来了无限的商机，从而为当地的经济发展奠定了良好的基础。

亨廷顿认为，"现代化不仅引起阶级意识，而且还引起所有新型集体的意识，如部落意识、区域意识、种族意识、宗教意识以及种姓意识和阶层意识、行业意识和社团意识。……现代化意味着所有集团——新的和旧的、传统的和现代的——在他们与其他组织发生关系时都意识到自身是作为组织存在的，意识到各自的利益和要求"①。可以说，民族地区社会的现代化进程唤醒并强化了民族地区民众的族群意识，激起了他们的利益要求，因此，民族地区的特色仪式作为一项重要的生存技术，也必然要随着社会的变化而做出一定的调整，使他们精神意义的世界和现实生活的世界通过仪式的资本化运作而融合起来，变为同一个世界。虽然一些民族地区地方政府以仪式为工具吸引社会资本的行为，其后面可能隐含了权力运作的因素，但是其利用的还是仪式的经济功能，只是民族特色仪式经济功能的实现形式与以往相比也发生了事实上的变化。

（二）文化功能的变化

仪式的文化功能主要表现为文化的教育与传承，在一些没有本民族文字和缺乏正规教育系统的少数民族社会里，通过民族特色仪式的展演进行传统文化的传承和教育比较常见。然而近年来随着民族地区旅游、民俗文

---

① ［美］塞缪尔·P. 亨廷顿：《变化社会中的政治秩序》，王冠华等译，上海人民出版社2008年版，第25页。

化旅游产业的开发，各民族村寨的封闭性被打破，人员流动频繁，村寨的传统社会结构渐趋解体、宗族日益式微，族群原本的"共同价值观"正逐步趋向多元化。尤其经过市场经济的洗礼，见识了外面精彩世界的年轻人开阔了眼界，思想也开始发生变化，他们不再尊崇民族语言、服饰、风俗、歌舞等民族传统文化，对民族传统的特色仪式也不再感到神圣，而视之为一种纯粹的娱乐活动。因此，在这些地区，随着社会的变迁，仪式的文化传承功能的弱化趋势已是不可避免。

当然，在有文字和正规教育系统的社会里，各类仪式也存在文化教育和传承的功能，但是相对无文字的社会和地区而言，其只是作为一种辅助性的手段，并且随着社会的变迁，实现文化教育和传承功能的表现形式也在发生变化。如古代中国是"礼治"国家，所谓"非礼勿视，非礼勿听，非礼勿言，非礼勿动"。其实礼就是一种仪式，其实现文化教育和传承的功能主要通过展演和灌输，而在现代社会里，仪式的文化功能的实现主要通过社会主体的主动参与，比如社会主体通过参与投票、会议以及游行等政治性仪式才获得对民主政治知识的了解。

二　原因分析

从本质上看，仪式所展示和象征的就是人与人的关系、人与自然的关系以及人的灵魂与肉体的关系。随着生产力发展，人与人的关系、人与自然的关系、人对自身的肉体与灵魂关系的理解都会发生改变，因此仪式的功能必然随之发生相应的变化。郭于华曾对仪式变化与社会变迁的关系进行过深入的探讨，她将仪式划分为作为人类基本生存技术的仪式、作为人类生存意义的仪式和作为权力技术与权力实践的仪式三个基本层面，并指出仪式并不是被动地去服从或适应社会的变迁，而是存在一定的自主性。

仪式的自主性是指仪式的基本功能不会随着社会的变迁而消失，这是由其表演性、象征性的本质属性和强烈的目的性所决定的。在任何社会，人们第一要考虑的是如何生存，因而作为生存技术的仪式是不可或缺的，只是在不同的社会生产力水平不同，人们处理与自然的关系的方法和技术不同，作为生存技术的仪式需要随之做出一些调整。人与人的关系涉及权力和利益分配问题。所有社会的权力都必须通过仪式的象征性来表达，因此仪式作为权力技术和权力实践是不会改变的，但是不同的社会有不同的政体，而不同的政体需要不同的仪式与象征体系与之相适应。在现代民主体制下，仪式也会被用来谋求社会的一致性和团结，但是在专制集权的体制下，仪式的使命在于通过展演对命令、规范的重申和强调，而不是"谋求"。灵魂与肉体的关系是人类的永恒话题，通过仪式，人们能将现实的世界和意义的世界联系起来，形成自己对生存意义的理解。不同的生产力条件下，人们需要依赖不同的仪式来象征和展演对于现实世界和生存意义的不同理解。

因此，虽然在社会变迁过程中，经济、政治、社会、文化诸方面的因素都对民族特色仪式功能的变化产生影响，但导致民族特色仪式功能变化的根本原因还是社会生产力与生产关系、经济基础与上层建筑的矛盾运动，也就是社会生产方式和社会经济形态变化发展的必然结果。

第六章 研究结论与对策建议

第一节 研究结论

当下的中国，维护民族地区的社会政治稳定极为关键。针对民族地区的特殊情况，我们必须充分发掘并高度重视民族特色仪式这种有利于维持民族地区社会政治稳定的地方资源，因为现代社会控制不可避免受到地方传统的影响和制约，正如马克思所指出，"人们创造自己的历史，但是他们并不是随心所欲地创造，并不是在他们自己选定的条件下创造，而是在直接碰到的、既定的、从过去继承下来的条件下创造。一切已死的先辈们的传统，像梦魇一样纠缠着活人的头脑"，[①] 因此，将象征传统民族风俗、习惯、社会价值观念的民族特色仪式纳入现代国家的仪轨之中，对于实现民族地区的社会控制和政治稳定的维护具有重要的现实意义。在构建民族地区的社会政治稳定机制时，必须认真考虑民族特色仪式的各类独特功能，也就是说，民族特色仪式的整合、调适功能和促进经济发展的功能对于构建民族地区的社会政治稳定机制是个非常重要的影响因素。因此，我们在民族地区的社会治理中必须充分发挥民族特色仪式社会整合的正能量，同时也要积极处理好民族特色仪式不利于民族地区社会发展的制约性因素。

同时我们也必须认识到，仪式是人类生活不可或缺的一部分，其在本

---

① 《马克思恩格斯选集》第 1 卷，人民出版社 1995 年版，第 585 页。

质上展示和象征的是人与人的关系、人与自然的关系以及人的灵魂与肉体的关系，亦具有协调三种关系的功能。随着生产力的发展、社会的变迁，人与人的关系、人与自然的关系、人对自身的肉体与灵魂关系的理解都会发生改变，仪式的功能也必然随之发生相应的变化。因此，我们在运用民族特色仪式时必须要注意与社会的生产力水平相适应，与社会规范相契合。

第二节　对策与建议

通过前述章节的分析，我们发现民族特色仪式虽然在维护民族地区社会政治稳定方面具有强化民族地区社会规范、促进民族地区社会整合和推动民族村寨经济发展的积极作用，但是借助民族特色仪式的展演形成的民族传统权威和得以强化的民族认同感以及某些仪式所蕴含的愚昧、消极因素也可能会给维护社会秩序稳定带来负面影响，并且随着中国社会的转型和现代化进程的加速，民族地区相对封闭的社会环境承受了外来的巨大压力，传统的生活模式面临何去何从的挑战，民族特色仪式维护民族地区社会政治稳定的功能也面临着民族传统权威与现代行政权力之间的紧张关系、民族特色仪式社会控制功能的式微趋势以及经济功能与文化传承功能发生变化的现实张力。这一切都会影响到民族特色仪式维护民族地区社会政治稳定功能的发挥，并可能成为威胁民族地区社会政治稳定局面的隐患。因此，在保证充分利用民族特色仪式积极作用的同时又尽量避免其负面影响、消除其现代张力，从而为维护民族地区社会政治稳定，进而实现整个中国协调发展奠定基础，本课题有针对性地进行了以下对策与建议的思考。

一　借助民族特色仪式实现民族地区的有效治理

在当前构建和谐社会、创新社会管理的大背景下，加强中国民族地区的社会管理不仅仅是一个管理问题，更是关乎中国民族团结与全局稳定的政治战略性问题。而从民族地区的独特运行轨迹可以发现，民族地区的各项社会事务与其自身的传统文化具有密不可分的联系。因此，要创新民族地区的社会管理，消除当前的障碍和困境，就必须重视以民族特色仪式为具体外化形式的民族传统文化在维持民族地区社会政治稳定中的运用与发展。

（一）扬弃民族特色仪式中的一些消极因素

民族特色仪式作为少数民族风俗习惯的具体表现形式，尽管对维护民族地区的社会政治稳定具有积极功能，但是也包含一些迷信与落后因素，并对维护社会秩序构成一些不利影响。因此，为了充分发挥民族特色仪式维护社会政治稳定的功能，我们必须采取扬弃的态度，对民族特色仪式要取其精华，扬弃其所包含的一些消极因素。这需要从两个方面着手：首先，对于那些能够促进民族地区社会、经济发展以及对民族村寨的社会主义精神文明与物质文明建设有着积极意义的民族特色仪式要采取文化保护措施，努力探索如何使其得到更好的传承与发扬；其次，对于那些蕴含有消极因素的民族特色仪式，需要从思想上对民族村寨的民众进行科普教育和积极引导，让他们认识到消极因素的危害性，在生产生活中自觉抵制或放弃那些包含消极因素并可能会影响民族地区社会秩序稳定的仪式。当然，有关方面在做民众的思想工作时，一定要注意工作方式，要有足够的耐心和细致认真的态度，切不可急躁蛮横，采取强制施压的办法。对此，李维汉曾指出："只要是有利于生产，有利于社会主义，有利于民族发展和人民身心健康的，我们都要发扬；对于那些不利于民族发展和社会主义建设的要逐步进行改革；没有什么害处的可以任其自然发展。对于那些应该要改的，要根据民众的觉悟水平和自愿程度逐步进行，不能采取强迫的方式，只能耐心说服。"① 对于"捞油锅"这类迷信色彩浓厚并可能严重危害民众身心健康的"神判"仪式，要坚决予以摒弃，涉及违法犯罪的还要追究法律责任。在我国宪法里已有明确规定，每个民族都有维持自己的传统风俗习惯或对之进行改革的自由。我们要从维护民族大团结、民族地区大发展的战略高度出发，充分尊重各个少数民族的风俗习惯，促进各个民族之间的关系融洽与相互包容，在求同存异的过程中扬弃本民族文化中的一些消极因素、吸收借鉴其他民族的一些优秀文化，共同实现传统民族文

---

① 李维汉：《关于民族理论和民族政策的若干问题》，民族出版社 1980 年版，第 104 页。

化的发展与繁荣。这就为各类民族特色仪式发挥积极功能奠定了社会基础，提供了思想平台。

（二）充分发挥民族特色仪式的社会控制功能

根据社会控制的性质，我们可以把社会控制区分为两类：积极的社会控制与消极的社会控制。积极的社会控制就是国家采取措施主动地维持社会秩序的良性发展，防范问题的出现。正如罗斯所说："培养教育青年人就优于对成年人的及时管理"，"宁可为儿童改善学校条件也不为大人改善监狱环境，宁可改造法律的破坏者也不在其重新犯罪后拘捕判罪"，"免费图书馆比监狱付出的代价要低"。[①] 消极的社会控制就是出现社会问题后政府被动地对少数不法分子予以严厉的制裁和惩罚，比如"严打"运动。如果社会控制的功能主要是通过消极的惩罚手段来实现，那么社会控制就显得过于狭隘，并且国家的管理或控制成本亦会成倍增加。

少数民族地区的民众遵从社会规范，维持社会政治的稳定，绝不仅仅是害怕政府的制裁，而是民族风俗习惯平时教育、引导的结果。因此，通过民族特色仪式的展演对民族地区民众实施社会规范的教育和宣传是实现积极社会控制的关键，应该成为民族地区维护社会政治稳定的重要举措。如此，则会极大地降低国家的社会控制成本，使民众对政府的控制与管理行为更加认同，国家亦可因此而获取更为强大的动员能力与社会凝聚力，从而为实施社会控制奠定坚实的基础。

（三）选择合适路径将民族特色仪式融合于民族地区的社会管理体系之中

民族特色仪式自身具备的多价值性，使其能够在民族地区的社会管理中发挥重要的功能，而真正将这些功能转化为现实作用则需要在进行创新民族地区社会管理的路径选择时注重将民族特色仪式与各项工作有机结合起来。

第一，在社会管理制度的构建层面。将民族特色仪式所象征的民族习俗、习惯法以及其他传统的纠纷调解机制通过有效的途径提炼并凝铸起来形成正式的民族地区社会管理制度，当出现社会矛盾、社会问题的时候，

---

① ［美］E. A. 罗斯：《社会控制》，秦志勇、毛永政译，华夏出版社1989年版，第325页。

这一套管理制度就能够在最短的时间内运行起来并提供有效的冲突解决方式，避免了政治系统或行政系统内部单一制度的转化和适应工作，从而大幅提升民族地区社会管理的针对性和有效性。可以说，建立在象征民族文化的民族特色仪式之上的社会管理制度，将成为民族地区社会管理的有效依据，从而指导各项社会管理行为，有效协调族群内部个体成员之间以及族群与外部之间的关系。

第二，在社会管理主体的构成层面。因为社会管理主体的选择事关管理权威的接受和认同，并且影响到社会管理的顺利进行。如果社会管理主体的权威不能为社会公众所接受和认同，那么任何优质的制度、工具等也都无法发挥应有的作用。相反，具备权威基础的社会管理主体进行社会管理就能够取得良好的效果。民族特色仪式的一个重要功能就是建构民族地区的传统权威，因此，民族地区的社会管理应该充分利用民族特色仪式上产生的权威形式，吸纳民族共同体内具备权威的精英人物参与民族地区的社会治理，成为社会管理的主体之一。他们不仅对民族地区各项事务管理的逻辑和行为驾轻就熟，而且更重要的是他们具有被共同体成员普遍接受的权威，能够极大地消除民族地区社会管理的阻力，促使管理效率的有效提升。当然，这些权威精英既可以发挥实际作用，担当起社会管理的主职工作，也可以是象征意义的，协助有关的政府部门开展社会管理工作。

经过30多年的改革开放，中国社会已经进入转型期，即从传统的农业社会向现代工业社会转变，这一转型过程是一个艰难、复杂而长期的阶段，将会出现各类社会纷争与矛盾。在社会环境相对封闭、文化传统较为特殊的少数民族地区，各种社会矛盾与纷争尤其突出。其中现代行政权力与民族地区的传统权威的张力较为明显，当地民众往往对象征现代行政权力的法律法规、政府机构等充满怀疑，而对民族传统权威却深信不疑。在民族地区，通过民族特色仪式的展演而形成的民族传统权威具有强大的社会影响力，在维护民族地区社会政治稳定方面能够发挥重要的作用。因此，我们可以吸纳一些具有相当影响力的民族地区的地方精英人物或者是受到当地民众尊崇的传统权威人物参与当地社会治理。由于这些传统权威在民族特色仪式中产生，与当地的习俗密切相连，因此在社会治理过程中具有自然的合法性而更易取得治理成效。比如，在贵州省雷山县的西江苗寨，《村规民约》在维护村寨的社会秩序方面起到了非常重要的作用，其实，这个《村规民约》就是由事实上代表国家权力的基层组织——"村两委"和象征着民族传统权威的"鼓藏头"以及寨老们一起召集村寨全体成员共同制定的。根据当地苗族习俗，"鼓藏节"要隔13年才举行一次。2010年10月恰逢"鼓藏节"，按照传统习俗，要为村寨深受尊崇的传统权威"鼓藏头"唐守成举行仪式"挂红"，这是一项只有"鼓藏头"才能享受的特别仪式，其象征着特殊的荣誉和民众对"鼓藏头"治理能力的认可。但是，在2010年的"鼓藏节"上，"鼓藏头"唐守成主动提议给当时的村寨党支部书记也举行"挂红"仪式，这在苗族历史是从来没有过的。其深层次的重要意义在于，"鼓藏头"与村支书双双出现在"挂红"仪式上，就意味着民族传统权威与国家权力合作治理村寨得到了村寨全体族群成员的高度认同。所以，通过民族特色仪式的举行，国家权威与传统权威在民族地区进行合作治理被象征性地展现出来，使国家权威能够更大程度地获得民族地区民众的认同，从而为国家权力深入到民族地区社会基层并发挥治理功效奠定了思想基础和现实保证。当然，在借助民族特色仪式之外，还需要象征国家权威的基层组织对民族传统权威进行合理的引导，国家权威与民族传统权威的合作治理才能取得现实成效。

第三，在社会管理工具的选择层面。社会管理工具既是实现民族地区稳定的必然手段，也是确保将制度、主体、程序等社会管理产品最大效用发挥出来的保障，必须充分考虑到民族特色仪式的逻辑，相应的管理程序和管理逻辑的设计需要找到同民族特色仪式逻辑的结合点，切不可与民族特色仪式之间产生排斥和文化冲突，特别是仪式中的一些禁忌更是需要充分考虑。所以，社会管理工具的设计与选择不仅要考虑民族文化的适应性，同时更要汲取民族内部的制度、方法等形成具有民族特色的管理工具。运用这样的工具进行社会管理不仅能够降低管理运行的成本，而且也能为民族共同体内的成员所接受，提高管理的效率。

总之，象征和表现民族文化的民族特色仪式已经融入了各民族共同体内成员的生活当中，他们自身的行为也会依据既有的文化路径来展开，而依据民族特色仪式产生的管理行为和选择的管理工具，能够很快为成员所熟知和接受并取得良好的效果，而不需要任何人去刻意地布道讲解。因此，创新民族地区的社会管理必须重视象征和表现民族文化的民族特色仪式的发掘与运用。

二 国家须引导吸纳民族特色仪式体系，强化国家认同

维护民族地区稳定的最终目的是要维护整个国家的社会政治秩序稳定。而现代国家要维护国家社会政治稳定的一个重要前提就是实现国民文化的同质化，使国土范围内的不同族群、宗教、地方、人群都能形成以国家为基本目标的统一认同，并能超越各自的认同，使彼此之间不会产生冲突。

尽管文化认同与国家认同并非完全同一，但文化认同会加强民众对国家政权的认可。有学者提出，在文化认同的塑造过程中，实际上国家扮演着"殖民"的角色，即通过建立起新的文化价值体系来替代传统的和各种地方性文化价值体系，实现国家权力的殖民化。在这个意义上，文化认同是与意识形态建构同步进行的，并且相互渗透，共同构成了葛兰西所说的"文化领导权"。

因此，国家有必要通过相关的民族文化保护策略对象征民族风俗习惯的各类仪式加以引导，逐步将其选择性地吸纳入国家的仪轨中来。国家可以通过一系列技巧性符号的运用介入一些民族特色仪式，如按照国家庆典活动的惯用程序进行升国旗、奏国歌以及会场安排和领导讲话等，从而生成符合国家意愿的少数民族节庆仪式。少数民族群众在参与这些有象征符号介入的仪式时不知不觉接受了国家意志的规范，感受到了国家权威的在场，潜移默化中国家认同便逐步形成并随着仪式的流传而代代相承且渐趋强化。"仪式及其包含的符号是至关重要的，因为个人成其为个人、社会成其为社会、国家成其为国家并不是自然的，而是通过文化、心理的认同而构成的，而这种认同又是通过符号和仪式的运作所造成的。……通过仪式我们能够最清楚地看到，个人在社会中，在国家中；社会在个人中，在国家中；国家在个人中，在社会中。"[1]

通过介入民族特色仪式，国家与少数民族民众的联系也将得以加强，

---

[1] 高丙中：《民间的仪式与国家的在场》，郭于华《仪式与社会变迁》，社会科学文献出版社2000年版，第310页。

因为"国家的'身影'通常并不可见，它必须以人格化的形式才能见到，以象征化的方式被认可，以想象的手法被接受"①。此举一方面不使国家统治的合法性资源流失，提升国家在民族地区的权威；另一方面亦可防止民族特色仪式被别有用心的人所利用而窃取权威的合法性从事分裂祖国的活动，危害民族地区社会稳定。布迪厄就曾指出：国家作为神圣化仪式的储备银行，颁布并确保了这些神圣化的仪式，将其赐予仪式所波及的那些人，而且在某种意义上，通过国家合法化的代理活动，推行了这些仪式。国家就是垄断的所有者，不仅垄断着合法的有形暴力，而且同样垄断了合法的符号暴力。② 现代民族国家的合法性很大程度上来自于国民的强力支持，因此，我们需要在统一的文化认同的旗帜下，通过构筑各民族共同的社会记忆来消除民族分裂，形成广泛的国家认同。

对于一些民族特色的仪式，许多人可能觉得没有什么实际意义或者无聊，甚至觉得有点愚昧落后和迷信色彩。然而，在民族地区民众的心里，却往往是非常庄严而神圣的事情，是他们精神生活的重要组成部分。因为"借助于具象化的表演和程序化的展示，各种仪式巧妙地消解了人与人之间在现实生存空间方面之实质性争执，并将之转化为主体间与'在场'的神灵面前之象征性较量"③。毕竟在物质生活和社会生活之外，人还需要有精神生活。梁漱溟认为，人类的生活与文化包括三个方面："（1）精神生活方面，如宗教、哲学、科学、艺术等是。宗教、文艺是偏于感情的，哲学、科学是偏于理智的；（2）社会生活方面，我们对于周围的人——家族、朋友、社会、国家、世界——之间的生活方法都属于社会生活一方面，如社会组织，伦理习惯，政治制度及经济关系；（3）物质生活方面，如饮食、起居种种享用，人类对于自然界求生存的各种是。"④ 有学者把人的精神生活和精神需要及其所构成的精神世界，统称为人的精神家园。⑤

① Kertzer. D. Ritual，*Politics and Power*，Yale University Press，1988. 转引自彭兆荣《人类学仪式的理论和实践》，民族出版社 2007 年版，第 62 页。

② ［法］布迪厄：《实践与反思——反思社会学导引》，李猛、李康译，中央编译出版社 1998 年版，第 202 页。

③ 刘道超：《信仰与秩序——广西客家民间信仰研究》，广西师范大学出版社 2009 年版。

④ 梁漱溟：《梁漱溟全集》（第 1 卷），山东人民出版社 1989 年版，第 339 页。

⑤ 廖小平：《论核心价值的价值》，《浙江社会科学》2012 年第 10 期。

通过一些传统的民族特色仪式，国家和民族地区社会可以实现相互的征借和利用。国家可以征借民族特色仪式的舞台与象征体系，加入一些国家元素与国家意志的特殊标志与象征符号，从而达到强化国家认同和巩固民族团结之目的。民族地区社会则充分利用国家元素的加入使一些传统民族特色仪式获得政府的许可而让活动更具正当性，从而有利于建构本民族的精神家园，凝聚人心与力量，促进本民族的经济与社会发展。

三 协调民族特色仪式与民族地区经济发展的关系

民族特色仪式通过世俗化的转化虽然能够促进民族地区经济的发展，但此举也会削弱民族特色仪式的神圣地位，并且随着经济的发展，民众的思想日益呈现多元化，从而弱化民族特色仪式的信仰基础，这些都会影响民族特色仪式的心理调适与社会整合功能的发挥，反过来又会造成一些不利于民族地区经济发展的因素。那么，如何协调二者的关系，使之能够步入一个良性的循环轨道？

（一）将民族特色仪式分为功能性与表演性两类

仪式具有社会功能，亦天然具有表演的性质与特征。我们可以根据不同的条件，分别让民族特色仪式展示其功能性和表演性的一面。这样既可以展现仪式的表演性，实现促进经济发展之目的，又不至于削弱仪式的神圣功能。比如，苗族的"鼓藏节"是一个隆重的祭祖仪式，包括宰牛献祭、分胙肉、祀祖灵等活动，家族成员都必须参加，并且有姻亲关系的亲戚也要前来祝贺。但有学者在调查时发现，旅游部门为满足旅游的需要将如此隆重的节日人为地提前，原因是有一批外来的游客希望亲眼看到宰杀"牛牯"这一过程而出资买下祭祀所用的"牛牯"。

而根据苗族的传统习俗，用来祭祖的"牛牯"必须在选定的祭祀时间内统一宰杀，但是这批游客却未能在选定的时间赶到祭祀仪式现场，祭祀的时间亦因此往后拖延了几个小时，当地苗族民众认为这是对他们祖先的不尊重而极为不满，由此还引发当地群众与旅游部门发生纠纷。最后旅游部门决定留下一头"牛牯"等这批游客到来后进行仪式表演性宰杀，其余的则在举行正式的祭祀仪式时一次性宰杀。① 这个案例就说明不区分仪式的功能性与表演性可能会引起矛盾，导致仪式的功能性受到影响，表演性也不佳。

因为功能性的民族特色仪式属于特定族群共同体的内部活动，对于仪式举行的时间、地点以及参加者等都有特别的限定和禁忌，许多仪式是禁止族群之外的人参加的。然而，当民族特色仪式被用于服务旅游或用于促进民族村寨经济发展时，人们常常会对之进行改造，那么此时的仪式就变换为一种表演性仪式。比如印度尼西亚爪哇岛巴科斯人的传统葬礼仪式非常特别，被印尼政府认为是一个有潜在价值的旅游资源，然而政府的开发愿望遭到当地人的拒绝。最后当地头人向政府提出一个解决方案：举行"假葬礼"。也就是即使没有人死去，当地人也会提前一年筹划葬礼，举行"空棺葬礼"。这种"假葬礼"的表演非常成功，现在已经成为当地著名的旅游项目，每次都能吸引约 3000 人前来观看。②

国内民族特色仪式作为"表演性"开发比较成功的有傣族的"泼水节"。西双版纳民族村的傣族，在旅游季节里天天举行表演性的泼水节，为当地带来了巨大的经济效益。四川凉山彝族"火把节"过去是彝人们自己过的，现在每年农历六月二十四日，凉山州内大小地方政府都举行大大小小的火把节庆典，就属于"表演性"的开发。可以根据需要进行随意修改仪式的规则，比如增加了类似运动会的开幕式，政府官员出席并坐在主席台，庄严宣布火把节开幕，乡亲和游客坐在周围的看台上，各乡镇、各机关单位均要组织表演队伍登台表演，甚至夹杂斗牛、斗羊、选美活动。其间，游客、媒体记者、摄影发烧友等到处穿梭，整个场面喜庆、热闹，以娱乐为主。参与的群众每天还会得到政府的补助，曾经作为功能性神圣仪式主持者的毕摩和苏尼也变成了演员参与集体演出。③ 此时，民族特色的"火把节"仪式已经变成了表演性的"社会剧"，吸引游客促进经济发

---

①　罗康智：《民族旅游的开发不能忽视非经济制约因素的存在》，《凯里学院学报》2011 年第4 期。

②　彭兆荣：《人类学仪式的理论和实践》，民族出版社 2007 年版，第 346 页。

③　李春霞、彭兆荣：《彝族"都则"（火把节）的仪式性与旅游开发》，《旅游学刊》2009 年第 4 期。

展的目的非常明确。

当然，作为表演性的仪式，虽然掺杂了经济的因素，烙上了现代商业的印记，导致民族特色仪式的形式甚至内涵都发生了些许改变，但是游客看到的表演还是相对真实的。

（二）加强民族特色仪式与民族地区经济发展的耦合

物理学上的耦合是指两个或两个以上的系统，通过各种相互作用而彼此影响以至形成动态关联的现象。我们可以将民族特色仪式与民族地区的经济发展视为通过各自的耦合元素彼此影响的两个系统。即，民族特色仪式转化为乡村旅游、民族旅游项目之后以其独特性、竞争性的优势的确能够促进民族地区的经济发展，但是经济发展可能会引起民族特色仪式两个子系统的变化：一是可能弱化仪式的信仰基础；二是可能导致虚假的仪式表演，最终影响整个仪式系统——民族特色仪式的神圣性衰减。那么，作为耦合机制，在促进民族地区经济发展的过程中需要将民族特色仪式区分为表演性和功能性两类，以避免对仪式系统的负面影响。同时也要区分民族地区经济发展对民族特色仪式影响的双重性：一方面，外来游客的思想文化可能会影响本地民族的思想观念；另一方面，通过民族特色仪式的展演，外来游客也可能会了解、融入本地的民族文化，甚至有些游客发现民族特色仪式具有潜在的投资价值而产生投资的愿望，从而给民族特色仪式带来发展和创新的机会。而民族特色的传统仪式本身也需要随着社会的发展变化进行相应的创新和改变，才能更好地服务于当地的经济发展。如此，民族特色仪式就与民族地区的经济发展形成一种良性的动态关联。

四 积极化解民族特色仪式的现代张力

民族特色仪式对维护民族地区的社会政治稳定发挥了重要的作用，但是在遭遇社会的现代化进程之后产生张力，民族特色仪式的维稳功能有失效的危险。一旦传统的社会规范工具失灵，少数民族民众则可能会产生集体焦虑，那么在此情况下，我们又该如何应对？如何采取相应管理对策将可能的风险降至最低？

（一）正确看待民族特色仪式的现代张力

现代化进程的确给民族地区社会带来了巨大变化，比如一些传统社会里的民族习惯法也许认为不算是犯罪的行为可能也要受到国家法规的惩罚了。由此导致传统生活方式的改变让许多少数民族民众变得无所适从，从而产生一些社会问题与心理问题，具体表现为一些人沉醉于酗酒、赌博，有些人则出现抑郁甚至自杀倾向。社会学把这种情形称为"社会失序"，人类学则称这种现象为"文化中断"。然而，事实上，在民族地区的村寨里，传统和现代也不是完全截然对立的。村民们是传统民族文化的承载者，身上既有历史和传统的痕迹，也有现代生活的诉求。现代化与传统民族文化的整合过程，也是民族村寨重建社会整合力的过程。当民族村寨遭遇现代化力量的渗透之后，民族文化的生态环境会随之发生一些变迁，既有对传统的沿袭，也有对传统的改造。

人们对于现代化的认识一般都存在一种先入为主的假设：现代化就是用现代的一切取代从前的一切，用外来的事务替换本地的事务，然而事实的发展过程往往并非如此，而是呈现出相当的复杂性：人们常常在接受现代化成果的同时又保留了自己的传统。格尔兹就指出，从"传统"到"现代"并不是一个简单的进化过程，而是一个曲折的、间断性的、不规则的过程，有时背离传统，而有时又趋于传统。

王铭铭在福建塘东村进行实地调查之后，对于有关现代化的认识和理解提出了两个论断："其一，被现代化理论家们视为阻碍现代化的民间传统并非与发展格格不入，它相反地包括了不少有益于发展的因素；其二，在特定的变迁过程中，民间传统实际上起的不是阻碍的作用，而与发展密切相关、相互促进。"[①] 在现代社会里，许多民族村寨盛行的传统民族特色仪式，夹杂着各种"传统"与"现代"的文化因素，大多是出于人们经过功利的考量与计算之后进行"文化再造"的结果。因为，在面临现代社会竞争加剧和所处生存环境的压力之下，民族地区的人们也会结合自身的生存资源发挥主观能动性进行经济发展的算计。当然，经济的算计必然也需要"文化的再造"与政治的考量来作为实现的手段和保证，现代化过程中的民族地区发生社会变迁，必然会涉及经济、政治、文化等因素之间的关系。在中国这

---

① 王铭铭：《中国民间传统与现代化——福建塘东村的个案研究》，《传统文化与现代化》1996 年第 3 期。

个多民族的国度里，各民族之间彼此都存在一定的文化差异，每一个民族都会举行具有自身民族特色的仪式，使从历史上继承下来的信仰、价值观和习俗通过仪式的展演融入自己的现实生活之中。因此，在现代化的潮流下，不管是资本还是其他什么生活、生产方式进入民族地区社会，都必须要尊重当地的民族特色仪式和原有的社会结构，与当地民众小心相处。

当然，民族习俗也并非是永远不变，即使在传统的社会里，生活也是处于变动之中。在民族特色仪式中，传统与现代相融合的具体表现就是仪式展演日益呈现出"外演"与"内演"相结合的局面。比如广西侗乡的"花炮节"的仪式表演就兼具"内演"和"外演"的考量。通过"内演"——特色民族仪式的展演充分表达人们心中的愿望与祈求，而"外演"则主要是为了满足外来旅游观光客人的需求与期待。① 在现代化的进程中，传统的民族特色仪式与象征体系在延续社会整合与调适功能之外，还在一定程度上增添了竞争性的色彩，如仪式过程中展演的一些竞技类项目，从而使民族特色仪式由单纯的心理性崇拜逐渐转变为带有经济性崇拜的竞争性仪式。应该说，民族特色仪式的竞争性转变是顺应现代化过程中民族地区社会竞争日益加剧的必然结果。

在现代化的背景下，以民族特色仪式为代表的传统民族文化并没有如一些学者或评论家们所想象的那样日益没落而被无情地甩在历史的进程之外，事实可能恰好相反，一些传统的民族特色仪式对于当地社会资本的构建，甚至对当地的经济发展起到了不可替代的促进作用。民族地区社会资本的构建部分可能是建立在私人关系的基础上，但是，由民族特色仪式与象征体系所表达的民族心理认同也在这种社会资本的构建中发挥了重要功能也是毋庸置疑的。因此，民族地区一些传统的民族特色仪式的恢复和兴起并不是社会——意识形态退步的一种表现，可能正好相反，是民族传统文化的强大生命力、良好适应性与丰富正能量的充分展示。

（二）探寻民族地区传统权威与现代行政权力的张力化解之道

传统权威对应于传统农业社会，在农业社会中占主导地位，现代行政

---

① 李志清：《仪式性少数民族体育在乡土社会的存在与意义（六）——现代背景下的抢花炮》，《体育科研》2007 年第 3 期。

权力代表的法理权威对应于现代工业社会，是工业社会发展的要求。两种权威类型在根本上并非完全对立，只不过是在历史进程中出现的先后次序不同而已。从传统农业社会向现代工业社会的转型过程中，传统权威的主导地位相应地被现代行政权力为代表的法理权威所代替，但是并不意味着经过漫长历史积淀的传统权威会就此消亡，传统权威因素还会存在于现代社会的各个方面，并在社会功能发挥上表现出利弊两个方面。

传统权威在维护社会秩序方面的功能为转型中的民族地区社会从无序到有序、从分化到整合提供了帮助，特别是在现代行政权力无法面面俱到的民族村寨，它是现代行政权力对社会进行有效治理的重要辅助。现代行政权力若能对其加以引导，把传统权威的功能纳入体制内的合法渠道，避免其消极负面影响，则实现两者之间的协调、和谐关系便成为可能。

1. 现代行政权力可以借助传统权威增强合法性基础。现代行政权力作为最广泛的一种国家权力要具有权威性，必须具有足够的合法性资源支持而获得合法性基础，也就是说行政权力在运行过程中需要取得社会普遍的赞许和认可。传统权威具有与生俱来的合法性，当其能与现代行政权力形成某种合作时，便可成为现代行政权力重要的合法性资源。

哈贝马斯认为"合法性是政治秩序被认可的价值，合法化是否是可信服的，是否是被认可的，自然依赖于经验动机。但经验动机亦非独立地形成，它的形成有着合法化自身的（可规范式分析的）证明力量的影响，换言之，经验动机并没有独立于合法化潜能，并没有独立于可动员起来的基础或理智"。[①] 可见，现代行政权力的合法化过程即是取得被认可和信服的过程，其所规范的政治秩序能够被证明所具有的对社会的价值，而不是自身强制性实施来获得合法性的经验动机。所以行政权力的规范秩序要与社会规范有一致性，才能具有合法性的基础。因此，借助民族地区的传统权威来加强现代行政权力的合法性基础，是民族地区行政权力主体进行合法性统治不可忽视的因素。

2. 现代行政权力引导传统权威参与社会治理。传统权威在多元化社会

---

① ［德］尤尔根·哈贝马斯：《交往与社会进化》，重庆出版社 1989 年版，第 189 页。

整合中也是一种重要的力量，为民族地区社会的有效整合起到了一定的辅助作用。传统权威大多活跃在基层社会的民族村寨和偏远贫困地区，这些地区正是现代行政权力影响较弱的地方，行政权力主体应当对之加以引导，充分发挥传统权威主体在社会自治方面的积极功能。

在贵州民族地区村寨存在一些由寨老组成的老人协会，老人协会解决平常纠纷，参与管理，不计报酬。① 在一些民族村寨，由一些在族群里经常主持仪式从而具有崇高威望的老人组成的"老人组"，"老人组"通常处理村寨里日常生活中的纠纷和冲突，村民们遇到解决不了的问题，通常从"老人组"那里寻求帮助。在中国的民族地区，诸如老年人协会之类的传统权威组织还存在很多，如，在一些民族村寨，还有一些宗族协会、宗教协会等。在国家与社会逐渐分离，而现代行政权力在公共领域所提供的公共服务和公共产品却比较有限的条件下，民族地区的传统权威以传统道德规范、习俗和约定法则等内容为依据起到规范社会秩序、维护公平正义、提供公共产品等方面的积极作用，能够弥补该地区现代行政权力实际运行中的不足。

3. 现代行政权力与传统权威可以互相监督。传统权威具有先天的合法性，在现代国家中属于社会权力，现代行政权力则属于国家权力，两种不同类型的权力在实际运行过程中若没有受到制约与限制，都可能会出现权力滥用的现象。孟德斯鸠曾指出："一切有权力的人都容易滥用权力，这是万古不易的一条经验。有权力的人们使用权力，一直到遇有界限的地方才休止。"②

传统权威属于内在合法化了的权力，正常情况下具有维护社会秩序的重要功能，但是被滥用则会给社会带来消极的影响。如有些民族地区的传统权威人物可能利用自己的影响力，通过一些习俗、宗教活动从事非法活动，或者在利益表达方式上采取体制外的甚至违法的行为，从而扰乱正常的社会管理秩序。尤其自 20 世纪 80 年代以来，各种由传统权威人物引起的扰乱社会管理事件呈快速上升态势，如宗族间的械斗、宗教的非法活动

① 潘志成：《传统权威与当代少数民族村寨社会控制》，《民族法学评论》2008 年第 6 期。
② ［法］孟德斯鸠：《论法的精神》（上册），商务印书馆 1961 年版，第 154 页。

以及传统权威人物操纵当地的选举、削弱政治民主的严肃性等问题。因此，传统权威需要受到制约以规避其消极影响。在现行政治体制下，现代行政权力是制约和规范传统权威的主导性力量。

转型期的现代行政权力也存在易被滥用的可能。因为传统中国社会积累了丰富而又比较完整的行政管理经验和思想，建立了一整套严密的行政体制，如科举制、纠察制、进谏制以及考核与奖惩，等等，这些传统的行政思想和文化经过历史的沉淀，对现代行政权力在中国的运行和规制产生了深远的影响。一方面，行政权力主体在传统的官本位思想的影响下，运用手中掌握的权力谋求自身利益，僭越权力位置，贪污、腐败现象常有发生。另一方面，行政权力客体身受传统权力膜拜思想的影响，缺乏对行政权力外部监督与制约的意识。传统权威代表着某一社会群体的利益，一些传统权威性的习俗、宗教活动具有相当的影响力，一些传统权威人物更是在特定地区具有崇高的威望，这些都能引导行政客体对现代行政权力形成一定的制约和监督，有效防止权力的滥用。

总之，针对民族地区传统权威与现代行政权力在民族地区社会转型中表现出的张力，现代行政权力主体要积极稳妥地协调好与传统权威之间的关系，一方面，正确对待民族地区传统权威在功能发挥上对社会的积极作用，利用民族地区传统权威优势弥补自身不足；另一方面，要正确引导和疏通民族地区传统权威的利益表达方式，避免民族地区传统权威对社会的消极影响，用自身主导性的优势规避民族地区传统权威的弊端，真正实现两者的优势互补，发挥两者在促进社会政治、经济、文化和生活等方面发展的积极作用。因此，在当前的中国民族地区社会转型期，既要充分发挥民族地区传统权威对现代行政权力的社会监督作用，又要运用现代行政权力对民族地区传统权威的制约与规范。在此基础上，有效化解民族地区传统权威与现代行政权力之张力以推动中国民族地区社会的现代转型有序进行。

（三）利用社会主义核心价值重塑民族村寨的集体意识

一种集体意识之所以在一定的社会环境里对于特定的人群具有强大的社会控制力，不仅是因为其获得当前特定人群的普遍认同，而是因为其来自于一定社会里传统的延续与传承。"传统能够具有强大的力量，是缘于上一代人把传统传承和灌输给了我们。只有上一代人才是过去和现在之间的中介，因此，他们在其所监护和养育的这一代人里面，享有着非常崇高的威望。……这样一来，年龄上的威望就变成了传统权威。"① 由此看来，一种集体意识的发展和完善并最终成为得到特定人群认同并遵循的信仰和行为模式，需要经历很长的时间，所谓"冰冻三尺，非一日之寒"。然而，一旦一种集体意识得到了特定人群的认同和遵循之后，如果要改变这种信仰和行为模式那也是非常困难的，所谓"三尺之冰，非一日能解"。并且，人们在认同和遵循一定的信仰和行为模式之后，会对其产生一种心理上的依赖而更加不敢有逾越和改变之举。由此，我们可以发现，集体意识的力量很大部分是源于传统的权威。然而，随着现代社会里人口流动现象的加剧，人们对于建立在传承基础之上的传统权威的崇拜日渐衰减，由此带来的后果就是社会传统的力量变弱，传统集体意识的影响和控制力下降。这就是现代化导致人们的价值观念发生变化，从而波及集体意识的整合功能。亨廷顿曾经从社会心理的层面展开过分析，他指出现代化是一个复杂的过程，"涉及人的价值观念、社会期望与生活态度等方面的彻底转变。抱着传统观念的人不相信人具备控制和改变自然与社会的能力，他们认为自然和社会有着自身的连续性。与此相反，持现代观念的人则认为社会与自然的变化是可能的，并且相信变化的可取性。用勒纳的话说，持现代观念的人有一种能适应所处环境变化的'转换性人格'。这些变化要求人们把自己对家庭、宗族和村社等这些与自己密切相关的组织的忠诚与认同扩展成为对更大和更抽象的组织的认同和忠诚。随着这种认同范围的扩展，人们就会越来越依赖具有普遍性的价值观念而不是个别性的"②。

所以，在现代社会里，当一个群体拥有一套比个人目标更高的共同目标或者价值体系时，便会凸显出强大的整合功能，很容易形成内部的一致，从而维持社会的稳定和谐。涂尔干认为，在现代社会里，社会分工使个人变得越自主，个人意识越来越强烈，但是个人对社会的依赖却越来越深，尽管涂尔干认为这种联系是基于彼此存在差异的基础之上，然而事实

① ［法］涂尔干：《社会分工论》，渠东译，生活·读书·新知三联书店 2000 年版，第 251 页。
② ［美］塞缪尔·P. 亨廷顿：《变化社会中的政治秩序》，王冠华等译，上海人民出版社 2008 年版，第 25 页。

上，人们彼此之间的差异正是建立在一定的共识之上的，就是大家都尊重这种差异，并保持互相合作，所以，虽然"社会的分工把我们分散为单个个体，但是共同的精神又将我们凝聚在一起。社会的核心价值其实就是一种共同的理念和共同的信仰，这种共同的信仰和理念能够把社会中那些分散而又彼此竞争的个体成员凝聚起来"。通过国家的文化整合，全国各族民众就能够凝聚共识，形成社会主义核心价值，从而整合民族地区社会中存在的一些分歧与矛盾。因此，"对于核心价值的作用我们千万不能低估，在社会上得到广泛认同的核心价值或意识形态实质上属于一种散漫性权力。我们根据权力的性质，可以将其划分为散漫性权力与专断性权力。专断性权力通常为大家所熟悉，就是指明确的命令和有意识的服从。而散漫性权力却一般不被人们重视，其实它可能更为重要一些。散漫性权力发挥作用不是依靠命令与服从，而是以一种分散的无意识的方式悄声无息地渗透到民众的潜意识里，内化为一种近乎本能的反应。当国家的意识形态或社会的核心价值得到民众的广泛认同时，对这种散漫性权力的服从就显得自觉自愿、非常自然"①。

（四）对民族特色仪式的目标进行调适

随着社会的发展，民族特色仪式虽然在形式上与当初大体一致，可能变化不大，但是其面对的社会环境已经发生改变，参与人群的心态和价值观念也存在一些变动，因此现在仪式的目标必然与当初出现一些差异，这就需要进行一些必要的调适，以化解可能出现的矛盾。

首先，民族特色仪式的目标必须与国家和当地社会发展的目标相一致。比如西江苗寨的"鼓藏节"就在当地政府的积极引导和推动下，实现了由过去比较单纯的祭祀娱乐到与今天的社会经济发展和扶贫的目标相结合。正是由于目标的调适，"鼓藏节"活动获得了当地政府的大力支持，不仅自身因合法性地位的上升而取得了巨大的发展，影响力也与日俱增，成为一大旅游景观，极大地带动了当地的经济社会发展。这就表明，通过目标调适，能够实现民族特色仪式自身的发展与当地社会经济

---

① 王绍光：《国家能力的重要一环：濡化能力》，潘维、廉思《中国社会价值观变迁 30 年》（1978—2008），中国社会科学出版社 2008 年版，第 78 页。

发展的双赢。

其次，民族特色仪式组织活动必须要在政策法规的范围内举行，不能违规或从事非法活动而引发社会矛盾，危及社会稳定。比如 2009 年 2 月的贵州省德江县舞龙事件，政府为了安全和维护社会秩序的考虑，对于舞龙仪式的行进路线和地点范围都已经作出了具体的规定，但遗憾的是当地土家族的舞龙仪式在一定程度上还是无视政府的规定，结果引发了群体性事件，造成了不好的影响。

最后，要发挥积极参与策划、组织和主持民族特色仪式的权威人士的调适作用。运用民族地区传统权威人物的影响力，引导调适群众的思想观念、行为规范与政府的政策法规相一致，维护民族地区的社会秩序稳定。民族地区的传统权威人物，在民众当中具有崇高的威望和较高的认同度，他们能够依靠自身的权威和影响力引导和动员民众。笔者在实地调查中发现，大多数少数民族民众认为："本民族传统权威人物是我们最崇拜最信赖的人，首先是他懂我们的语言，能和我们真正地交流沟通，不存在任何困难；其次是和本民族的传统权威人物在一起感到很亲切，他能认真地考虑我们的各种利益诉求，让人觉得让他办事很方便，很可靠。"① 因此，吸纳一些民族地区的传统权威人物加入到维护民族地区社会政治稳定的管理队伍中来，并形成制度化，具有重要的现实意义。

总而言之，在现代社会里，传统的民族特色仪式的目标需要作出一些调整：（1）民族特色仪式服务于民族地区社会资本的构建，并在地方经济的发展与生产活动和社会生活互助中发挥重要作用；（2）民族特色仪式逐步转化成经济性、文化性的崇拜，并起到促进民族地区社会良性竞争的功能。

---

① 选自笔者 2010 年 2 月在贵州省黔东南苗族侗族自治州锦屏县的访谈资料。

结　语

在少数民族地区，由于受到特殊社会、文化环境的影响，作为国家象征的现代行政权力与法规政策等社会秩序维护手段难以发挥其应有的规范效用，反而是基于民族传统文化的具有各自民族特色的习惯"活法"——风俗习惯，如民族习惯法、生产生活禁忌、民间信仰等引导和规范着当地社会民众的日常行为，并且具有良好的规制效果。但是，传统的民族风俗习惯毕竟属于抽象的文化价值观念，唯有通过民族特色仪式将其具体外化为可视的行为与过程，以较为直观实际的形式规范民众的日常行为、塑造民众的价值观念，才能实现有效维护社会秩序的效果。因此，发掘有利于维持民族地区社会稳定的地方资源，并展开相关研究，实现国家权力通过民族特色仪式与广大少数民族民众的日常生活、精神世界实现深度整合，显得非常必要。

本课题从仪式角度出发，通过对民族特色仪式具有强化社会规范，促进社会整合，以及可能带来负面影响的功能分析，尝试性地提出一些维护民族地区社会政治稳定的对策和建议。但是，由于民族特色仪式不仅具有较强的地域属性，且涉及民族传统文化、社会学、人类学和政治学等多个专业领域，进行有关的研究需要广泛的实际调查、丰富的知识积淀和宽阔的观察视野，的确具有相当的难度。因此，本课题的研究只能算是初步的尝试，对于本研究中存在的不足和疏漏之处，还敬请方家斧正，笔者将不胜感激。同时也期望更多的学者能够加入到这方面的研究中来，以期为维护民族地区的社会政治稳定发展做出贡献。

附　　录

附录一　关于民族特色仪式的访谈提纲

列出以下一些问题，进行深度、开放式的访谈，越详细越好，重点关注民族特色仪式对维护民族地区社会政治稳定的功能。

1. 您觉得现在的民族政策怎么样？有哪些方面需要改进？

2. 您发现过（或听说过）民族习惯法与国家相关法律法规之间相矛盾或相冲突的事例吗？

3. 您觉得民族权威人物、政府人员与村寨的富人（能人）谁在民众里面威望最高？您觉得原因是什么？

4. 您对村寨的基层干部满意吗？您觉得民族干部与一般干部相比各有什么特点？

5. 您认为在民族地区所发生的冲突或群体性事件的根本原因是什么？您觉得应该怎样避免？

6. 您发现有（或听说过）民族权威人物与政府公务人员发生冲突的事件吗？

7. 您对民族地区的公共产品有何看法？您觉得民族地区最需要的公共产品是什么？

8. 您所属的民族经常会举行哪些富有民族文化特色的仪式活动？

9. 您参加过哪些民族特色仪式？您参与这些仪式的原因是什么？

10. 您觉得举行民族特色的仪式能达到哪些目的？

当然，在访谈过程中，也可以就与上述所列问题相关的一些问题展开访谈，但是要根据访谈对象和现场具体情况而定。

附录二　关于民族特色仪式的调查问卷

时间：_____ 地点：_____ 省_____ 县_____ 镇_____ 村

一　民族特色仪式活动倾向调查

A1. 你们民族有哪些传统节日（请列举）？

_____

A2. 你们民族有哪些特色的仪式活动（请列举）？

_____

A3. 举行这些仪式的缘由是什么？（可多选）

①宗教　②民族传统节日　③结婚　④祝寿　⑤丧葬　⑥其他（请注明）_____

A4. 你参加过民族仪式活动吗？

①没参加过（继续 A5）　　　②参加过（继续 A6）

A5. 你为什么不参加这些仪式活动？

①过于形式　②没兴趣　③没时间　④其他（请注明）_____

A6. 你参加的是哪些仪式活动？

_____

A7. 你为什么要参加这些仪式活动？

①维护自己的利益/权利　②出于民族认同感和归属感　③民族风俗习惯的影响　④民族权威人物的号召　⑤其他_____

A8. 你觉得民族仪式活动是多还是少？

①过多　②多　③一般　④少（继续 A9）　⑤过少（继续 A9）

A9. 民族仪式活动少的最主要原因是什么呢？

①没人组织　②留村人员太少　③大家不愿意参加　④民族风俗习惯淡化　⑤其他_____

二 民族特色仪式活动过程调查

B1. 民族特色仪式活动一般主要是关于什么的呢（排序）？

①民族权威人物的选举 ②村民大会谈论公共品需求 ③结婚嫁娶 ④丧葬 ⑤传统节日 ⑥宗教活动 ⑦其他（请注明）____

B2. 民族特色仪式活动一般都是由谁发起的呢？

①村干部 ②民族权威人物 ③普通村民 ④村组织 ⑤其他__
____

B3. 你觉得在仪式活动中，谁受益了？（可多选）

①政府人员 ②民族权威人物 ③全体村民 ④某些村民 ⑤其他____

B4. 你觉得每次仪式活动的目的达到了吗？

①达到 ②基本达到 ③没达到（继续B5） ④说不清楚

B5. 仪式活动没有达到目的，你觉得问题出现在哪里？（可多选）

①民族权威人物的弱化 ②民族关系问题（继续B6） ③仪式活动的吸引力不够 ④政府的强制干预 ⑤其他____

B6. 你所在地区的民族关系问题主要表现在哪些方面？

_____

三 民族特色仪式活动功能调查

C1. 你认为举办仪式活动的能够达到哪些目的？

①增强民族认同感 ②增强民族凝聚力 ③民族权威人物更加合法 ④传承民族风俗习惯 ⑤其他____

C2. 在仪式活动过程中是否发生过冲突行为？

①是 ②否

C3. 发生冲突的原因是什么？

①政府的过多干涉 ②不同民族间的矛盾 ③对民族权威人物的质疑 ④其他

C4. 你们民族有无通过举行仪式活动化解邻里冲突和解决社会矛盾的事情？

①有（请举案例）_____　　②没有

C5. 你所知道的邻里冲突和民族内部的社会矛盾一般化解途径是_____
_____（可多选）

①民族权威人物调解　②民族习惯法　③政府调解　④正式法律
渠道　⑤村民间调解

C6. 你觉得这些问题通过仪式活动能够解决吗？

①能（C8 题跳过）　　②不能（C7 题跳过）　　③很难说（C7、C8
题跳过）

C7. 你为什么对民族仪式活动这么有信心呢？

①民族政策的支持　②民族风俗的积极作用　③民族权威人物的
魅力　④民族认同意识强　⑤其他_____

C8. 你为什么认为仪式活动不能解决这些问题呢？

①政策执行不力　②民族传统权威弱化　③民族认同意识减弱
④民族关系不和　⑤其他_____

C9. 你觉得什么问题更需要用仪式活动的方式解决呢？（多选）

①民族问题　②民族权威人物的合法化　③公共品需求　④民族
风俗习惯的传承　⑤民族认同与归属

C10. 你希望通过仪式活动达到什么样的目的？

①增强民族认同意识　②增强民族凝聚力和归属感　③满足公共
品的需求　④其他_____

四　公共品需求调查

D1. 你所在地目前面临的最大问题是什么？（请按优先次序排列）

①与生产（基础设施等）有关的公共品缺失

②与生活（教育、医疗、卫生等）有关的公共品缺失

③与民主管理（利益表达、公共安全等）有关的公共品缺失

④保护和继承民族传统文化、风俗习惯的问题

⑤其他_____

D2. 你对民风民俗有关的公共产品满意度如何？

	非常满意	满意	一般	不满意	非常不满意
①民族语言					
②民族文字					
③民族风俗					
④民族宗教					

D3. 如果你对与民风民俗有关的公共品不满意，请说出有哪些原因和应当采取的措施？

_____

五　归宿感调查

E1. 如果现在有一些人同时需要你的帮忙，而你只能帮助其中一个，你会选择帮助谁？

　　①民族权威人物　②本族人　③非本族人　④村干部　⑤其他__
____

E2. 如果你现在需要别人的帮忙，你最先会找谁商量？

　　①民族权威人物　②本族人　③非本族人　④村干部　⑤其他__
____

E3. 每个人都有自己所属的圈子，你认为自己首先是属于哪个圈子的？

　　①国家　②党、团　③本族　④本村寨　⑤自己　⑥无

E4. 你希望自己属于哪个圈子，或者能跟什么样的人联合起来？

　　①有权力的，能为自己撑腰的　②同村的村民　③跟自己宗教信
　　仰相同的人　④自己的民族/家族

E5. 请你用与你关系远近的标准来给这些人排序，从较亲近、亲近到一般疏远和较疏远，每项只能是一类人。

　　亲近　较亲近　一般　疏远　较疏远

①村干部　　_____　_____　_____　_____　_____

②同民族的人　　_____　_____　_____　_____　_____

③本村其他村民　　_____　_____　_____　_____　_____

④民族权威人物　　_____　_____　_____　_____　_____

六　对于民族仪式活动，你还有什么想要补充的？

_____

七　基本资料

以下是一些简单的关于你个人情况的调查，调查数据只用于统计分析，不作其他用途。

F1. 请问你的年龄是在以下哪个范围？

①18 岁以下　②18—35 岁　③35—55 岁　④55—65 岁

⑤65 岁以上

F2. 请问你的性别____

①男　②女

F3. 你是哪个民族的？

①汉族　②少数民族（请注明）_____

F4. 你的社会地位？

①农民　②公务员　③企业职工　④事业单位人员　⑤其他（请注明）_____

F5. 你所在的是民族自治地方还是杂居地区？

①民族自治　②杂居

F6. 你的政治面貌是什么？

①中共党员　②团员　③群众　④民主党派党员

F7. 你的文化程度是_____

①小学及以下　②初中　③高中及中专　④大学　⑤　研究生及以上

F8. 你家庭年总收入大概在哪个范围内？

①3000 元以下　②3000—8000 元　③8000—15000 元

④15000—50000 元　⑤50000 元以上

F9. 你的收入来源主要是_____？

①务农　②当地做生意　③工资收入　④外出打工　⑤其他（请注明）_____

附录三　关于民族特色仪式的访谈记录

调查员：陈刚

调查地点：贵州省黔西南布依族苗族自治州贞丰县长田乡瓦长村平寨组（属于布依族聚居地）

调查时间：2010 年 2 月 3 日—2 月 20 日

第一次访谈

地点：贞丰县长田乡瓦长村平寨组

时间：2010 年 2 月 7 日

访谈对象：韦廷荣　布依族　村干部

问：与汉族相比，在少数民族村寨集体讨论问题难吗？为什么？

答：虽然少数民族很团结，但是少数民族要难做得多。因为少数民族内部之间更由于怕得罪人而不想提出自己的主张，致使相互之间利益根本得不到协调，就像自来水的安装，由于大家开会的积极性不够而搁置到现在。

问：像新疆的"7·15"事件、贵州的"瓮安事件"之类的群体性事件您是否听过？您怎么看待？

答：这个嘛，有所了解，发生的这些事情，总的来说都是误会产生的问题。实际上我作为一名村干部我也感觉得到，政府有些支农惠农工作实际上不是按照农户的想法制定出来的。政府的政策得不到群众的拥护，群众的意见也得不到反映。时间长了，问题就会产生。我们当地以前也发生过，那是计划生育政策下政府和个别群众的冲突，现在也有，只是要温和一点。但是现在的群众抱怨特别多，大家认为政府搞的一些事情不太公平，比如办厂征用的赔偿不到位，存在官商勾结现象，至少许多群众都是这样认为的。

问：您作为一名村干部，有没有根据本村的实际情况提出自己的政策建议，是否得到采纳？

答：我们村干部实际上没有什么实权，我们大部分工作都只是配合乡镇府搞好日常工作，很多政策建议只是在政府有项目下来之后，根据项目做出一定的安排，但最终都必须通过政府同意之后才可以执行。

问：像你们民族在举行仪式活动的时候，您作为一名村干部，有没有进行宣传组织之类的工作，或者争取政府的支持？

答：没有，我没想过。我们民族的仪式活动都是村民轮流组织的，不存在个别人包办的情况，不过政府——县政府，倒是在近几年组织全县举办过"六月六风情节"的仪式活动，我们寨子就有许多人去参加了。

问：像你们民族举行这么一些仪式活动对你们的生产生活能起到什么样的效果？

答：每年搞一下的话，可以保留我们的民族传统，因为现在年轻人不太在意这些了（有点汉化的趋势），大家在一起，有时在闲聊的过程中也会谈到一些修路、安装自来水之类的事情，毕竟大家难聚在一起嘛，而且很多矛盾问题实际上可以借这个机会来化解。

第二次访谈

地点：贞丰县长田乡瓦长村平寨组

时间：2010 年 2 月 7 日

访谈对象：黄光荣　布依族　乡村教师

问：您认为现在当地汉族和布依族有无明显的区别？

答：现在的区别不是很大，汉族的节日我们也过，只是我们比汉族多了个"三月三"和"六月六"并经常搞一些特色仪式活动。好像有些人已经开始汉化了。

问：现在学校教育都要用普通话上课，这对你们的语言是否有影响？

答：实际上没有影响。听、说我们布依族有自己的语言，但是大多数人都不会使用，说倒是没有问题，很多孩子在入学前在家完全能够搞通布依话的，只是我们布依族学普通话是有点吃力，不过还是必须得学，这对学生来说是个比较好的事情。

问：作为一名教师，您所在的农村教育存在哪些问题？请谈谈您的看法。

答：问题太多了。首先是现在使用的教材难度很深，不太适合农村孩子，学生大多跟不上，这个地方由于没有幼儿园，也没有开办学前班，孩子们根本得不到很好的学前教育；其次是政府的政策规定孩子的入学年龄必须达到 7 岁，我觉得在这种没有幼儿园和学前班的偏远农村，孩子应该提前入学，这能尽量弥补学前教育的缺失，但是我们的政策太死，不灵活。

问：实际上，大家都认为：对于农村的孩子来说，读书是一条很好的出路，而小学的教育至关重要，那么现在村寨的孩子存在哪些问题？

答：现在孩子看起来是比以前灵活、聪明很多，这和现在的生活条件改善（如电视的普及）有关，但是，现在村寨的孩子存在着太多的令人担忧的问题：第一，因家长而产生的问题。由于村寨近年来外出打工的风气太重，很多家长认为打工也是一条出路，对孩子的学习情况不太在意。由于父母大多外出打工，很多孩子缺乏较好的管教。第二，因义务教育制度而产生的问题。现在的义务教育没有严格的留级制度，不管学生成绩如何必须跟班就读，一些学生的成绩根本得不到提升。

问：我国对少数民族有着相对优惠的政策，谈谈您对此的看法。

答：我所体会到的优惠政策有：在我们寨子不实行计划生育政策和高考加分政策。但是现在的大多数年轻人观念都有所改变，加上生活压力大，大多数家庭的孩子最多到两个，小学在校学生人数每年都在减少就是证明。值得高兴的是，现在对教师的工资有所提升，像现在我的工资也可以达到两千多，我觉得这个比较实在。

第三次访谈

地点：贞丰县长田乡瓦长村平寨组

时间：2010 年 2 月 7 日

访谈对象：韦廷敬　布依族　退休人员

问：您认为民族地区的公共产品供给是否足够？您最希望提供的民族地区的公共产品是什么？您希望通过什么途径来提供？

答：明显不够。你是知道的，在我们这个地方生活条件太差，即使你有多少钱也是多余的，路不通、水不通、学校太烂。路不通什么事情都干不成，水不通的日子实在难过，学校太烂娃娃怎么读书嘛。这些公共产品当然是要政府提供，不然要政府干什么？我觉得一些干部没有真正为老百姓办事，就像现在的"村村通公路"，根本就是敷衍了事。哎，现在这种状况实际上都怪村干部不得力。

问：您对基层干部的满意如何？

答：不满意。我觉得他们很可悲，某位村干部干了 30 多年，根本没有什么成绩。像乡政府那一堆人，如果不是熟人，一个个都是爱理不理的样子，他们是打麻将有一套，其他的就没有什么了，一副高高在上的样子，修了这么多年的路，居然没有修出一条像样的路，这怎么能满意嘛？只是这两年医保搞得还比较好，我没有意见。

问：你们寨子举行仪式活动吗？有政府人员参加吗？您希望他们来参加吗？

答：没有太多的仪式活动。只是前几年政府组织过我们寨子和其他寨子参加过我们举办的"六月六"风情节。只要愿意参加仪式活动的我们都欢迎，我们布依族都是很好客的。

问：您觉得你们民族的认同感和凝聚力如何？民族传统风俗习惯和宗教气氛如何？如果不浓厚，该怎么办？

答：布依族都是很团结的。比如像红白喜事的时候，一家人的事情就是全寨人的事情，对于民族传统方面，由于现在外出打工的年轻人太多，大部分都是一些老年人，所以热闹不起来，气氛也不浓了，这个其实很难，主要是现在的年轻人不太在意，同时和汉人在一起，很多人都习惯了汉族的习惯。传统节日，不管浓厚与否总是要过的啊，暂时没有解决的办法。

第四次访谈

地点：贞丰县长田乡瓦长村平寨组

时间：2010 年 2 月 13 日

访谈对象：陈文志　汉族

问：你们村寨执行的主要是民族政策还是非民族政策，还是二者均在执行？

答：实际上我不太清楚，我们这个地区应该说属于民族政策吧，我们村寨既有汉族也有少数民族，所以具体的小政策应该二者都有。

问：您认为民族地区冲突或群体事件的原因在哪里？该怎样避免？

答：20世纪90年代的时候，由于计划生育政策非常野蛮，政府在农村拆房倒屋、乱抓家禽、家畜的事情比较多，群众与政府发生冲突的事情经常发生，不过现在基本没有了。现在比较严重的事件往往与农户的土地有关，近几年来一些大型金矿企业入驻我们县时，对土地的赔偿标准太低，甚至还有政府占用农村集体土地赔款不到位的情况，据说群众与政府打官司的情况仍在继续，但是与政府打官司又是很难的。

如果政府做事不公平、不公正，冲突是难以避免的。现在的问题是政府对政策执行标准刻意隐瞒，存在官商勾结、官官相护的现象，而群众由于不了解实际情况，往往抓不住证据，很难据理力争。我认为，我们必须要有个比较厉害的村干部，比如像修路，如果村干部能够抓住政府文件规定的修路标准，那么问题就好办多了，关键问题是大家的信息不通，很难与政府据理力争。

第五次访谈

地点：贞丰县长田乡瓦长村平寨组

时间：2010年2月16日

访谈对象：韦金贵　布依族　村干部

问：你们民族节日，比如像三月三敬山神要搞哪些仪式活动？

答："三月三"时，每个寨子要杀一头猪去敬山神，而且寨子里每户人家都要到场。敬山神是要打老磨（一种法事），并且整个寨子里面的人都要在山上搞生活——在山上摆酒席。基本上每几次这种敬山神活动都会请一些年长的老人聚到一起来口头立一些新规定——族规。不过现在很少搞这些活动了。

问：如果有人冒犯你们的风俗习惯，你们将如何处理？

答：不知道老一辈以前怎么做。一般来说，到我们村寨过节的话，不管是哪家的客人，都是我们整个村寨的客人。一般来说，主人弄的饭和酒菜请你吃，你不能推迟，否则我们会不高兴——认为你看不起他们。

问：有没有国家法律法规和你们民族风俗习惯或者族规相冲突的情况？

答：现在基本上没有这种情况发生。这个都是些我们内部的事情，一般族规现在都是根据大家的意思合情合理地定下来的，与国家法规没有什么冲突。现在我们和汉人相处得也比较好，不会像以前那样出现打架的情况。

问：你们是如何组织大型的民族特色仪式活动的？

答：采取轮流坐庄的形式。每一家都有机会做带头人，一般一次仪式活动由几家组成带头人，通过带头人向全寨收集经费和粮食，再由带头人买需要的物品——如一头猪，然后组织大家举办。每次活动搞完之后，选取下一次活动带头人。

调查员：刘晗
调查地点：贵州省黔东南苗族侗族自治州锦屏县平秋镇平秋村
调查时间：2010 年 2 月 20 日—2 月 25 日

第一次访谈：
地点：平秋镇侗族社区
时间：2 月 21 日
访谈对象：龙某　文化程度：高中　年龄：52 岁　民族：侗族

问：您熟悉和了解的民族政策有哪些？这给您的生活带来什么样的影响？

答：离开学校很多年了，现在孩子和你们差不多一样大，并且我不常外出打工，对政策的了解也有所欠缺，这就说不出一二三来。看看周边村里和我同龄的人，我们扎根于农村，眼里就有那几亩田地，心想的就是吃饭然后给孩子读书跳出寒门。要是政策给我们带来怎样的影响，这心里还是没底，主要是看不到效果，据说孩子高考加分了，可有的村儿大都是少数民族，多生了个娃儿就被计划生育到处罚款。就我来说，人家愿意生是可以的，又不是吃计生办的粮，还主要吃他娘的奶。所以现在国家政策多了，可政策翅膀软了，飞不进我们大山里，穷人还得过苦日子。我们老百姓想要的不多，就是生病了可以去得了医院，缺粮了有点米进锅，孩子长大了可读得了书，冬天冷了有件棉衣穿，国家应该多在这些方面给我们民族地区多一点帮助，在决策方面多一点考虑和改进。

问：侗族的孩子高考可以加分了，您认为国家这样的做法属于什么政策？您怎么理解呢？

答：按着我的理解，少数民族孩子加分应该属于国家执行民族政策，在行政区域里，我们黔东南作为自治州，采取更多的是地方自治，农村人可以生二胎，少数民族的孩子都可高考加分，但是为了更好地履行政府职能，执行行政权力，推进公共事务管理，国家也推行非民族政策，比如征地开发，执法征税等。

问：您对自治法和民族习惯法有怎样的认识？有否冲突？是怎么表现的？

答：在村里，情况有三种：（1）逢年过节，举办传统节日活动按照地方习俗来举办，子女娶嫁、兄弟分家大都喊家族里具有权威的长辈，也称为族老来组织一个评议团，听取大家意见，按着家规民俗判定子女嫁娶及财产分割的规格、大小。（2）随着法制建设的加强和努力，很多事情都按着国家法律法规办事，如办理身份证、结婚证、林权证、房产证等，国家法律一定会依法惩处犯罪活动和犯罪分子。（3）当邻里之间的林地、田坎、荒地产生纠纷时，事先找到寨老根据历史依据商议解决，问题没有进展的向村委会及政府提起，由政府相关部门帮助解决。

问：在政府官员、寨老及村寨富人这三者当中，您认为在群众当中谁的威望最高呢？

答：在农村里，老百姓对政府官员或者工作人员有点害怕，这主要是政府工作政务公开较少，不是很了解政府人员在做什么，平时大家又与他们接触得少、很多老百姓对官员大多没有好的印象。村里的富人啊，要看这一家人的人品，是否受到邻里欢迎和爱戴，是否得到乡亲们的尊重，威望也得看他自己的造化。而我觉得威望最高的是村里的寨老了，因为，寨老是通过全村村民选举而来，寨老年纪较大，德高望重，人们都尊敬和佩服老人家接人待物，处理好乡里乡亲的事儿，所以寨老的威望最高。要说到权力的话，当然是政府官员了，他们行使的是国家行政权力。

问：您在生活中与一般干部以及民族干部接触中，您对他们的工作满意吗？如果您有困难需要帮助，更愿意去找谁呢？

答：基层干部中，这几年来了好多外省的，大多是年轻的大学生，来这就扎根这里了。到基层工作，下乡为人民做服务，辛苦不说还不一定有饭吃饱。从这么多年来，我所接触的有民族干部，也有一般干部，总体都比较满意。如果我有困难，我愿意找一般干部，家乡人，懂得家乡话，说起话来好理解，有相近的民族风俗，说话随和，容易理解，再者，我们少数民族干部也比较热情。

问：在我们边远的民族地区，有时候常发生一些冲突或者是群体性的事件，您知道一些原因吗？觉得该如何应对呢？

答：在边远的民族地区，很大程度上民众恩怨积累达到一定程度或者特别的时机时，在特定的环境下，民众做出了不正当的反应。有时候也是一些极端反动分子故意挑事，给社会稳定带来了隐患。但是我们政府要倍加信心，提高政府管理职能，转变政府观念，深入了解实情，及时解决民众困难和问题。增加政务公开和信息公开，扩宽对政府部门监督的平台和渠道，改善官民关系。

问：您发现有民族权威人物与政府人员发生冲突的事情吗？

答：几乎没有。民族权威人物事实上是政府工作人员与村民之间的一座桥梁，我想民族权威人物很清楚政府与普通人民群众的利益关系，他是一个调节的桥梁，而且民族权威人物在我们这里一般担任村干部、村领导。

问：您对群体性事件有啥看法？如"瓮安事件"，新疆"7.5事件"。您对处理结果有何看法？

答："瓮安事件"是地方性民族群众因对政府处理事态不满而引发的群众事件，新疆"7.5事件"是由反对分子及恐怖分子有组织有谋划的反动势力，这提醒我们要提高警惕。关于政府在处理这样的事态上，我觉得是满意的，政府要更加公开事件处理的程序和透明性，提高人民对群体事件的认识和重视，团结一切可团结的力量共同维护社会稳定。

问：您认为在少数民族地区的公共物品供给情况如何？您对少数民族地区公共物品的供给有何建议？

答：在偏远的少数民族地区，从人民的需求来看，公共品的供给是无法满足的，当然是不够的。从科教文卫这些方面来看，少数民族地区与县城的差距较远，没有良好的教育设备，医疗条件和医学技术等，从农村来看，水利、马路、路灯等就不用说了，很多地方都还没有通柏油路或者水泥路。当我们看到政府或者社会的好心人给我们一些帮助时，公共物品的分配不均，让很多老百姓不是很满意。在这些不满中，期望政府加强对老百姓提供公共品，特别是在医疗和教育方面，给农民更多一些实惠。

问：在公共品的供给与需求方面，欠发达的民族地区与发达的地区之间的差距表现在哪里？应该如何解决？

答：在公共品的供给与需求方面，欠发达的民族地区与发达的地区之间的差距在于公共基础设施建设，科教和医疗方面的差距比较大。在这方面，要发挥政府职能，鼓励和引导第三组织的功能和作用，放权给予非营利组织，办好社会公益事业，提供更好的平台和服务。

问：您觉得本民族团结吗？有什么样的传统文化和风俗习惯？

答：我们这个民族特别地团结，有共同的爱好和习俗，有着民族的认同感和凝聚力。民族传统文化的气氛很好，民族婚礼和民族歌曲现在都保存得挺好，每逢佳节，村里的人一般都积极主动地举办一些民族特色的仪式活动来传承和发扬民族传统文化，纪念和庆祝我们的民族节日，如侗族歌咏比赛、斗牛大赛等，气氛非常融洽，村里的老人小孩都非常开心。

第二次访谈：

地点：平秋镇侗族社区

时间：2010 年 2 月 24 日

访谈对象：龙某　文化程度：本科　年龄：23 岁　民族：侗族

问：您觉得现在的民族政策如何？

答：我现在不是很熟悉了，记得高中参加高考时，我确实得到了 20 分的民族分，帮助我考上了好的大学。可这书一读完，就感受不到有什么民族政策了，这证明了我们国家的民族政策还较少，还不完善。

问：在你们这里如何贯彻执行民族政策的？

答：在我们这里属于民族自治州，不但执行非民族政策，也要执行民族政策，地方的首长大多是由地方的苗族或者侗族担任，主要管理民族事务。

问：存在民族习惯法与国家法规相冲突的事情吗？

答：一般情况下，不会有冲突的。除非是在处理某种特殊事情上，人为的原因，不是很了解事情的发展状况、原因、过程，而急于求成的处理事情时，容易产生冲突。

问：这些又如何表现呢？

答：在法制社会里，以法律为主，坚持自治法作为行使权力的准则，法律讲究的是法律依据和法律事实，而民族习惯法是遵循着民族古法古规的发展规律，人们长时间认可的，遵循的准则或者办事规律，是世代人流传下来的习惯和风俗。这样的习惯法是切合当地文化、民族观念、生活饮食、地理环境及历史背景凝结而成的。所以在少数民族地区，很多民众更习惯于使用民族习惯法解决民众间的纠纷或矛盾更为有效。

问：在您的眼里，谁的威望最高呢？

答：对政府官员、富人和寨老，我觉得寨老的威望最高，他可是村里德高望重的老人，处理村里的事务还是比较有能力的，村里的人都愿意听从和尊重他。而政府官员啊，村民是对他的权力有点敬畏，其他的都很是反感。至于农村，对于富人来说，不好讲，农村嫉富心理较强，除非这人富有，但很愿意帮助村里的人一起致富，帮助大家解决困难，那么一定有好的威望。否则，很遭人痛恨。

问：您喜欢一般干部呢还是民族干部呀？您对他们的工作满意吗？假如有一天，遇到了一件事，需要找到我们的基层干部帮忙解决，您愿意首先找哪一位呢？

答：我喜欢我们的民族干部啊，你一看民族干部就有我们民族文化气息，亲切又热情，热心帮助人，和我们交流起来方便，说话听得懂。如果遇到事情啊，当然这就首先找我们的民族干部帮助了，人好心也好嘛。对他们的工作，我还是满意的，我们的一般干部也很热心，就是不会讲少数民族语言，还没更好地适应少数民族地区的风俗习惯，所以还得加油。

问：您认为是什么原因导致民族地区有群体性事件或者冲突发生？该如何避免呢？

答：和平与发展仍是主题，维护祖国统一，民族同胞团结奋进，民主富强，繁荣昌盛是我们不变的追求，民族冲突和群体性事件不但给人民带来了灾难，还破坏了社会的安定。这主要是外来势力的挑动和霸权主义及强权政治的作用联合反动分子捣乱，另外，发展是解决一切问题的办法，但在发展过程中，利益分配不均，矛盾积累过多，民众抱怨繁多，又因为民族诉求和表达渠道有限及狭隘，使人民爆发了对政府和社会的不满，需要通过武力或者暴力来解决，从而发生了危害性较大、范围较广的群体性事件。我们要做好化解矛盾的心理准备，加大信访平台，扩宽诉求和表达渠道，帮助民众解决困难。

问：您听说有民族权威人物与政府人员发生冲突的事情吗？

答：很少，民族权威人物一般担任村干部。

问：关于"德江舞龙事件"、"瓮安事件"、"3.14 事件"、"7.5 事件"等群体性事件的处理，您满意吗？

答：满意，在民族地区发生这样严重的突发性事件，让人感到坐立不安，因为危险随时随地在你的身边发生，这给我们老百姓的生活带了影响，甚至涉及我们的心理活动。在我们党和政府的领导下，严厉惩处发动者分子，安抚了受害群众，查找原因，采取有效措施，化解了民众纠纷和矛盾，维护了社会稳定，给人民营造了良好的生活环境。

问：对于政府供给的公共品，您觉得情况如何？

答：你看看啊，这哪里够？老百姓的生活还是很糟糕的，我们老百姓在教育和医疗卫生上，没钱支持孩子教育，想学科农技术，没钱去参加培训。老人小孩生病了，去医院没钱，一到冬天啊，人多了，医院没有病床了。干旱时，我们的田是干的，没有水利工程，整年都要靠天水吃饭。总的来说，在少数民族地区，公共品的供给不足给人们的生活、工作带来了不便。政府应该积极鼓励和支持 NGO 走进来做好调研，充分利用发达地区剩余的二次资源均衡分配到我们少数民族地区来。这或许能给我们很大帮助。

问：就村寨公共品的供给和需求来说，与发达地区相比，存在怎样的差距？如何来化解这样的差距呢？

答：与发达地区及农村做一些比较，我们存在着很大差距，这些差距主要表现在教育、公共基础设施、医疗、文化等方面上。要缩小这些差距，我们就得发展，发展是关键，改革是动力，稳定是保障，政府要切合实际，加强国家宏观调控，做好政策倾斜，大力挖掘少数民族资源，确立好合理科学的发展规划，做好发展的各项工作。

问：你们这里有哪些传统节日？组织怎么样？

答：我们这里有很多传统节日，比如侗歌比赛、斗牛节、结婚民俗，等等，这些节日是通过整个村寨或者整个家族团结一致来举办的，节日活动充分展现了民族风俗，凝聚了民族力量，展现了民族氛围。同时，我们这个民族，由于经济条件落后，经济发展滞后，很多年轻人都外出打工，但一到节日或者家里有什么事，他们都会全部回来帮忙，大家的民族认同感和凝聚力还是很强的，很多人在外面打工的同时，还举办了老乡会，这个会还可以帮助大家工作、就业、子女上学等问题。

调查员：周　金

地点：贵州省道真自治县上坝土家族自治乡八一村街上组

时间：2010 年 2 月 22 日

访谈对象：冉某　土家族

问：您觉得民族文化方面的公共品存在哪些问题？

答：改革开放以来，农民工进城加速，受到外界文化的影响和教育，忽略了本民族文化，我们现在的民族文化很多面临着断层、失传的危险，这需要政府及村委做出反应，提高警惕，做好应急措施，采取强有力的对策，做好宣传教育，提高人们的认识，这才有可能挽救民族文化。

问：您认为民族地区的公共品供给是否足够？如果不足，表现在哪些方面？

答：村里的公路，我们这个乡镇邻里的村级公路，大部分都还没有通，即使通了，大都是坑坑洼洼的。这样说，政府政策不到位，特别是政策执行者的能力及素质，对政策的理解和落实有些欠缺，导致整个工作开展不顺利，另外，在修路过程中，涉及田地、山林时，赔偿问题没有处理好，公路的修建就受到了影响，阻碍了进程。

问：您对村寨基层干部的满意度如何？

答：对国家推行的一些具体政策我们十分满意，但是由于有些村干部没有根据村民的实际情况执行国家的有关政策、规定，导致村民关系不融洽。例如，国家的低保政策没有根据具体情况落实，大多数低保户都是靠关系，这样的行为哪是一个领导的作为，我们做人做事都要根据事实情况，分析观察，团结协力共同帮助真正困难的农户，让这些人真正享受政策照顾，得到实惠。一般干部和民族干部没有什么区别，关键在于谁在做实事，谁拉帮结派，只要我们认清了这个情况，人民对待领导干部，就会一目了然了。

（注：此人家庭特困，家中几乎没有任何值钱家当，但是却未能享受低保待遇。）

调查员：王　虹
第一次访谈
地点：贵州省麻江县龙山乡河坝村
时间：2010 年 1 月 25 日
访谈对象：杨某　在校大学生
今天我在河坝村与杨先生进行了关于民族文化和公共品需求的一些谈话，由于他还是一名在校大学生，所以对本民族文化的认识还不是很深刻。在针对某些问题进行谈话的时候，从他的话语中可以知道，在他们那里实行的是民族政策，就他个人而言，觉得实行的民族政策很好。比如，在高考的时候，可以对少数民族进行照顾，而他本人也因此受惠。在他们那里，似乎是民族权威人物的威望较高，他比较认同政府人员，因为他觉得政府人员走的是国家正确的路线，有着科学的指导方向，但对基层干部的满意度一般。关于是否有过民族权威人物和政府人员发生过冲突的事情，他不是很清楚。在谈到当地公共品的时候，他表示公共品没有足够，医疗卫生差，交通不便利，并且希望通过政府的援助能尽早解决他们的交通问题。他们的民族认同感和民族凝聚力很好，但有许多民族仪式和风俗习惯已不太浓厚，原因是时间长了，都已经淡化了，所以，希望多举行民族仪式活动，使之传承下去。

第二次访谈

地点：贵州省都匀市大购镇杨莲村

时间：2010 年 1 月 27 日

访谈对象：两位文姓女士

在我们黔南，属于一个少数民族自治州，国家给了我们管辖的权力，同时也给我们发展的机遇和挑战，用着民族的思维和习惯来解决民族问题，这涉及了民族风俗和传统习惯。这个政策得到了全州人民的热烈响应，以苗族布依族为主的黔南自治州，民族团结，经济发展，社会稳定。但是也有不足，比如说像我们黔南自治州的瓮安县又出现重大的群体性瓮安事件，这个群体性事件告诉了我们一个消息，民众采取了不合理的抱怨，部分人民群众的忍耐极限达到了，人们无法找到合理的诉求和表达渠道时，只有采取暴力和野蛮顽抗，但是这又危害到了社会安定和大众人民的幸福生活。此次事件中，党和政府采取措施及时有效，科学合理，强势有力，及时稳定事态蔓延，这个给人民树了个榜样，事后处理态度端正，公开透明，公平公正，让人民群众得到一个满意的答复。

其中，也有不好的现象，有些官员吃喝拿要，办事不出力，出力不办事，相互推诿，办事拖拉，这导致了部分群众对有这种现象的干部表示不满，但却无能为力。

第三次访谈

地点：贵州省凯里市舟溪镇青山村

时间：2010 年 1 月 30 日

访谈对象：杨某　苗族

舟溪镇青山村的村民杨先生认为，现在国家对少数民族的政策非常好。例如，高考可以为子女加分，少数民族可以生两个孩子等，而且在村里都实行民族政策。本村人都比较尊重政府人员，因为他们为人民谋利益，但德高望重的老人在村里还是比较受人尊敬的，虽然可能用旧思想来思考问题，但还是具有一定的参考价值。本人比较认同政府人员，因为他们视野开阔，想问题全面，比较适合当前的发展形势。对基层干部还是比较满意的，因为现代法制社会和人员素质提高的原因，对群众还是挺负责的，但也有一些基层干部不愿意听取群众的意见。青山村的公共基础设施比较差，交通不便，整个村子非常贫困，甚至有电视机的人家都少之又少，教育、医疗方面都不完善。大家最希望的就是看病不要太困难，最好先把道路修好，政府能够多增加一些教育设备和医疗设备。因为村子相对闭塞，各类民族特色仪式对于民族凝聚力和认同感的形成具有重要的作用，但是独特的民族风俗、民族习惯也因老人们的去世和年青一代的不重视正日益趋于淡化。

调查员：陈贵珍

第一次访谈

地点：贵州省关岭县坡贡镇石莲村

时间：2010 年 1 月 20 日

访谈对象：王明　男　50 岁　初中文化　农民　黎族

问：您对民族政策有什么样的认识？

答：现有的民族政策比起以前，那是好很多了。就拿我们居住环境来说吧，以前我们与汉族是很少来往，就连子女的婚事都将干涉，互相不允许通婚，现在可以通婚，每当过春节等重大节日时，我们都在一起表演节目，相互走动，相互学习。我最开心的是国家对少数民族子女高考加 20 分，今天我最小的孩子高考差 10 分，正是因为有这个政策，他考上了大学，我心里感到十分高兴。

问：你们村寨执行的主要是民族政策还是非民族政策，还是二者均在执行？

答：我们这属于黔南管辖，而黔南属于苗族布依族自治州，从这个来说，我们应该执行的是民族政策为主吧。侄是，我们也不忽略或者排除了非民族政策，非民族政策在我们这里或许能发挥着不可忽视的作用和功能，这个给我们带来的帮助只是因为个人认识或者偏见，我们看到的要小一些或者忽略不计了。

问：民族习惯法和自治法等国家相关法律法规之间有过冲突吗？如果有冲突表现在哪些方面？其原因是什么？

答：我们的生活比较简单，很少关心，但也没听说过有冲突。再说啊，现在大家都有饭吃了，有衣服穿了，很多人已经满足了当前的生活状况，没有去争抢或者没有欲望去苛求太多，所以大家在一个民族了，团结友爱，其乐融融。

问：您觉得民族权威人物、政府人员与村寨富人谁的威望最高？您觉得原因是什么？

答：从社会认同感来看呢，政府人员有地位，很多人比较崇拜，所以威望高的是政府官员，因为谁都知道，政府人员代表的是国家，他的行动能影响村里的人。

问：您对基层干部的满意度如何？民族干部与一般干部相比各有什么特点？

答：我从心里讲，不是很满意，在这两种干部里，民族干部好像要好一点，因为他们和我们走得比较近，时常了解我们的情况，做的事对我们有好处，一般干部就不同了，他们都只考虑自己的利益，做事只看当大官的，不管老百姓，所以一有事情，我喜欢找民族干部。

问：您认为在民族地区所发生的冲突或群体性事件其原因在哪里？应该怎样避免？

答：从我的角度来说，我想是民族不平等和民族歧视。因为各少数民族有各自的生活习俗方式，我们村就有过一件事，由于生活方式不同，汉族看不起少数民族生活方式而发生冲突，如果要避免，就应该落实民族政策，实现各民族平等。

问：您听说过有民族权威人物与政府人员发生冲突的事情吗？

答：有，多数是因为关系到各自利益问题，但基本上是以和平方式结束。这因为涉及各自日后各项工作协调和开展的需要，迫使他们在权衡利益的前提下，考虑了长远的发展需要，彼此就内部消化了。

问：您怎样看待德江舞龙事件、瓮安事件、"3.14"事件、"7.5"事件？您对政府的处理结果满意吗？

答：从电视上就可以看到这些事，我觉得很痛心，因为只要出事，别人总是想到肯定是少数民族闹事，我认为一方面是因为少数民族与汉族或政府有很大矛盾，而政府却没有及时处理，导致矛盾激化，一下子爆发出来；另一方面，我认为应该像新闻上说的，是邪恶势力的鼓励，政府处理得很好，一方面安抚受伤群众，使百姓安心；另一方面打击敌对势力，使百姓安心，也使我们放心。

问：您认为民族地区的公共品供给是否足够？如果不足，其表现在哪里？您最希望提供的民族地区的公共品又是什么？您希望通过什么途径来提供？为什么？

答：差太多了，比如说教育，我们这些地区教师和技术太缺乏了，就连电脑这些洋玩意儿也是现在才听说，所以我觉得我们这里太缺乏教师了，我觉得国家应该多扶持我们这些贫困山区，帮助我们。

问：您认为现在的少数民族地区与其他发达地区在农村公共品供给和需求的差距在哪里？您觉得通过什么途径可以缩小其差距？

答：我认为在数量和质量上，我们这里东西不仅少而且质量不好，与其他发达地区相比，差距太大了，缩小差距可以先从发展我们地方的经济入手，这样才能提高生活质量，缩小差距。

问：您觉得本民族的民族认同感和凝聚力如何？民族传统的风俗习惯和宗教气氛如何？

答：我觉得民族认同感和凝聚力不够好，风俗习惯还可以，但宗教气氛不浓，我们这些地方不太信仰宗教，只是保留了风俗习惯，每当过年过节时，我们会举行一些仪式来庆祝，比如唱歌、跳舞等。

第二次访谈

地点：贵州省关岭县坡贡镇石莲村

时间：2010 年 1 月 22 日

访谈对象：卢忠　男　58 岁　初中文化　农民　布依族

问：您觉得民族政策如何？

答：我认为现在民族政策好，政府、国家对我们少数民族帮助很大，近些年来，国家的九年义务教育、免收农业税等给了我们很大实惠，减轻了我们的负担，我觉得这太好了。

问：你们村寨实行的主要是民族政策还是非民族政策？

答：据我了解到的，我们这个村主要享受更多的是民族方面的政策。

问：民族习惯法和自治法等国家相关法律法规之间有过冲突吗？您觉

得原因是什么？

答：关于冲突是有的。我记得有一年，村里的老王在赶集回家的路上，碰上一个劫匪抢了邻村一个妇女从市集上买回来的公鸡，他热心助人，这地方有个习俗就是痛恨抢劫者，一般人们都往死里打。在对抗过程中，老王不小心把这个人给打死了。村里都开会表扬老王，邻村的很多人也来感谢老王的好人好事。但是，从国家法律来看，老王违法了。最后老王被判坐了几年的牢。村里的老百姓也都替他求情，可是不行啊。大家都觉得他划不来呀，我觉得法律也应该讲一下情，要不下次谁敢去帮助别人呀。

问：**你们民族是民族权威人物、政府人员还是富人的威望高？你认同哪种权威？为什么？**

答：我认同政府人员，自古以来都有一句话"学而优则仕"，老祖宗都说要当官，我觉得当官好，不仅有钱而且还很有脸面。

问：**您对基层干部的满意度如何？民族干部与一般干部相比各有什么特点？您更愿意哪类干部帮助你？为什么？**

答：我对部分基层干部的工作不是很满意，很多干部喊着为人民服务的口号下乡工作，可一到村里来，他们就像个老爷，照张相、吃顿饭、喝饱酒，就马上走了，所以影响很不好。相对来讲呢，少数民族干部要好一些。

问：**您认为在民族地区所发生的冲突或群体性事件其原因在哪里？应该怎样避免？**

答：这样的事儿大致是由于政府与百姓没有处理好关系导致的，双方各有利益可追求，一方不让一方，矛盾自然就产生了，所以，我觉得应该处理好双方的关系。

问：**有民族权威人物与政府人员发生过冲突的事情吗？**

答：据我所知，好像还没有过。

问：**您怎样看待德江舞龙事件、瓮安事件、"3. 14"事件、"7. 5"事件？您对政府的处理结果满意吗？如满意，请举例说明，如不满意，请解释其表现和原因？您对此有什么样的建议？**

答：我觉得这应该是不法分子的做法，我认为各民族关系很好，就像我们一样生活，政府处理得也很正确，让百姓放心，给了许多安抚，让少数民族地区得到了安定，使各民族更加团结，对此，我认为政府工作人员要提早发现问题，查找原因，化解矛盾，帮助人民解决困难，尽量避免事情发生。

问：您认为民族地区的公共品供给是否足够？如果不足，其表现在哪里？您最希望提供的民族地区的公共品又是什么？您希望通过什么途径来提供？为什么？

答：我认为不够，比如说医疗方面，我们这儿缺乏技术医生，大多是专科生，遇到稍严重的病就得往县、市跑，又麻烦又花钱，最好国家应该加大财政投入，解决农村住院难看病难的问题。

问：您认为现在的少数民族地区与其他发达地区在农村公共品供给和需求的差距在哪里？通过什么途径可以缩小其差距？

答：我认为应该是休息和娱乐地方，城里都是公园，而农村什么都没有，平时倒无所谓，但是到过年过节时，没有一个地方供大家娱乐和表演的场所，政府应该组织老百姓修建一个场地，专为庆祝活动使用。

问：您觉得本民族的民族认同感和凝聚力如何？民族传统的风俗习惯和宗教气氛如何？

答：我个人认为很好，传统风俗习惯不错，宗教就一般了，我们每年都会举行一些活动来传承我们的民族风格，宗教很少有信仰的，最多的是佛教徒。

第三次访谈

地点：贵州省关岭县坡贡镇石莲村

时间：2010 年 1 月 25 日

访谈对象：陈琼　女　60 岁　小学文化　农民　黎族

问：您觉得现在的民族政策如何？如果觉得好，请说出有哪些表现？如果不好，表现在哪里？您认为需要进行哪些方面的改进？

答：国家免税政策，特别是免了农业税，老百姓缓解了很大的压力，收入也增加了，大家很高兴，真心感谢政府。同时也有一些优惠政策，给我们老百姓很多实惠，让大家对致富充满了信心。

问：你们这里执行的是民族政策还是非民族政策，还是二者均在执行？

答：在我们这里，我感受民族政策要实行得多一点。

问：民族习惯法和自治法等国家相关法律法规之间有过冲突吗？如果有冲突表现在哪些方面？其原因是什么？你采取什么态度？

答：现在国家经济发展很快，人民生活富裕了，国家的民族政策也好啦，大家的包容性越来越强，全国人民 56 个民族团结一致，其乐融融，这让我感觉还是很好的，没发现有啥冲突。但是，也可能有，只是还没有发现。

问：你们民族是民族权威人物、政府人员还是富人的威望高？你认同哪种权威（权力）？为什么？

答：我觉得有钱就是硬道理，有钱去哪里都方便，有钱去哪里都有人尊重，有钱干什么事都方便，所以我觉得有钱的富人有较好的威望。

问：您对基层干部的满意度如何？民族干部与一般干部相比各有什么特点？您更愿意哪类干部帮助你？为什么？

答：不是很满意啊。我们看到一般干部啊到村里工作，大多不很负责，他们怕苦怕累，不想实干。而我们的民族干部呢，会说地方方言，老百姓比较亲近，关系较好。

问：您认为在民族地区所发生的冲突或群体性事件其原因在哪里？应该怎样避免？

答：由于生活中存在很多不同的习惯或者不大一样的生活方式，就产生了一些纠纷，积累了一些小矛盾，随着时间的推移，人们采取了暴力性行为，避免还是可能的，应该要在矛盾产生时，就及时解决它。

问：有民族权威人物与政府人员发生过冲突的事情吗？

答：有，那都是为了双方利益问题，谁都不愿意吃亏。

问：您怎样看待德江舞龙事件、瓮安事件、"3.14"事件、"7.5"事件？你对政府的处理结果满意吗？

答：这些事传的很多，我去赶集的时候，听到邻乡的亲戚都在摆谈。在我看来，这些事件影响范围较大，但是我们的党和国家政府把这些事情处理得很好，让老百姓放心了，社会也稳定了。为了防止这类事件的发生，政府以后需要注意的是，要及时帮助解决一些困难，人们就不会生气乱来了。

问：**您认为民族地区的公共品供给是否足够？如果不足，其表现在哪里？您最希望提供的民族地区的公共品又是什么？您希望通过什么途径来提供？为什么？**

答：没够哦，我们这里哪样都没有，有医务室没有医生，有小卖部没有货卖，村里不通公路，没有车，离县城又比较远，去哪里都很是麻烦，也没有哪个来帮我们。

问：**您认为现在的少数民族地区与其他发达地区在农村公共品供给和需求的差距在哪里？通过什么途径可以缩小其差距？**

答：主要的差距在于：我们才解决基本的吃穿问题，可以说是刚解决温饱。但是孩子们读书没有好的学校和运动场所，希望政府能够帮助解决。更重要的是我们这里交通不便、信息闭塞、没有干净的饮用水，希望政府帮助我们修路、接通电话线，这样也能增强我们的致富能力，拓宽我们的致富途径。帮我们修口水井，解决饮水问题，也有利于健康。

问：**您觉得本民族的民族认同感和凝聚力如何？民族传统的风俗习惯和宗教气氛如何？如果浓厚，请问是怎样继承和发扬的？如果不浓厚，请问原因是什么？该怎么办？**

答：我们村还是很团结的，有很好的气氛。每到逢年过节，我们都要举办民族传统活动，举行一些民族特色的仪式，以此来纪念我们的祖先和弘扬我们民族的传统文化。

调查员：张正府
第一次访谈
地点：贵州省毕节市撒拉镇永丰村
时间：2010 年 1 月 29 日
访谈对象：刘娟　苗族　农民
问：**您觉得现在的民族政策如何？**
答：这个还好，人民得到实惠，老百姓会承认的。
问：**在您的心里，觉得谁的威望要高点？**

答：一般来说，政府人员的威望比较高点。

问：**您认同哪种权威？**

答：我比较认同民族权威人物。

问：**为什么？**

答：因为民族权威人物更能了解本民族的风俗习惯，凝聚力比较强。

第二次访谈

地点：贵州省毕节市撒拉镇冲锋村永红组 45 号

时间：2010 年 2 月 5 日

访谈对象：何吉现　彝族　农民

问：**您认为民族地区的公共品供给是否足够？**

答：我觉得不足够。

问：**表现在哪里？**

答：是否有公共品我们都不太清楚。主要是国家的有关政策没有得到很好地执行，没有落实到位。

问：**您希望通过什么途径来提供？**

答：国家的惠民政策应该公开化，让大家都知道。国家的扶贫项目应直接落到实处。

问：**您怎样看待德江舞龙事件、瓮安事件、3.14 事件？**

答：我不了解这些事件。

问：**您对基层干部的满意度如何？**

答：不满意，我觉得他们不能真正为我们办实事。

第三次访谈

地点：贵州省毕节市撒拉镇冲锋村永红组 46 号

时间：2010 年 2 月 5 日

访谈对象：何吉友　彝族　农民

问：**您觉得本民族的民族认同感和凝聚力如何？**

答：这些年，大家都出去打工找钱了，在一起的机会少了，感情淡了，大家的认同感不一样，就没得什么凝聚力了，开展什么活动都不好办。

问：你们这里的民族风气怎么样？有宗教信仰吗？气氛如何？

答：气氛不怎么样，没有什么宗教信仰。

问：为什么？

答：多民族之间不断通婚，导致民族特色文化日益趋同、逐渐淡化。

问：您怎样看待德江舞龙事件、瓮安事件呢？

答：你说的这些，我没听说过啊，不清楚这些事件。

问：有民族权威人物与政府人员发生冲突的事情吗？

答：我们这里没有发生过。好像一般民族权威人士也很听政府官员的话啊，他们喊做什么，大家都做什么，很少思考的。

第四次访谈

地点：贵州省毕节市朱昌镇山脚村中寨组

时间：2010 年 2 月 10 日

访谈对象：杨学美　苗族　农民

问：你们这里执行的是本民族的规章制度，还是执行国家的规章制度？

答：没有什么制度，只是村干部通知一下镇里面在我们村里面的一些事件，其他的事我们不知道。

问：现在的国家政策好不好？

答：现在的国家政策挺不错的，听人家说有许多惠农政策，对我们农民越来越好。

问：有民族权威人物与政府人员发生冲突的事件没有？

答：我们村里面没有，其他村就不了解了。

第五次访谈

地点：贵州省毕节市撒拉镇永丰村

时间：2010 年 2 月 15 日

访谈对象 1：龙德光　彝族　农民

问：您觉得现在的民族政策如何？

答：我觉得很好。现在有许多政策对我们少数民族都非常有益，如增加政府官员的少数民族的比例，各民族平等，共同发展致富。

问：您认为民族地区的公共品供给是否足够？

答：哪点够，缺得很，你看看，水利，公路，医院，球场，文化馆，等等，哪样都看不见，老百姓没有得到真正的益处。

访谈对象 2：龙德兴　彝族　农民

问：您认为现在的少数民族地区与其他发达地区在农村公共品供给和需求的差距在哪里？

答：基础设施不健全，农业生产技术落后，农民的生活水平相对较低。

问：您认为通过什么途径可以缩小差距？

答：加大对贫困地区的投入，改造贫困地区农业环境，同时增加贫困地区与发达地区的交流合作。

访谈对象 3：陈以强　彝族　农民

问：您对基层干部的满意度如何？

答：不好说。和村干部关系好点的，他就会照顾一下，关系不好，就不行，没有好处。

问：民族干部与一般干部相比，您更喜欢哪类干部？

答：哪个干部都一样，只要我们农民能过得好就行。

调查员：吴书先

第一次访谈

地点：贵州省岑巩县天马镇细山村

时间：2010 年 1 月 24 日

访谈对象：张某　农民

问：您觉得现在的民族政策如何？

答：每当提起民族政策时，我就有点懊恼。生为农村人，只知道政府对我们农民很关心，至于民族政策，我们就不知道了。说到惠农政策，我们觉得还行，政府对农民很关心，这点不用质疑，但是农民与政府人员的关系还是不太好，有些人员显示得很高傲自大，有些人员和蔼可亲。但你说的民族政策，在我们这里，真的有很多不知道呢。

问：你们这里执行的是民族政策还是非民族政策，还是二者均在执行？

答：我这个人，知道得太少了，所以不是太清楚。我们只听从上级和政府的安排，有事找政府，不知是什么政策。

问：您觉得本民族是民族权威人物、政府人员还是富人的威望高？

答：在我们这里政府人员高于任何人，因为只有政府官员才能为我们老百姓解决一些问题，遇到问题我们也喜欢找相关政府人员，这样，我们办事才放心，有效率。

（1）说实话，你刚才问的问题无法回答，我全然不知其中的缘由，像什么3.14、瓮安事件等，我们全年待在农村，没有出去过，不知道外面发生什么。很抱歉，不过，对于公共品的需求，我可以说我们这里公共品是缺乏的，没有固定的公共品，有时家里办点喜事，也只能到其他家去借点公共物品，用完还给他们。我想提的是，政府应该给予我们一些帮助，或者给我们一些公共品的满足，好让我们有好一点的生活，如不愿意，也可以组织村委会给我们一些指示，比如大家集结一些钱去买点公共物品，以后方便使用。我们这个村有村干部就是不太关注这一点，没有起到带头作用。他们老是在为自己利益奔波，有时我们邻里间闹矛盾，他们也怕得罪人，帮谁也不好，来到这里就随便处理，过后，什么事情都没有处理好。

（2）对于民族的凝聚力，我们这里一般，风俗习惯还比较过得去，年年都要举行一两次民族特色仪式。宗教氛围不很浓，不过对于佛教有一点点推崇，不过也少。对于这些，我认为民族政策固然好，看是否对民族的发展有好处，关键在于基层干部对下面的工作认真态度怎样，话说到这里，比如上级拨下来一笔款，有些官员对它起了贪污的念头，导致农民不满，可又能怎样？没有办法，就拿你刚才说的瓮安事件来说，不就是这样吗，搞得老百姓无处申冤的后果。

（3）官员虽然腐败，但老百姓离了官员又不行了，有事就找官员们办理，在我们这里政府人员的威望度最高，也是最有权的一类干部，所以，他们的一句话，老百姓都是听他们的指导，说起民族政策，我小时候经历过，不过现在，我们这里都被汉化了，大部分的政策就是一般的国家政策，我也不知谈什么。

（4）对于民族冲突和群体性事件很少发生，即使发生了，也会得到很快的解决。主要原因在于大家常常为了一点小事情而斤斤计较，最后把小事搞成大事，其实就是一些小矛盾而已。

第二次访谈

地点：贵州省岑巩县注溪乡地朗村

时间：2010 年 1 月 28 日

访谈对象 1：花某　瑶族　农民

她是个云南省的瑶族姑娘，嫁在我乡。她说：我们那里的民族感很强，民族政策很好，只是我们居住的环境恶劣，不过我们那里村里都是使用自己民族语言和传统习俗，每逢过节，我们会聚在一起过节，唱唱歌，喝喝酒，有什么好事情都拿来说说，让大家高兴高兴。我在娘家时，那还好，政府和民族权威人物给予我很大帮助和支持。我们那里民族权威人物说话有很重要的代表性，全体村民都听，因为民族人物都是大家一起推选的，具有代表性。特别是谁家嫁娶姑娘，不管对方是否见面和认识，只要大家长辈同意，就必须结婚，谁也逃不掉。这一点有些类似封建思想，不过在我们那里是一件很有特色的婚礼仪式。我们民族习惯和自治国家法一般不会起冲突，民族习惯法主要是我们在平时用来举行活动，而在一般正规的国家政府法活动面前，我们都是遵守自治法。在我们那里的公共品供给量足，但只是我们村出钱做的。在我们瑶族人的活动范围内有人在唱山歌、跳舞等。我们那里最有特色的是婚礼，一对男女通过唱山歌来找婚姻，如果找到合适的对象，男方就给女方的大拇指轻轻地咬一下，算是定下了婚姻的许诺，不再找其他人谈恋爱，等到过了一段时间，就会把对方娶进来，但与汉族不同，我们是男方嫁进女方家做儿子，这点是瑶族婚姻的一个特色。

我们民族的凝聚力非常强，不会有矛盾出现，有时还非常团结，大家聚在一起唱歌、跳舞娱乐。我们都是以民族村寨居住，有相关的民族文化和知识，代代都有民族传统习俗，一般不会忘记习俗，不举行活动来弘扬习俗，就感觉不热闹，没有民族气氛。

访谈对象 2：胡某　公务员

我是一名公务员，按说对这方面了解得比较多。我们这里是民族自治县，但是所谓的民族都被汉化了，对这些方面都已经不太重视了，在大部分人眼里，汉族的规定制定和政策才是重要的，他们都是杂居，什么民族都有，也可以说我们这里的民族不存在什么习俗，不过他们不为民族利益闹矛盾，都是以自己的利益在作斗争。我从事十几年来，遇到的事数不胜数，处理的事也不计其数，但得出一个结论：你对他好，他就会百倍对你好，你跟他作对，他就绝不会放过你。在农村，他们都是为了一点小事情而斤斤计较，钩心斗角，都不太懂大道理，都把小事搞成大事，不过，像我们这样的人都是以公正作为做事、处事的一把尺子。农民对政府的不满态度，我想可能是我们有些官员对处理事情有所松懈和不公正，这个也是屡见不鲜，比如我们有些同事有种亲戚关系不好处理，他哪知道亲情和百姓之间的纠纷谁重要呢？出于无奈，随便了事，还是亲情大于一切，这样的事情，我们都开会做过思想工作，但只是杯水车薪，无用的。还有我们这里的民族凝聚力谈不上，但农民群众的凝聚力还是非常有力的，不要看大家平时不团结，只要一有事，大家就聚在一起讨论怎样做？是非常有力量的。对于公共品的发放，我们政府时时都在为老百姓的利益作谋略，有时还去农村做调解，不过地方太大，不好每一处都去，像这些公共品的用处，我们会让每个村的村主任去组织工作，这一点放心，我们都会做得很好的。

调查员：石玉宝

第一次访谈

地点：青海省互助县甘冲寺

时间：2010 年 1 月 5 日

访谈对象：多杰尚　藏族　主持

藏族最富有民族特色的丧葬仪式一般有塔葬、火葬、天葬、土葬、水葬五种。在我们这里，水葬是把整个族群里没有地位的人，死后分解扔到河里，这些人大多是家庭条件不好，没钱请人埋葬。天葬仪式，一般是用于农牧民，由喇嘛点香烧纸然后念经超度，一直看到吃尸体的秃鹫和苍鹰飞来，把尸体完全吃干净了人们才离去。这些吃尸体的秃鹫和苍鹰从来不伤害较小的动物，藏族人把它们叫作"神鸟"。火葬则是人们经常看到的方式，主要是用柴草把尸体盖住，然后再朝上浇油，点火把尸体火化之后，收起骨灰放在瓦罐中埋在家中楼下或山顶和草地上，坟如塔形一样。土葬是一种最为低档次的葬式，一般是给患有病毒传染或者违法犯罪而死的人的礼葬，这样一方面可以遏制病的流行，另一方面也是对那些有过错的人的一种惩罚。塔葬是用盐水洒在尸体上，并且给它涂上一些香料以及贵重的药材把其保存好，然后放在银质或者金质的塔里，供人礼拜或膜拜。这是仅供一些如达赖、班禅以及土司等少数有威望的人享用的特殊葬礼。塔葬的葬礼仪式非常隆重，所属片区的老百姓不仅必须参加，还要主动送上自己的礼品表达心意。

所以民族特色的葬礼仪式对于藏民的生活具有重要的意义，只有大家觉得现实生活有秩序，精神生活有意义，社会才能维持稳定。

第二次访谈

地点：青海省互助县加定镇扎龙沟（民族自治）

时间：2010年1月8日

访谈对象：作巴三旦　男　藏族　僧人

问：你们这里执行的是民族政策还是非民族政策，还是二者均在执行？

答：在这里啊，我们享受到的是民族政策。

问：您觉得现在的民族政策如何？如果觉得好，请说出有哪些表现？如果不好，表现在哪里？您认为需要进行哪些方面的改进？

答：国家给了我们少数民族政策，很好啊！给了我们少数民族很多好处，每个人都一样，都是平等的。还帮助我们发展经济，让我们过上了好生活，对我们僧人的生活也很关照。

问：你们民族是民族权威人物、政府人员还是富人的威望高？您认同哪种权威（权力）？为什么？

答：族里德高望重的人啊！我们觉得能把事情处理好，利益平均化，办事公开公正，老百姓还是很拥护的。

问：您对基层干部的满意度如何？民族干部与一般干部相比各有什么

特点？您更愿意哪类干部帮助你？为什么？

答：在基层工作的干部中，有一部分是称职的，这对老百姓老来说是满意的，但也有一些基层干部贪功贪利，又由于政绩考核的利益驱使，做事浮夸、吹嘘、不踏实，对这样的干部，人民群众是很不满意的。当然，一些民族干部对老百姓更体贴、更关心，人民群众都很喜欢。

问：您怎样看待德江舞龙事件、瓮安事件、"3.14"事件、"7.5"事件（原因）？您对政府的处理结果满意吗？如满意，请举例说明？如不满意，请解释其表现和原因？您对此有什么样的建议？

答：这些事情听说一些，但不是很清楚。政府处理得很好吧，我们都不知道怎么回事。

问：您认为在民族地区所发生的冲突或群体性事件其原因在哪里？应该怎样避免？

答：我不很清楚。群体性事件在我们这里没有发生过，我们藏族和汉族居住在一起很长时间了，相互之间很团结，我们过得很好啊！没有发生这样的问题。

问：您认为民族地区的公共品供给是否足够？如果不足，其表现在哪里？您最希望提供的民族地区的公共品又是什么？您希望通过什么途径来提供？为什么？

答：这东西很不够，要是够了，我们也就不穷了。你看啊我们的学校没有受到好教育的老师，我们的医务室没有医生，学生没有机会受到好的教育，老人病了，不能住院治疗。政府可以引进科学技术人才以及加大资金投入，开发民族地区的资源，创造更多的公共产品，满足人们的需要。

问：您觉得本民族的民族认同感和凝聚力如何？民族传统的风俗习惯和宗教气氛如何？如果浓厚，请问是怎样继承和发扬的？如果不浓厚，请问原因是什么？该怎么办？

答：随着经济的发展，文化的交流和学习，民族风俗和宗教气息逐渐被汉化了，有大部分少数民族忽略了自己的民族文化，族群认同感渐渐淡了，更谈不上什么凝聚力，有也很少啦。希望我们党和政府重视少数民族地区经济发展的同时也要重视民族文化的发展，营造良好的民族文化氛围。

第三次访谈

地点：甘肃省永登县连城镇妙因寺

时间：2010 年 1 月 10 日

访谈对象：乔拉下　　藏族　　主持

我觉得民族政策很好，民族地区在党和国家关心下有了很大的发展变化，农村的残疾人、孤寡老人都得到了政府的妥善照顾和安置。总体来讲，藏民的生活很好，居住环境也相当不错，西藏、四川的藏民居住的基本是两三层楼的房子，四川好多地方，特别是农村的藏民都住的是楼房，青海好多地方的藏民也是住的楼房。我们连城相对落后一点，藏民的居住条件要稍微差一些。

西藏 3·14 事件主要是达赖集团与国外的一些反动势力相勾结造成的，事件中的一些不法之徒主要是些年轻人，新疆 7·5 事件的不法之徒也是以年轻人为多。有人说这些年轻人是宗教极端分子，我不这么认为。因为有信仰的人是很善良的，会严格遵守教规：不赌博、不通奸、不吸毒、不贩毒、不偷盗、不杀生，等等。而 3·14 事件和 7·5 事件中的那些年轻人四处乱打乱砸、纵火抢劫，还滥杀无辜，哪里还有什么宗教信仰可言？哪里还是什么有着虔诚信仰的教徒？完全就是丧失人性的暴徒和恐怖分子！党和政府对这些暴徒采取严厉打击的措施是非常正确的，也是必要的，不然我们这些地方的各族群众都没有安全感，安定的社会秩序会受到极大的威胁。所以让这些年轻人参加一些民族特色的宗教仪式，接受一下宗教信仰也是有益的。因为宗教使人向善，还能提高人的道德素质。

我认为，唯有一点不足就是在汉族居住区的藏族寺庙缺乏必要的维护，上面拨下来的有些款项有时不能有效用于修建和修缮佛寺，希望各级政府部门能够关注一下。

丹寨县清江苗寨有关"翻鼓节"调查访谈记录[①]
（一）翻鼓节祭拜仪式

2012 年 3 月 5 日，为开展好课题研究，深入了解实地情况。早上 9

---

① 这篇访谈记录由课题组调查员田如意根据实地调研情况记录而成。

点，从省城坐近 3 个小时的火车到凯里，继而到凯里州林气客车站坐班车，大约 1 个小时就到了调查目的地——丹寨县清江苗寨的路口，再徒步半个小时就到了苗寨。

我到苗寨已经是下午的五点半了，因为明天就是翻鼓节，就随意走走看看。村民们都在忙碌准备，等待这个节日的到来，苗寨里的亲朋好友也都从四面八方陆续到来，给节日里添加了气氛。不过没有爆竹，保存这原始的宁静，只有不断忙碌的锅碗瓢碰击的声音。我走到一家农户，家里的客房、堂屋和家门口都坐满了客人，约三十来个。看着热闹，我也走过去打声招呼，家里的主人出来了，他叫田翔宇，四十来岁，苗族汉子，嘴角间留着八字胡，穿着苗族服饰特色的马甲，敞着一个大肚子，两手裹着油，是正在准备晚餐招待客人，两眼眯笑，开怀地说："小伙子，来家坐。"我进门说明了来意，他高兴地说："你找对人了，我也是这里的热血汉子，喜欢民族文化，请你留下来吃晚饭，之后我们再聊。"看他这么开朗和直爽，我留下来吃了晚饭。在主人的三盛晚餐招待下，并且第一次和这么多的亲朋好友过节，感到特别的开心。晚餐过后，翔宇大哥和我聊起了他们苗族的节日，谈起了清江苗寨的苗名和翻鼓节的来源。

他告诉我："每年农历二月的第一个亥日（初五或初五以上遇到的亥日），清江苗寨里的村民就开始准备自己一年一度的'翻鼓节'。这个'翻鼓节'很有特色，聚亲拢友一起欢歌跳鼓舞，一起祈祷来年的风调雨顺、五谷丰收、人人健康、家家平安。"他还把今晚将要举行的祭拜仪式给我介绍了一下。从他描述来看，我觉得他对自己民族的文化了解很多，并且能唱能跳能喝，不由得对这个挺着大肚子的苗族大汉产生了很强的好奇心，在他们这一代人的生活里，应该有值得我们去探索和思考的故事。

晚上 11 点，大家准备起身去鼓场参加今晚的祭拜仪式，村里家家户户灯火阑珊，都在等待亥日时辰的到来。翔宇大哥说："今天遇到你这个知己，家里的祭拜我就不用管了，我俩先提前去。"我好奇地问："那平常你们一般是怎么祭拜的呢？"他开亮电筒伸给我，示意边走边说，"到了亥日交时，首先每家每户管家的主人在家拜祭祖宗，然后带祭拜的礼信（苗语：噶礼）到鼓族长老家去，由鼓族长老组织每一个族祭拜自己的鼓族；然后再由鼓族长老带自己族里的亲戚朋友到寨鼓保管的田应顺家去拜祭，到那里后，将由苗寨的寨老田国朝（78 岁，苗族）老人来主持祭拜仪式"。我俩走到鼓场逛了一圈，然后就去了田应顺的家，我看见木鼓坐（摆放）在香火（堂屋）的中央，木鼓长 2.2 米左右，约 20 厘米的直径大，中心是空的，两头用牛皮裹包，有一个高 1.6 米的架子，架子挂着草帽和两个木槌，看上去非常陈旧，木鼓本身黝黑，老人告诉我："这已经有了好几百年的历史了，没有坏过，在去年的 7 月份，贵州省博物馆到这里收藏了一套，拿去做展览，说是非物质文化遗产。"环顾四周，我和翔宇大哥算是最早来到这里了，包括他家的客人，屋里热热闹闹的。我期待祭拜仪式快点到来，看了看表，已经是第二天凌晨 1 点半了。等一会儿，苗寨里的各族代表都到了，其余的村民和亲朋好友都去了鼓场。翔宇大哥让我自己认真看，不懂的再问问他。

　　苗寨里的村民，男女老少都穿上苗族的盛装。在寨老的的安排下，几个十五六岁的年轻小伙在堂屋摆放一张长桌，再放上 16 个土碗，加上一碗五颜六色的糯米饭，一碗生米，一碗刀头肉，一只熟透了的锦鸡和一壶糯米酒，加上用 20 厘米长竹子均衡地劈成两半（苗语里把这样的成品叫作"挪"），然后我看到寨老喊了家族的大孙子点燃香和纸钱，香燃后递给寨老，寨老三鞠躬后，念了几句词，便用合好的竹子轻轻地往地扎去（苗语：这叫"木挪"），一片向上，一片向下。翔宇大哥看到我一脸的疑惑，就说："这大概表示天地合一，万事吉祥如意。"寨老一挥手，领头往田间走去，村里的青年男女（女未婚）拿着腰箩和鱼叉（全是用竹子编制而成）跟着。见状，我端起照相机，跟着他们来到水田旁，看着这一群青年最大的男青年拿着鱼叉下田捉鱼，最小的女青年拿着腰箩装鱼，而站在水田岸边的男女青年由寨老带着唱苗族鼓歌（下面便是祭拜仪式完后，翔宇大哥给我书写和翻译的苗文）：

　　　　　　Niangb eb jiuk niangb neil,

　　　　　　Niangb fangb jiuk niangb baol,

　　　　　　Niangb hliub jiuk niang yil,

　　　　　　Douf eb lix wil neil,

　　　　　　Hod diod bongx diongb wil,

Aod neil lol liang daib,

Aod gix mengl doub gkaob,

Ax bai dol daib cob,

Hniud nongd gkail hloub niub. ①

在苗族鼓歌的唱喊中,在田里捉鱼的小伙手足麻利,一会工夫,满满的一腰箩鱼,此时,村中传来了苗族女性的木鼓歌,这是姑婆姑妈们回来了唱的进门酒歌,看来只等鲤鱼煮熟祭拜了。

小姑娘背着腰箩走在前面,我们跟着回到家里,小姑娘把腰箩里的鱼掏出来放到木盆里清洗。寨老舀三瓢净水放在锅里,从木盆捉住鱼,用红线系好后放到锅里,便开始由去捉鱼的青年人点火起灶蒸煮。约20分钟后,鱼熟了,寨老从拜祭鼓祖的长方桌里拿了一个空的土碗过来,随手选了三条分别为大、中、小的鲤鱼放在土碗里,用勺子舀了三小勺的鱼汤盛放在碗里,然后把其摆放在长方桌的中央,穿着苗族盛装的几个青年把先前拜祭的祭品全收了,又重新添摆新鲜的祭品,包括有锦鸡、鸭、猪头、糯米饭、糯米酒、甜酒、鸡蛋等。寨老指挥各族老进来堂屋里的左边站成一排,接着是各鼓族的年轻人,再接着是各族的噶沃喽②,再到姑婆姑妈和姑爷姑爹,接着的是表兄弟从左至右顺序排着,然后各族人代表,各族姑婆姑妈代表把自己带来的祭品交给寨老摆放在长方桌上。祭品放齐后,寨老面对着鼓祖跪拜着,点烧香和纸钱,三鞠躬后寨老站起来把香插在木鼓的两头,用筷子掐一块鱼肉椋嗒③,接着将甜酒、刀头肉、鸡、鸭、糯米饭一一椋嗒、念慈。寨老的祭拜仪式完成后,端起酒,起唱祭拜的苗歌。大家唱完后,各鼓族长老到鼓祖跟前敬酒祭拜,先三鞠躬,双手端着盛满香甜的大碗米酒,用手指沾上三滴酒敬拜鼓祖,便大口豪饮而下,接着自己拿方桌上的肉食,退到原来的位置上。按着这样的方式,依次中老

---

① 这苗族的木鼓歌的大意是:有水方有鱼,有住方有人,有老方有小,捉鱼拜鼓祖,此年旺得了。

② "噶沃喽"是苗语对媳妇的称呼,一般是指已经嫁到村里的妇女。

③ "椋嗒"指的是掐一块鱼肉扔在木鼓旁边的地上,用苗话讲的意思是"椋嗒",也为敬拜、祭拜的意思。

年人、嘎嗒（小孩）、嘎沃喽（媳妇）、姑婆姑妈、姑爷姑爹，四面八方的亲朋好友这样的排序进行一一地椋嗒。

在家祭拜完后，寨老和各鼓族长带头唱邀请鼓祖去鼓场跳木鼓舞的苗歌，翔宇大哥告诉我，大概的意思是："多谢老鼓祖，我们去鼓场，欢畅喝杯酒，尽兴唱支歌，怀念这佳节。""你看抬着木鼓的这几个小伙，大多在16—25岁之间吧，抬鼓架的人一定要走在前面，头戴斗笠，表示的意思大概是遮风挡雨，不怕艰难困苦；抬着鼓筒的小伙要跟在后面，腰间背着一个硕大的腰篓，里面盛装着香甜的米酒，鲜艳美味的糯米饭和肥大的鼓藏肉，表示劳动人民食足饭饱，力大无穷，身强体健，富贵和谐的意思。紧跟着的是寨老和各鼓族长老，中老年人，姑婆姑妈，姑爷姑爹和远近的亲朋好友们，每人手拿着火把照亮前方的路，展现了我们苗族人民尊老爱幼，相互关心，相互帮忙的传统美德。"翔宇大哥指着去鼓场的队伍给我解释。我俩也举着火把，带着好奇心跟在队伍的后面。

众人来到鼓场已经凌晨4点了，按着寨老的号令把木鼓安装摆放好。较早赶到鼓场的村民已经搭建好了约有3米直径，2米高的大火盆，待点燃熊熊烈火后，人们便把上一年的一切不愉快、不吉利和不如意的事情扫尽，重新开始新的一年。大家都把猪、羊、锦鸡、鸭、鱼、糯米饭、糯米酒抬到鼓场中央，有位村民约60多岁，满脸皱纹，他牵着一头水牯子牛也进到了鼓场。我好奇地问翔宇大哥："这些东西哪儿来呀？"他说："这是各鼓族的族人从家里带来的，有的抬猪，有的牵羊，有的抓锦鸡和鸭，有的背糯米饭和米酒，有的拿鱼和爆竹，还有的拉来一头牯子牛。这些都是以各个鼓祖族为单位，一起筹集资金购买或圈养，每一年都一次循环起来负责。而牯子牛将由全族人筹集资金购买小牛犊，根据村里的实际情况安排族里的一个人或几个人专职供养，到最后大家给点辛苦费。"

鼓族里的亲人和嘎礼（祭拜的礼信）到齐了，寨老让大家把自己手上的火把都扑灭，选一个最小的男孩点燃手上的火把，将其放入火盆里，一瞬间，火盆燃起了熊熊烈火，扫除了上一年的不如意，新的一年开始了。小孩点燃香和纸，斟满酒，双手递给寨老，寨老吸了三大口米酒，对着木鼓喷去，祈祷来年各鼓族人风调雨顺、五谷丰收、身体健康、万事如意。各鼓族长老开始杀猪、羊、鸡、鸭拜祭（在拜祭中，用稻草编织成套绳，圈在猪、羊嘴巴上，然后拿到木鼓那由寨老念词就可以宰杀；用细绳吊着鸭子的鼻子绕着鼓祖来回跑三圈，寨老念词后就可以宰杀；锦鸡要对鼓祖进行三拜，一鞠躬拜天地，二鞠躬拜鼓祖，三拜世间万物，祥和如意，宰杀后还要拔脖子旁的羽毛沾血贴在木鼓上）；屠宰的刀手在几个中老年人熟练的捉拿下把猪、羊、鸡、鸭杀了。翔宇大哥提醒我："最隆重也最重要的是屠牛祭祖了。"寨老念词好后，喊着所有年轻力壮的人来准备杀牛。专职养牛的主人撵着牯子牛来到鼓场边，寨老用绳子捆住牯子牛的鼻子，用结实且较长的竹竿放在牯子牛的背部，把捆住牛鼻的绳子捆紧竹竿，十多个年轻力壮的村民压住竹竿，这样迫使牛的头向上扬，并不断地来回转。屠宰的刀手手握大刀贴身过去，一刀砍过去，头也不回就走了，紧接着另一个刀手贴身过去砍一刀，又走了，又一个刀手也贴身过去猛砍一刀，头也不回又走了，水牯子牛终于倒下了。围观的村民鼓掌欢呼，我问站在我旁边的一位老大爷："为什么牛没杀死刀手就走了，并且还是三个人才杀死一头牛呢？"老大爷答道："在我们这里有一个民俗，一般屠牛祭祖的时候，屠杀牛的刀手只能砍一刀，不管死不死都要立马离开现场，并且不能回头。如果这一刀不死，那么就接着由下一个刀手来砍，因此，我们一般屠牛时都要准备七八个刀手，就是为了保证万无一失！"听老人这么一讲，苗寨里的一些民族风俗习惯还是有严格规范的，已经成为这个民族深信不疑的生活规范和行为准则，他们认为必须要遵守本民族的风俗和习惯，事情才办得顺当，生活才过得顺心，一切才按既定秩序进行。

　　牯子牛杀好后，寨老指挥鼓场上所有人都围着鼓祖成一个圈，背对着鼓祖下蹲，两只手捏着自己衣服的衣角往后伸展，使衣服有个窝可以装下寨老在祭拜中，由天地、鼓祖赠送来的礼物，寨老大声唱着：

> Daok nongd hnaib leil,
>
> Daok nongd hnaib vud,
>
> Dol lod at jiangx gox,
>
> Dol yil vud dax vux,
>
> Daib pik doud bangx nix,
>
> Daib dias doud bangx hliangx,

Wil gas dib dax yangx,

Wil bad dib dax yangx,

Deid lod baid gox zux,

Cok dol daib jiang wangx,

Bib vangl vud seix lax. ①

　　我见状也跑过去蹲着，寨老一边唱一边从腰箩里抓着一把米向围着的各族人们抛洒过去，大概三五分钟，人们的衣服里都接到了天地、鼓祖的厚礼。我好奇地问我旁边的年轻人这个礼物怎么办？他看着我悄悄地说："你好好地把衣服上的米收集起来，放在手上许愿，然后一口把米嚼碎吃下去。那么，来年你的愿望一定实现。"听他说得这么神奇，我便按照他的说法做了。

　　大概五点半，村民们七手八脚地忙活着，所有东西都煮好了。每人一手拿着鼓藏肉，一手拿着糯米饭，胸口挂着葫芦酒，在鼓手敲击木鼓的鼓声节奏中围绕木鼓尽情地欢跳木鼓舞，手拉着手，肩搭着肩，幸福地歌唱着翻鼓节苗歌，畅饮着香甜的米酒。忙碌了一晚，大家依然充满着激情与活力，展现了这个民族的热情和奔放。那笑声，那歌声，那鼓舞声，回荡山川，远飘故乡。天渐渐地亮了，人群在酒歌对唱中慢慢地散去，因为白天"翻鼓节"还有很多活动，大家要回去扫屋煮肉等待四面八方的朋友。

　　这一次的实地考察，让我对苗族的祭祀仪式有了进一步的认识和了解，感受到了翻鼓节祭祀仪式不仅包含了苗族生活习俗和丰富的娱乐生活，也强化了苗族村寨的社会团结与行为规范，还承载了苗族民间文化世代传承的希望与坚定的发展信念。

以下是一些具体的访谈记录

调查员：田如意

第一次访谈

时间：2012 年 3 月 6 日上午 10 点

---

　　①　念词的大概意思是：今天好月好日，老人办成古，青年来热闹，姑娘带银饰，崽崽系腰带，拿鸭来宰，牵猪来杀，牵牛来砍，祭给鼓祖，是崽出皇帝，是女升大官，村寨节节高。

地点：丹寨县南皋乡政府

访谈对象：某副乡长　男　苗族　负责文化教育工作

问1：从政府角度来看，您认为我们该怎样做好民间文化的发展？

答：从我们南皋乡人民政府的角度来看，我可以这样告诉你，在去年我们乡里组织了考察小组，主要针对少数民族文化的特点、民族风俗习惯以及生活、劳作习俗以及各民族民间文化的传承和发展展开了一定的调查了解。我们南皋乡主要有两个节日，分别是清江村的翻鼓节和尝卡村的芦笙节，还有一个是古法造纸术，这是我国四大发明之一，分布在石桥村的下游一带，并且根据清江村的地理环境优越的形势，古法造纸的地点都选址在清江村的川洞里，这是很好的造纸基地和良好的旅游开发资源。而比较具有特色的节日是我们清江村的翻鼓节了，清江村二月翻鼓节是贵州省非物质文化遗产节日，在去年的7月，我们贵州省博物馆和省非遗中心到我们清江村来取了一套完备的木鼓器具和一套完整的苗族服饰做珍藏。清江翻鼓节是黔东南百节之乡最具有盛典特色的文化节之一，过节的活动中节目特色，形式多样，活动丰富，文化活跃，再加上该村的地理环境优美，物产丰富，很有发展潜能。

经过调查研究之后，我们对清江村的发展提出了一些建议：

1. 加强健全和完善该村的水利、交通等公共基础设施的建设，为发展旅游打下基础，根据上级政府和国家政策，努力落实好清江村的村级公路（油路）的建设、村街硬化街道的规划建设，筹建清江村木鼓鼓楼、翻鼓节鼓场，清江河拦河坝，两个自然寨的风雨桥、斗牛场、公共卫生室、公共卫生厕所、公共文化交流中心以及配套完整的农村招待所等。关于招待所，我们提倡老百姓站出来搞建设，以政府出头带动，以政府及财政补贴的方式来完成。

2. 进一步对该村民族民间文化的考察和调查研究，包括对妇女的刺绣、蜡染、手工织坊等，也包括传遍当地的《蚂蝗冲》、《九层坡》、《白水牛》等民间故事，还有过七月半（也叫鬼节）的时候，在晚上举办的腰锣神（也叫七姊妹）的民间活动。据说这个活动很灵验，能知晓家事，读解家谱，预测人生、婚姻和健康，等等，能满足人们的好奇心，很具有吸引力。还有地方的特色酒文化、苗歌（酒歌、情歌和说贾）、民间舞蹈、民间说唱，等等。我们一定要努力把这些少数民族特有的文化挖掘出来，让更多的外界游客和朋友了解清江，了解我们南皋乡的旅游资源。

3. 提高当地的接待服务工作，不断健全和完善清江村村民家庭的居住环境，提高生活水平，大力发展生态畜牧业和绿色生态农业，引导青年创业，增加当地农民的经济收入，提高人们的收入水平和生活质量，这是我们想到的办法之一，也是我们为今后招商引资工作顺利进行打下良好的环境条件和基础。再加上政府给予的适当性的补贴，根据当地少数民族地区的开发政策以及发展农业旅游业的相关政策规定来办理补贴手续。

4. 政府引导村委做好宣传工作，带动村级少数民族的节日活动展开，积极创造条件，与旅行社团结协作，把游客带入南皋乡的芦笙节—造纸术—翻鼓节。逐渐形成沿河一线的生态旅游地带，使我们的农家乐充分发挥其功能与作用。

5. 我们政府要与有关部门及村两委做好安全工作和安全预防工作以及应急措施，让每一个到我们南皋乡来游玩的朋友安心、放心、开心！

到目前为止，我们的落实工作还存在一定的问题，这需要一段时间，逐步完成，改进方法，争取更大的成绩来回报我们的老百姓，也给我们的老百姓一个好的交代。

问 2：少数民族生态文化和民间文化是否具有相关的保护制度，如《村规民约》或者法律法规等这样的规章制度？

答：根据我们了解到的，在乡里，对少数民族生态文化和民间文化、民俗文化并没有作出相关的法律法规或规章制度，但是我们都承认并遵守各村的村规民约，并且在我们当地的派出所已经申报，作为法律保护体系。

问 3：您认为今天的翻鼓节与之前（改革开放前）相比，人们对民族文化的态度是什么？为什么？

答：首先回答你的第一个问题，根据我们对地方文化、教育的研究，我们发现了这样一个规律，依靠外出务工来提高收入的人群或者家庭，收入水平越高，对民族文化的热情程度和对民间文化的关心程度越低，呈反比的趋势，人们对节日的热情渐渐地淡了，回家过节的人也逐渐少了。

原因在哪里呢？从我们对历史的读解和我们对农村工作和生活的熟悉

来看，在改革开放以前，农村的老百姓大都在家干农活，没有机会出去打工赚钱，也没有电话、电视甚至没有电灯，农村的娱乐活动较少，只有在农忙时节过后，以及逢年过节，人们都悠闲没事做，而翻鼓节有趣好玩，特别稀奇，又可以谈情说爱，还可以走亲访友，是一个很好的聚集时间和聚集盛会。而现在，城市化进程加快，更多的农民工外出务工、经商、创业，没有闲余的时间回来参加节日活动。电信业的发展，为人们的交流提供了方便，增进了人们的联系与交流，青年人们不再通过过节日来找对象和访问朋友了，现在更多的是用电话、短信、QQ 和 QQ 视频来加强沟通和了解，促进人们的感情；市场化的扩大，物价上涨，农村贫困，无法筹集更多的资金来举办活动，目前的活动经费难以满足人们对活动开展中物质奖励的要求和欲望；城市文化繁荣昌盛，城市的文化活动丰富多彩，更多的青年人受到了外界文化的洗礼，不愿意再接受传统的文化，一些陌生的文化使人们产生了好奇，使人们流连忘返在城市中徘徊，选择城市文化作为生活娱乐的一部分；还有我们的政府及有关单位不够重视非物质文化遗产的保护与发展，再加上少数民族农村交通不方便以及接待承载能力有限，农村的基础设施不完善，不能满足旅客朋友需求，这些是我们在发展中的难题。

第二次访谈

地点：丹寨县清江村苗寨

时间：2012 年 3 月 6 日晚上 7 点

访谈对象：田国朝　男　苗族　76 岁　寨老

问 1：您能简单地描述清江苗寨二月翻鼓节吗？

答：恩，这个可以的。二月翻鼓节在我们村里甚至清江河（南皋河）一带来说是一个隆重的民族节日。这个翻鼓节在每年农历二月的亥日（亥日若在初一至初五之间，则翻鼓节在二月的次亥日）举行。翻鼓节是整个清江苗寨家家户户都很重视的节日，是张罗着亲戚朋友一起团聚，是给年轻人找对象、谈朋友的好机会和平台。这个节日不但是祭拜老祖先，也是组织民间活动，开展丰富的民族风俗活动，以此来继承和弘扬清江民族民间传统文化，更是丰富村民的民间娱乐文化生活。

村里过翻鼓节一般是3—5天，主要举办有牛王争霸赛、男女篮球赛、斗鸡、斗马、斗猪、猴子爬树比赛、跳木鼓舞、捉鸭子、妇女拔河、爬山、斗鸟、长跑等活动。

随着经济的发展，活动的奖金也随着物质的上涨而增加，但因清江村苗寨经济条件落后，交通条件较差，与周边的凯里市舟溪镇甘囊香国际芦笙节相比，存在着较大的差异。可清江苗寨的人民不气馁、不放弃，以他们的方式表达着对自己民族文化的热爱，以他们简单朴素纯洁的方式纪念着他们的祖先，继承着民族的文化。

原因是在这个翻鼓节有一个神奇的故事：很久很久以前，每一年的农历正月，村里的人们都一定要到天上去与祖宗过节，这一去就是12天12夜才能回来。沃久（苗名，是村中的一名妇女）在跳芦笙中不小心犯了禁忌，村里突然间有了许多灾害，如病疫发了、妖怪把孩子吃了等。蝉飞到天上去告诉告当（告当，苗名，是村里较有威望的族人）事情的经过。告当把事情告诉了祖公，祖公听后赶紧让村民们提前回家了解自家的情况。村民到家后，把自己家的情况告诉给了告当，无奈之下，告当自告奋勇地上天去把民间的苦难和灾害告诉祖公。祖公毫不迟疑地把7抱粗大、9尺长的木鼓送给了告当说："你把木鼓拿回去，到村里找块平地，喊大家一起来跳鼓舞，灾害就散去了。"告当答谢后便扛着木鼓往家走，一不小心，告当摔了一跤，木鼓掉了下去，再也找不到，这时只好请求飞来的锦鸡帮忙找，又请耗子帮忙把困住木鼓的绳子咬断……经过几波周折，木鼓在鸟兽的帮助下掉到了河滩，可这河水太汹涌，怎么也拉不上来。实在没有办法，只好回家请水牯牛来帮忙。两头大水牯牛一来，把绳子系好，合力就把木鼓拉到了岸边，这时，已经是二月份（农历）的亥日了。村民们包着糯米饭、鸡蛋、糯米酒、腊肉到河滩来祭拜，大家都穿着新衣服或者民族的苗衣裙来一边敲木鼓，一边跳木鼓舞。3天3夜后，灾害逐渐散去了，村民们很是高兴，祖公这时候出现了，告诉族人们：跳完木鼓舞后要把木鼓藏到村里的山洞里去，待到每年的二月（亥日）这一天时，再翻出来敲鼓跳舞，把亲朋好友一起招呼来，过着热闹的节日，大家的身体会健健康康，生活美好，来年又有好收成，子孙满堂，幸福快乐。

村里的子子孙孙都遵循着翻鼓节的古法和规矩，随着接受文化教育的增多，人们在新的时代里，对民族文化有了新的理解，但不变的是人们对自己民族的忠诚和执着。

问 2：请问翻鼓节在古老年代的仪式是什么样的？

答：小伙子，今天你来晚了些，我喝了酒，让我想想。我记得年轻的时候，我们看到的祭拜仪式与今天的仪式有所不同，我们那时候，一切归集体所有，一切劳动获得的成果，如玉米，谷子、小麦、土豆等五谷杂粮都要交公，一旦逢年过节，我们的祭拜仪式都非常隆重。我们这个翻鼓节有 7 支人，每支人都要出一头牛、一头猪和一只锦鸡，还有几条鲤鱼等，一起抬到鼓场去，也就是我们过翻鼓节，就要杀 7 头牛、7 头猪和 7 只锦鸡及鱼，等等。每家每户都要包点糯米饭、甜酒、米酒、鸡蛋等来到鼓场，烧几大堆篝火，欢迎全村及亲朋好友来聚会过节。

问 3：那您给我谈谈今天的拜祭仪式吧，好吗？

答：现在改革开放了，我们的祭拜仪式也相对简单了，田土分到各家各户了，但各家里的条件都不是很好！所以牛、猪我们都不很杀了（没有经济能力去购买牛和猪来祭拜），就要了两只牛角和一块刀口肉，几只锦鸡、一点糯米饭、糯米酒和几条鱼。简单多了，就这样喊祖公舅公下来看看我们子孙后代，和我们一起跳鼓过节就好了。

问 4：以前过翻鼓节的时候来过节的人多吗？现在呢？

答：年轻人，我告诉你，怕你不相信啊！我像你这么大的时候，人多啊，像蚂蚁一样，去观看跳鼓的人密密麻麻。你看看我的大儿子都五十多了，他像你这么年轻的时候，人也就很多，现在看来，来参加过节的人和过去的人事没有办法比较的。我告诉你，你看看我家有四间房子，每一间有两桌客人，每桌客人不少于 10 个人，这些都是亲戚朋友，在那时候没有饭吃，更谈不上肉了，全部都是喝酒，每人至少三五碗，没有地方睡觉？我们喊几个亲戚吃好饭、喝好酒就上田坎边去抬稻草来铺地上睡，没有这么多被子，就一个挨着一个，你帮我盖脚，我帮你盖脚，相互帮助，体谅一下就过了嘛，生活艰苦，但我们觉得开心。

白天举办的活动有跳鼓、苗歌对唱（情歌对唱、说贾和酒歌对唱），以前的路是没有现在的宽敞，但是在一里之内你要想从这头走到那头却很难，太拥挤啊！少算一点也大概需要两个小时才能走过去，那时候实在太热闹了!

问5：您觉得现在来过节的人为什么少了？

答：你在城里读书，你应该看到城市里的很多事情包括马路、房子、水沟等都是我们农村的人去搞的建设，我家的几个孩子都出去打工了，别人家的孩子也一样，大多剩下我们这些老人了，我们老人没有那个精神去了。再说，现在城里、乡里上班的有的工作安排周末，有的工作没有安排周末，假如节日推算下来不对周末，那这些人就没有时间来了。还有现在，年轻的孩子们都去城里读书去了，也有的打工，谈情说爱啊，都在城里了，一到节日，没碰上周末也就回不来，大概就这些原因吧。人是少了，但我们也要有多大能力，就举办多大的盛会嘛。翻鼓节是少不了的，每年的这个时候都要举办。

第三次访谈

时间：2012年3月7日上午9点

地点：丹寨县清江村苗寨

访谈对象：田仕　男　苗族　33岁　现任清江村村长

（第一次前往村长家，发现这是一位年轻帅气的村长，与其沟通特别投机，但少数民族酒文化浓厚，他会唱苗歌也很会讲故事，并且歌喉动听，天籁之音啊！在他的酒歌和盛情邀请下，原本不胜酒力的我已是有点醉意朦胧，领会了少数民族文化丰富且多彩。）

问1：很高兴能与你们全家度过这美好的佳节，翻鼓节是贵州省非物质文化遗产。您作为村长，年轻，有活力，有干劲，您认为这个节日有哪些发展方向？

答：首先，非常欢迎你的到来，也很高兴你们对少数民族文化发展和保护的重视，特别是对我们清江村翻鼓节文化的重视与支持；其次，在这次活动中，我们也邀请了黔东南州民委，州民研所和县民委、县民研所以及州非遗中心的有关专家、学者前来参加盛会，这是我村首次邀请你们前来专门为我们清江村民族文化发展展开课题研究，我再次表示欢迎。

关于你谈论到清江村翻鼓节以及我们村民间文化有何发展方向，我的态度是肯定的，我们对此是有把握和信心的，我们的目标是响应省委省政府和州、县、乡委以及政府的号召，把握机遇，将度过翻鼓节传统节日转移到原生态民间文化繁荣发展，进一步带动农村经济发展。我们把翻鼓节和民间文化结合起来，发展农村旅游度假村，实现我村经济发展、贯彻科学发展观的短期目标。而我们的长期目标是将生态农业与原生态文化结合起来，做好规划，落实发展，有利于村民发家致富。

问 2：您刚才谈到的短期目标和长期目标，我认为短期目标是长期目标的前提和基础，并且具有可行性，但您觉得在现阶段你们要做哪些工作和努力？

答：新一届的省委领导班子给我们注入了新鲜的血液，"十二五"规划一出来，我们有了很大的信心。清江村地理环境优越，地处凯里、麻将、丹寨（属于丹寨）三县交界处，距离州府 32 公里，距县府 35 公里，再说凯羊高速已经动工，我村距离凯羊高速公路情郎站只有 2.5 公里左右，这是城市化后最好的度假村。不过，目前我们依旧面临着很多困难：

1. 我们村的公共基础设施不够完善；

2. 我们村的村级公路（油路）还在实施阶段，目前还没有进一步落实到位；

3. 我们家门口的这条清澈的河水还未充分利用起来；

4. 我们的民族文化没有统一的资料整理和详细的发展规划，优势还没突出；

5. 我们接待旅客的服务功能方面还很不健全；

6. 民众的民主意识和民族认同感还有待提升；

7. 政府和媒体对我们的帮助还没有落到实处、有利的位置上，使我们感到独木难支。

对于这些困难，我们是看得清楚的，我们将逐一完成目标，尽早实现中国特色社会主义新农村建设的目标。为此，我们将做以下努力：

1. 我们要努力做好全民工作，把思想和意识统一起来；

2. 我们争取和县委、县教育局做好沟通，争取在学校举办民族特色班；

3. 积极调动群众的积极性，充分发挥聪明才智，一起来想办法解决村里和村委面临的困难和问题；

4. 我们要提高自信力和公信力，做好发展规划和战略目标；

5. 坚持"先富带后富"的道路，扩宽融资渠道，政府和金融行业参与进来帮扶。

第四次访谈

时间：2012 年 3 月 9 日上午 11 点

地点：丹寨县南皋乡清江苗寨

访问对象：田井坤　男　苗族　曾是教育工作者

问 1：今天我们看到的这些，存在一些不足，请问您觉得应该怎么做才好？我们还差些什么？

答：以前我在村上当过老师，后来由于可以外出务工，努力工作会得到更好的待遇，今天我算是一个普通的老百姓，是个地地道道的农民，整天就和庄稼打交道，你说关于我们的村寨文化、民间文化，怎样与市场接轨，怎样适应市场的发展需求，让这里成为外界人度假、休闲、娱乐、体验和学习的苗寨农家，这是一个很好的发展之路。但是，对我而言，现在还未想到更好的办法来解决这个事情，也仅凭我们个人或农户来完成，那是很困难的，我想我们这里需要政府来牵头啊，把乡里、县里和州里的政府及有关单位参与进来，更加需要我们的老百姓大力支持，捆绑成一团，凝聚起来认真把事做好，做到实处，为大家服务。这样才有可能把发展搞上去，带动村里的经济发展，同时也为人们创造和提供良好的环境。

看看今年的翻鼓节，我们看到了城里人和外国人以及一些电视台也来了，但是这还很少啊！我们的宣传仅仅靠着这几波人马是不够的。你说我们差什么，我生活在这里这么多年了，了解和熟悉村里的工作和地理环境，我就和你聊聊几个方面吧：

1. 我们的公路修了两年了，上面（政府）说要铺油路，但至今仍然没有完成，通往我们村的这条公路非常破烂，政府没有管理和监督好这项惠民政策工作，交通就是第一大的问题。同时，也反映了我们的政府工作存在很多不足，执行力和公信力在下降，办事的难办，老百姓有时候抱怨也多。

2. 我们村里的房子还比较凌乱。村里木房有 300 多户，全村都是田氏，全都是苗族说苗话，苗语为主要语言，要是把村里的木房规划好，统一维修起来，整齐有序，干净漂亮的吊脚楼，那是让人居住舒适、赏心悦目啊！村上的街道没有修好，但在环境卫生方面做得不错，还有接待亲朋好友方面也很好，很热情，我们村里的每一户人家逢年过节都敞开大门，每个人不管你是否认识都可以随意进门做客，这是缘分嘛，家家都有好酒好肉等待你去享受，虽然不如城市里大酒店的大餐，但也可口美味，而且不收钱，对得起来做客的朋友。

3. 我们没有充分利用苗寨门口的那条河。鱼就是这条河的特色，这条河的鱼在我们这方圆千百里来说可是响当当的。如果把这条河拦成河坝，可以划船，可以钓鱼，可以游泳，沿河岸上再建设一些有关于民间文化的娱乐场所，如修吊脚楼，搭建草棚，唱苗歌、跳民间舞蹈、刺绣展览、手工织坊，很具有观赏性，有可以参与进去，让每一个能来到这里游玩休闲的朋友有吃、有喝、有看、可参与、可比赛。这些想起来都让人陶醉，意境多美啊，城里人工作、生活烦躁，来这里放松，钱花了，但开心，是值得的呀！

问 2：您所谈到的这些都很重要，也很关键，也是我们应该关注和重视的，我觉得您提供的信息很宝贵，我真还想占用您的一点时间，您再谈谈您还能想到一些什么？也不要有什么顾忌。

答：让我想想，我觉得你们做这些，是件好事，我是喝了点酒，也不知道说得对不对，但你今天来到我家，算是有缘分嘛，我就多啰唆几句。今天的翻鼓节，你看到的人是很热闹，但不如我像你这么年轻的时候热闹。我们这里的年轻人都到外面打工去了，外出打工的大多是一些有知识文化、有技术、有能力的年轻人，甚至有的把一家子人都带出去了。所以，我们在举办一些项目都没有人员来组织安排，这是我感到很遗憾的事情。

还有今天的很多年轻人，不喜欢唱苗歌，不喜欢做刺绣了。姑娘出嫁都要选择穿白婚纱了，男孩子也穿个白衬衫，你说，我们民间有个红白喜事都要分明啊，还把西方的文化来乱套用了，实在不合时宜嘛。在这方面啊，我们的政府和教育系统也不关心重视，没有人带，也没有人愿意学，这让我很担心呀，我们这一代的人不在了，是不是我们的苗族民间文化就不存在了？

你出门口来看看，你看我们那个鼓场，两个自然寨的风雨桥都还没有完善，还有村里的活动室、卫生室也都还没有修建完善好，有的项目也传说得老百姓的耳朵滚瓜烂熟了，就是迟迟没有动工，这些东西是我们最期望看到的啊！

这次除了你和一个北京来的女博士，50岁左右，她专门研究的是"节日"，你们做的方向大概一致吧，但你的要具体一些。以前我从来就没见过有这样的事情。只见了电视台、报社啊这些来过，他们大都来吃肉喝酒，喝个大醉，派几个年轻人去搞几张图片就回去了，真正来发现问题、挖掘问题和解决问题的，为老百姓办实事做好事的，却没有几个，这是我们老百姓干涉不起却看得明明白白的现象。

有时酒意三分，感叹我的家乡地理环境优越、生态环境优美、山清水秀，矿产资源丰富，是个富有巨大发展潜力的苗寨，我生活在这里多年，是个休闲的好地方。

问3：对！您说得很好，我也感受到了这里的美好。来，今天借您的酒敬您一杯，表示对您的敬意，我非常开心能到这里和你们一起分享这个节日，通过和您的交流，我明白和了解了很多问题，也理清了很多思路。而对于您，也可以说，从你们村里的老百姓角度来想，您对政府有什么期望呢？

答：说到政府，我们老百姓也能理解他们确实有他们的难处，就像我们老百姓也有自己的难处，站的角度不一样，难处也不一样，这需要理解和信任。

但说到为人民服务，我倒期望政府工作是能干一点实事、好事，充满一点干劲，为老百姓干一点好事，别老是表面工程、豆腐渣工程，然后回去争拿绩效，搞得面红耳赤。既然党中央、国务院考虑了老百姓的难处，要解决老百姓现阶段的困难和问题，那么各级政府和有关单位就应该贯彻并落实执行，一个脚步一个脚印地为人民办好事，干实事嘛。也期望根据我们农村的特色民族民间文化和资源给予重视与关注，努力引导我们学习技术，带领我们搞经济发展，招商引资，努力发展优质生态文化和生态农业，期望他们能参与到我们的生活中来，才能更好地明白我们老百姓想什么，需要什么，他们该做什么，该如何做什么？这也是我最大的心愿。

第五次访谈

时间：2012 年 3 月 9 日下午 4 点

地点：丹寨县南皋乡清江苗寨村委办公室

访谈对象：田金　男　25 岁　苗族　村团支部书记

问 1：村团支部书记，您好！很高兴您能赴约，首先我知道您作为团支书，开展翻鼓节的各项目均由您牵头主持，繁忙的工作能抽出时间来和我一起来谈谈关于我们这个清江苗寨的民间文化的发展和保护，占用您的时间我深表歉意，您能到来我深表敬意。我从我们的青年们谈到您在主持这块工作的成熟与心得，根据您的实践经验，我想您最具有发言权，我现在想知道您在组织和筹备整个翻鼓节过程中所看到的现象，所体会到的心得，所发现的问题，所碰到的困难，都可以与我聊聊，我们一起来探讨，好吗？

答：真的很高兴接到你的邀约，这对我来说，能和与你这样热爱民族文化的人在一起来探讨和研究民族民间文化的发展，这是我的荣幸啊！翻鼓节是我们清江苗寨一个隆重的节日，最近确实比较忙，但时间是抽出来的嘛，和你讨论学习与交流也是一种工作，是工作的一部分呀！我很开心能有你们这些搞研究的人来关注我们的文化，这是对我们的一个警醒，也是对我们文化的觉醒啊！你不必客气，也不应该选择在办公室沟通和了解，应该到我家的酒桌上，我想那会更加切合实际和深入了解，因为你在亲身体验嘛！你看看你，也缺少文化了吧！

问 2：您这个书记很幽默嘛！非常感谢您的邀请，下次一定会去。现在村里的翻鼓节筹备情况怎么样了？您给我介绍一下，很期待。

答：1. 翻鼓节是我们清江苗寨的节日，是通过村两委和团支部及寨老和委员们一起组织会议讨论研究确立清江村二月翻鼓节筹备组，现在筹备组的领导小组已经确定好了。

2. 在筹备组的领导安排下，我们以青年为主、农户为辅筹集资金，青年每人自愿筹集 100 元人民币，农户按每户自愿筹集 30 元人民币。

3. 清江苗寨有 300 多户，五个自然组，每组安排三到五个人挨家挨户地去乞讨（收钱的民间说法），大都以自愿原则，根据自己的实际能力来确定农户自愿筹集多少，这并没有限制或者强制的规定，这个筹集资金工作也基本完成，明天我们要开总结会，到时我们会根据现存问题作出一些调整。

4. 我们已经委派村长田仕和几个青年到黔东南州级单位、凯里市市级单位、丹寨县县级单位和南皋乡乡级单位以及有关部分上级各单位、领导前来过节，同时，也向上级申请一些活动经费。我们通过与村长的对接，这次收获不少，成绩颇大。

5. 我们也在想办法拉一些赞助商。比如来我们州、县的企业，中国移动、中国联通和电信的赞助，也鼓励一些外出打工的家乡人以个人或者企业的名誉来给予赞助，这是我们非常欢迎的，也是我们预期的最好结果。

6. 我们已经安排好了接待工作、祭拜仪式、车辆停靠、治安管理、项目分配、责任分担等工作，一切都在有序进行和开展，过程中是存在一些问题，但是我们会尽量克服和避免的。

7. 我们也着手于村里街角的环境卫生的清理和保护，特别重视防火安全和公共消防以及事件的应急措施和管理办法，维护社会秩序稳定，共同度过这个欢快的节日。

问 3：在筹备中有什么困难？

答：1. 困难是很多的，有时候忙得让筹备组没有时间来吃饭和休息，问题多且难的时候，每个人都焦头烂额，庆幸的是大家都很负责，很卖力，很肯干。

2. 我们这个苗寨的经济条件本来就不是很好，很多农户大都是人多田少，每年都要赶集买米来维持生活，我们在筹集资金中，规定的数额是很难实现的，有的家也只能自愿捐筹了 0.5 元或者 1 元的情况，这是可以理解的，是我们要感谢的，感谢他们对我们的帮助。在同一个村，同一个家族，都是田氏，理解和同情是难免的，可这就影响了我们活动的开展，这不仅是我们遇到资金问题的难题，也是我们经济发展滞后带来的问题。资金不到位，工作难开展，我们的项目就难安排，活动宣传就被推迟，这给我们带来很大的压力，但是，我们也要积极克服困难，解决问题。

3. 村里的设备不完善，音响、广播、话筒等都不齐全，很多东西都向农户借，而且借来的工具不一定都是好的，老人在家基本上不会用这些电器化的东西，时间长了就会生锈，自然坏了。组织这样大的项目，需要有好的、高质量的设备，才能覆盖整个会场，以便项目活动开展过程中的指挥和组织，这样的情况让我们在组织活动的现场中很被动，声音沙哑，晚上回来都没有精力吃饭了。

4. 我们的会议组织得很糟糕。在村里开一个会议，大多是晚上 10 点钟后才开始，全村 1000 多口人，会议就来了 20 多个，这算是多的了，大多是青年人，都没有结过婚，很多青年人没有这方面的经验，会议很难开展，项目活动很难安排下去，担心到时候执行不到位。根据实际，只好硬着头皮干了，到时候再相互配合。

5. 不同的声音较多。主要体现在我们有个别人因为没有参加会议，没有参加活动，就乱说话，不了解事情的实际情况就胡言乱语，误导民众对我们的看法。这样一来，影响了我们积极参与组织工作的同志，若心理素质不好，受不了或者不喜欢听人家在背后说闲话的人就开溜了，不愿意接受这些繁杂的工作了，而我们做的确实是在为村里服务，我们坚持做我们热爱的工作，所以我感谢那些拥护我们和努力工作的人们对我们的支持和帮助。

6. 村委会支持力度不够。很多情况下，只是口头答应和支持，实际上缺乏带头作用，甚至有个别领导在关键时刻偷偷地躲到不知哪里去了，没有担当的责任，更不关注和重视我们自己民族的文化。这些人总是在进行利益的算计，没有奉献精神，这实在令人遗憾。

7. 政府领导的关心和帮助不足。我们委派人去单位申请赞助，说干了口水，就给了一点小钱堵住了嘴巴，连我们去的生活费和车费都不够。我想着应该引起重视，民族文化的发展关系到一个民族、一个国家的稳定与发展，我们基层的领导没有觉悟和意识，没有把上级的精神和地方的发展结合起来，比如今年省委倡导的文化大繁荣、大发展，我们这里至今没有听到一点气息，这令人失望。

8. 活动开展的过程中，也存在一些不遵纪守法、故意捣乱村规民约的个别人。这些人是起不到什么好的作用，是不会有什么起色的，我们对于这种行为，一律都严肃处理，维护村里的秩序稳定，活动顺利开展。让游客、亲戚、朋友有个好的环境，开心地过节。

问 4：你们一般是怎么来解决这些困难？

答：1. 依靠热情和态度。

2. 对民族民间文化的热爱和重视。

3. 坚信民族民间文化的发展一定能带动地方的经济发展，我们努力打造生态农业和原生态民族民间文化的有机结合，相信一定能改善村里的条件。

4. 我们积极发动更多的人来真正地了解我们的文化和价值意义，体会到文化的存在给我们的生活带来很多快乐！以感化很多人积极参与到工作中来。

5. 我们依靠外部环境的赞助，在这一块工作我们很努力。

6. 村里的有志青年和一些民族民间传统文化的爱好者团结一致，通过沟通协商来解决问题，也根据事情的发展状况委派合适的人选去展开合适的工作。

7. 大家的帮助和谅解，以及大家的理解和信任。

问 5：您有什么期望？

答：1. 我期望有像你们这样的研究人员深入到民间来调查了解实际生活和工作，真正了解我们民族民间文化，这是一件大好事，我欢迎你们的到来。

2. 政府应该树立正确的文化意识，像你们一样深入研究，下乡做实际工作而不只是吃喝玩乐，明白民众的需求，加大资金投入与发展。

3. 加大力度投资，完善公共基础设施。

4. 希望媒体的介入，帮助我们来做宣传。

5. 我们的政府和扶持单位应该对我们村的青年及农户进行教育学习、技术培训。

6. 改善村级工作环境和工作条件，提供村级的公共文化娱乐场所。

7. 以政府牵头，带动老百姓发家致富。

第六次访谈

时间：2012 年 3 月 9 日晚上 7 点

地点：丹寨县南皋乡清江苗寨田井权家

访谈对象：杨丽（田井权的妻子）　女　24岁　苗族　农民

问1：你好！很羡慕你很年轻就当妈妈了，一定很幸福！请问你是什么时候嫁到这个苗寨来的？

答：谢谢你！当妈妈是每一个母亲感到最幸福的事情。我20岁那年，就嫁到这个村里来了。

问2：你之前参加过这个节日吗？

答：我还没结婚前就参加过这个节日，就因为觉得这个节日过得热闹，来到这个村，也就我们这个村过翻鼓节，然后与我现在的爱人认识，谈恋爱，就嫁来这里了。

问3：你最深刻的感受是什么呢？

答：这里的人好，山水也好。这里的苗族人民很热情，民间活动很丰富，民族节日也很多。翻鼓节在黔东南是个非常特别的节目，也仅仅在这里，才有这个节日。我第一次来到这里过节的时候，我都醉酒了，第一天都没有去跳鼓呢。

问4：现在你已经成为苗寨里的一员，一般你们都参与什么活动？

答：我们现在大都听从村妇女主任的领导号召，积极主动地参与一些娱乐活动。比如板凳舞、迎接贵宾、苗歌对唱、三八妇女节活动等，最可惜我们这里有个规矩，结婚后的姑娘都不能参与跳鼓了，这是民间的传统文化，对我来说是真的有点遗憾。还有平时还参加村里的公益活动，比如参加打扫街道卫生、帮助村里的孤寡老人洗衣做饭等。

问5：在妇女工作中，你认为你们还有哪些工作还没有做好？

答：妇女工作中有太多不统一的意见，大家都很有自己的想法，但总是综合不到一处来，心不到一块，事事很难办。大家积极性不高，一个瞧一个，一个看一个，谁也不愿意带头，谁也不敢带头。每次组织集体活动，大部分人都不愿意、不积极、不准时参加，很多时候是办理完成手头的事情了才过来凑人数或应付了之。总体来讲很多人思想意识较差，没有认识到民间文化活动的价值和意义，重视的是目前的这点小利益，目光短浅，没有着眼于长远发展。

问6：你认为大家该怎样做？

答：不要只顾及眼前的利益和小钱，对有价值的和意义的活动应该积极主动参加，积极响应。要敢争先、敢带头，有为他人和集体服务的精神，做好村里的模范带头作用，给老一辈的人解放思想，开放思想。大家要不断地参加学习和培训，与社会相适应。

（二）

2012 年 3 月 8 日，是国际"三八"妇女节，也是我来到清江苗寨过翻鼓节的第三天。乡里各村的妇女都到这里来过节，经费是由政府出，人力由清江苗寨支配。今天还有斗牛、篮球、跳鼓、唱苗歌、岔河等翻鼓节民间活动，非常热闹。

早上 9 点，我到苗寨里的球场去转转。这是一个小学的球场，也是唯一的活动场所，村里和学校一起共用，算是水泥球场吧，但却许多坑坑洼洼，篮球圈也腐烂得不成样子，勉强还可以打一些比赛。学校只开办到二年级，其余的都要跑读，每天上学的时间要走 2 公里左右的路，学习生活非常艰苦。球场的旁边还有一栋木房，是村里的卫生室，但一直没有医生，就当成村委办公室了。不远处有栋砖房正在修建中，那才是村委办公室，可两年了，两间大的房子都还没有修完。具体是什么原因？一位村民说钱不到位，听说拨款来了，但不知道跑哪里去了。前段时间村里的几个小伙帮忙做工，到今天都还不知道去哪里结账。我想，如果这房子没有修好，就这样拖拉下去，不但村委办公地点没有着落，还浪费了人力、物力。

大概 10 点左右，球场里来了许多人，有的在打球，有的聚一起聊天。一群妇女穿着民族盛装，大约有二十来个，看着她们质朴、漂亮、热情的劲儿，我走到人群中。有一位妇女，约三十五六，苗族，她主动来和我搭讪，请我给她们照张相，我很乐意地答应了。照好相后，她告诉我：她们是大兴村的，徒步的话，离这里有 4 个多小时的路程吧。她们来得最早，因为路远嘛。到这里了，就分三五个人一组，随便进这个苗寨的哪一家，主人都给饭吃，已经吃好了饭，就来这里等待组织活动了。

我问她："以前的三八节也在这里举办吗？"她说："并没有，以前都到乡里办吧，到村里来办，这还是第一次。不过这次主要是这个苗寨的节日在今年与'三八'节相对着，还有，这里的条件和文化也符合，农村旅游也发展得很好。"这位中年妇女很活泼，很开朗和健谈，有苗乡里的淳朴美。不多时，来了她的一个伙伴，40岁左右，苗族，挽起苗族的头饰，很有特点。她也说了一些看法，她说："把这种活动下到农村去，大家都很开心，这次不仅'三八'节有活动了，我们受到了尊重，得到了农村里传统观念很重的男人们的认可和尊重。并且，我们还赶上清江苗寨这里的活动，我可以带着我的女儿来这里跳鼓，穿着这几年做好的苗族衣服，看着自己的姑娘长大了，我开心啊！我每天都累死累活的，今天就让我那老男人在家帮我喂猪、放牛、守家吧！"大家听了，都哈哈大笑。

有个大婶走过来，抓住我的肩膀，那手还真有劲，肩膀有点酸痛，她说："小伙子，你在逗我们家叔妈？不过你要给我家牯子牛照张相啊，一会儿，我家老头子也拉牯子牛来打架。"我有点莫名其妙，她这么一说反而旁边的这群妇女乐了。我应答道："我哪有那个魅力啊！我一会去斗牛场，给你家的牯子牛照相。不过，我去跳鼓场的时候，介绍你姑娘给我哟！"还给她扮了个鬼脸。听她们说，这个大婶五十来岁，苗族，一辈子大大咧咧地，喜欢开玩笑。大婶又把说改成唱，用苗歌的调子哼里两句，表示谢谢的意思。接着说："介绍我姑娘，你臭美吧！"大家又乐笑了起来。

快12点了，伴着这笑声，我与她们告别，先回去找饭吃。等我吃好饭，休息一会儿，下午1点了，斗牛场挤满了人，好像开始了。

我走到斗牛场，人山人海，我找了个小空当钻了进去来到了斗牛场中央。有个老爷爷大喊着："小伙，快回来！危险！"我回头看了一眼，迟疑一下，跑到他旁边。老大爷对我说："这斗牛啊，比较激烈，牯子牛跑起来，踩倒了啊，那就不想活命了。"这么一听，还真有点胆战。老大爷又唠叨起来："我今年83岁了，身体还算硬朗，家住在这个寨子上，我们苗家人就喜欢看斗牛，我看了60多年的斗牛了。什么场面没有见过，你们要注意安全。"我点点头，表示感谢。斗牛开始了，老大爷看得很认真仔细，边看还边评价，还真很专业。我问老大爷："我们苗族为什么要举办斗牛大赛呀？"老大爷一边看精彩勇猛的斗牛，一边告诉我："斗牛文化是我们苗家人特有的。这一二月间都是农闲时节，牯子牛休息了半年，都喂得肥肥壮壮的，拉出来斗一斗，不仅有民间性、娱乐性，还体现了我们苗族文化的丰富性。斗牛啊，有一股冲劲，有勇气，有毅力，有坚强不屈的精神，也展现了牛的智慧和睿智，我们老百姓看了，不仅开心快乐，还得学牛的精神。到开春干农活的时候，也要有牛的精神去做农活，争先种好自己的庄家，来年有个好收获。还有啊，斗牛在这里，我们男女老少都喜欢看，聚集了很多亲戚和朋友，也来了很多外面的贵客，人气长高了，消费增加了，我们的收入也增加了。"老大爷简单地这么一说，两对牛都过去了，越到后面越精彩。要是不因为还要多调研，还真一直和老大爷看下去，因为有他这么专业地讲解，这斗牛更丰富有趣了。

　　下午3点钟左右，我来到跳鼓场，跳鼓场里已经人满为患，出进很难，向围看的叔伯阿姨们讲明了我进去的用意，在他们的准许下，我终于到了鼓场里摄了几张相片，我转了几圈，早上在球场让我下午去照她家牯子牛的大婶一把拉我到观众席，问我照了没有。我说："牛很多，不知道哪头是你家的，不过，你先介绍你姑娘来认识，一会去补照几张。"大婶走过去，把她姑娘叫过来，小姑娘还真大方，伸着手很礼貌地邀请我跳鼓，我有几分兴奋又有几分羞涩。在姑娘的引导下，我也跳起了木鼓舞，轻快而有节奏，变化多端且富有规律，每一个节拍都有着它的故事。因为今天是决赛，所以我跳了十多分钟，就退下来了，在旁边看着她们。围看的大多是正在跳鼓舞的小姑娘们的父母，我问旁边的一个母亲，43岁，苗族，是麻江县卡乌村的，姑娘19岁，现在读高三了，可还要争着来这里跳鼓。她说："村里有一大批姑娘，二十多个，今天都来了，有的还在学校读书，有的打工，打工的都在等这里的节日完了才出去。孩子们说：'到城市里，除了竞争，一点人情味也没有，城市的文化笼统而繁杂，没有我们这么质朴、纯洁、富有人情'。所以孩子们高兴，能来跳鼓，我们跟着来看，也开心！"站在旁边的阿姨接上话："看到姑娘们大了，穿着我们制作的苗族衣服在这里跳鼓，让大家都来看看，比比我们谁做的衣服漂亮，我们觉得高兴，有成就感。节日过完了，我们回去干农活也带劲，孩子们也安心、努力学习。你看我那大女儿都考上了大学。"看着阿姨那幸福的样子，我有些羡慕。羡慕她们对自己的文化很自信，羡慕她们质朴、纯真、知足而富有爱心，对着我一个陌生的小伙，无话不谈。对我这个初来乍到的异乡人，这里的苗族人民对我百般地照顾，他们用自己的方式诠释了一个民族的大爱。

　　看来，翻鼓节在这一带已经受到了热爱和关注，翻鼓节文化的影响深远，它给人们带来的不仅只有快乐，还树立了人们对它的价值观，对一个民族民间文化的取舍、传承与发扬，这正是苗族力量所在。在科学技术发达的今天，翻鼓节也不仅是祛恶除邪，还是苗族人民对文化的尊重和信仰，是人们生活中农忙和农闲时节里重要的部分，也给我们以城市里难以找到的幸福和快乐的平衡感。如果，我们能把这种文化、这种力量、这种精神推而广之，那么，我们的和谐社会脚步就越来越近了。

天色渐黑，跳鼓结束了，可鼓声还回荡在我的耳畔，伴着这鼓声，踏着舞步，渐入了美酒的梦乡。

（三）

2012 年 8 月 4 日，专业实习一结束，我就再次踏上火车，去往丹寨县清江苗寨做补充调研。通过这次调研，一是要弥补前面几次调研的不足；二是希望再次深入少数民族村寨的实际生活环境中，感受少数民族文化，体验少数民族生活。下午 13：50，我乘坐贵阳至凯里的 5640 次列车从贵阳出发，两个半小时候到凯里，下火车后坐 1 元的公交 20 分钟后到凯里州林汽车站，乘坐去南皋的班车。南皋是一个乡镇，清江苗寨是南皋乡的一个行政村，经过一个小时就到了清江苗寨的路口，约 30 分钟的步行就到了村寨。

这个时候，天已经渐渐地黑了。幸运的是遇到了上次去他家采访的姐姐，是村长田仕的弟弟的媳妇，她是前几年从云南嫁到贵州这个山区的苗寨来的，是个少数民族的女孩，今年 25 岁，是 2 岁孩子的妈妈了。她有一股蛮劲，热情豪放，一手拉住我的胳膊，就把我拉往她家去，想挣脱都难，盛情难却，也不好溜掉。在少数民族地区，如果主人盛情邀请你到家做客，途中跑掉那是不礼貌的。到她家后，只有她的儿子在看电视及她爷爷（这一般是苗族的称呼，即是她老公的父亲），她爷爷有病在身，不能起卧，生活都必须有人照顾，这是上次我来到家中了解到的。老人家 61 岁了，患有风湿病，但头脑耳目清醒，一听到是我来了，想爬起来和我说话，见状我急步走过去和他寒暄起来，姐姐看到我和她爷爷相谈甚欢，不再搭理我，便开始为我们准备晚餐。老人问我："小田怎么突然回来这里啊？"我告诉他，我上几次的调查还不够满意，想更多地了解这里的民间文化，把我们苗族的文化宣传出去。但是，我需要这里的人们都来帮助我，给我提供一些资料，说说一些故事。老人注视着我，想了下说："这个想法很好，我上次听儿子田仕谈了你的一些情况，可能在调查过程中遇到一些困难。比如说不知道寨子里有哪一个老人比较有故事，哪一个老人懂得某一方面的事情，是有点困难，但年轻人要吃得苦，多了解情况吧。今晚好好休息，明早上我给你说个年轻人，你去他家找他，让他带你去找人，这样会好些。"我连点头谢谢！我想，一个生病的苗族老人，对着外面来的客人，尽管陌生，却依旧按着少数民族的礼数真诚相待，给予帮助，我的内心有一股热流涌上心头。不一会儿工夫，或许是老人太热情，让我谈话都忘了时间。姐姐煮好了饭菜，一桌子的菜，特别香，锅里头正是一只土鸡，那味道特别地鲜味正宗。苗族里，有客人来家，宰鸡待客，那是当贵宾相待，如此盛情，我感动万分。姐姐摆放好碗筷，从房间里拿来醇香的糯米酒，散发出阵阵清香。我感动得泪涌心头，才到这里几次，可每一次都是拿着家里最好的菜，最好的酒，宰杀家里唯一的锦鸡来招待我，对于我来说，这是一次盛宴，是我永生难忘的日子。这时候，姐姐邻里的好姐妹也都来了，大多都是这个村子的儿媳妇，自己爱人大多远离他乡打工去了，只剩下她们留守在家，帮助老公看家，种植农业，看护孩子，照顾老人。每当姐妹家来了客人，你传一我说二，大家都知道了，都跑到有客人的姐妹家去陪客，吃好喝好后，还要到每一家去继续喝酒。从家门口进来了 3 个中年妇女，都友好热情地和我打招呼。看到她们的热情，我既开心又担心害怕，是因为能有着这么热情的民族而感到开心，又因为自己不胜酒力而担心害怕。村长因村里晚上开会，比较忙，不能回家吃晚饭了。等坐齐后，开饭了。品尝酿藏了多年的糯米酒，新鲜的土鸡、田鱼，还有放在坛子里的蕨菜等，之后便开始敬酒了。较大的妇女开始站起来，为我们唱起酒歌，大意是：请喝完这杯酒，欢迎到家做客，我们都是好朋友！这酒歌悠扬动听，若陶醉于酒歌，待酒歌唱完，你碗里的酒没有喝完时，又罚一碗；若在唱酒歌完之前，你喝完酒却没有让唱酒歌的人看到你喝酒了，那又重来一杯。有时唱酒歌太动听，沉醉于歌境中却醉于酒，有时着急于喝酒却醉于心。我想，来到苗乡，就敞开胸怀，尽情畅饮，酣醉苗乡，胜似神仙。我们在一家唱完三首酒歌，就走到另外一家去，一家一家地走，一家一家地喝。她们把家里最好的美餐拿来招待，最好的酒拿来喝，我们尽情地喝着，快乐着……等我醒来的时候，天已经大亮，躺在家里最好的床上，我想，我醉了，醉于苗乡，醉于这里纯洁善良的人们。

揉一揉眼，感觉还是有些醉意。家里没有动静，原来是姐姐已经上坡去了。我和姐姐的爷爷打了声招呼，便去找老人家说的村里的青年。这个青年是村里的积极分子，离村长家只有几栋房子，青年学名叫田笙佑，奶名叫贵林。在苗族里，每一个人都有一个奶名、一个学名，奶名是孩子出生的第三天由老人给取的，还要举行一个重要的仪式，把家族的人都喊过来，一起看小孩拜堂。学名是孩子要上学了，请来先生给取的，一般都是在锦鸡叫的时候取好，乘这个时候父母带孩子去老师家报名拜读。据说，这样孩子就很会读书，村里有一大学生就是这样的，现在某县当局长。贵林 31 岁，男，苗族，还没有结婚，常穿着他母亲给他制作的苗族衣服，特别的神气。我到他家门口，看他正从坡上挑着一担草回来，"嘿！贵林哥，割草回来呀，我正找你呢！"我大声朝着他喊，他抬头看见我，露出了久违的笑容对我说："到家里坐，我放好草就过来"。一会儿，他回到家里和我寒暄了几句，我俩简单地吃了点早饭，他就我想了解的问题带我往寨子里逛。

清江苗寨由大寨、南寨、月亮坡、大冲寨和清江新村组成，南寨是一组，大寨是二、三组，岩寨和月亮坡是四组，清江新村是五组。南寨在大寨的河对面，大冲寨和月亮坡在大寨的右侧山坡上，在大寨的学校球场里，是看不到月亮坡的人家，要是爬上去，也要 40 分钟左右。去南寨大概 10 分钟，而去清江新村是要花大概 1 个小时，坐落在麻江县宣威镇卡乌村过去不远的地方，途中要经过一条小河和一条大河，小河是南皋河，大河是卡乌河，是黔东南州清水江的上游。根据清江苗寨的寨落分布和干农活的规律，现在是 8 月 5 日 11 点 21 分，寨子里的人都从坡上赶回家吃早饭。于是，我决定让贵林哥今天带我在大寨溜达。

11 点半，我走访寨子里寨老田国朝（男，苗族，76 岁），老人刚吃好饭，本要喊着我喝完酒再聊，但我说明了自己这次调查的重要性，待工作完了再回来喝，老人才放了我一马。我们拿了几把凳子坐在家门口，开始聊了起来。因为上几次来过，都了解了一些，我就开门见山了，明确表示很想知道清江苗寨的翻鼓节是怎么来的，寨老田国朝一边回想一边和我说起翻鼓节的由来。根据田寨老的叙述，翻鼓节的来历大概如下：

我们苗族的老祖公和舅公（祖先）都住在天上，老人家挂牵着他们的子孙后代，每年正月十五，都要喊在地上的子孙后代上天去跳鼓。地上的人孝敬祖宗，听从祖宗的安排，每逢那天，大家都穿金戴银、佩戴花朵，打扮得漂漂亮亮的，踩着比天还高的马桑树，上天去过节。每去一次要跳12天12夜才回心转意地回来。

有一年正月十五（苗族里的节日一般都以农历日子来测算的），我们寨子的告当、沃久①两夫妻照例要上天去过节，临走前，他们交代好自己7岁的女儿阿尼②，处理好家里的家务事并照顾好弟弟。阿尼点头答应，并让阿爸阿妈尽管放心地去过节跳鼓。

告当、沃久和乡亲们一路来到了天上，他们见到了祖公和舅公，向老人请了安，又喝了糯米酒，吃了刀口肉。祖公和舅公看见后代兴旺发达，心情高兴喜笑颜开，祖公挥槌击鼓，舅公唱起大歌，大家围着木鼓欢乐地跳了起来。一霎时，鼓场上的鼓声咚咚，芦笙嘹亮，歌声阵阵，真是热闹得很。跳到第七天中午，沃久口干了，想去找水喝，又舍不得离开跳鼓的行列。后来渴得实在受不了，沃久忍不住匆匆忙忙地往舅公家跑去。她走进厨房里，见水瓢在灶头上，不假思索地一只手按着灶台，一只手拿着瓜瓢舀水喝，然后向鼓场奔去。

沃久这一喝水就闯祸了。我们苗家有个规矩：嫁出去的姑娘，要是在丈夫家摸了锅灶，就不准再摸舅公家的了，沃久一心跳鼓，无意中犯了禁忌，惹出老虎精要吃她的儿女的大祸来了。

老虎精变成了一个老太婆，哄骗阿尼和小弟弟，说她是他俩的外婆，叫她俩开门。在睡觉的时候，老虎精吃了阿尼的小弟弟，吓得阿尼躲上楼去，她在楼上把葫芦瓢滚得隆隆作响，说是雷公要来劈老虎精，叫老虎精躲到柜子里去，老虎精钻进了柜子里后，阿尼立即下楼把柜子锁死。后来，当老虎精在柜子里要东西吃的时候，聪明的阿尼将一块烧红了的铁针

---

① 　告、沃是分别是爷爷、奶奶的老字辈的意思。
② 　苗族里女性的奶名称呼。

塞进老虎精的喉咙，把老虎精整死了。

老虎精是被整死了，但样子还是很吓人，阿尼人小胆子也小，期望阿爸阿妈能马上回到身边。可是，阿爸阿妈不到时候是不会回来的。于是，她就请蝉上天去报信。蝉飞到天上去，先飞到沃久的裙子上，又飞到告当的芦笙上，焦急地大叫："嘟嘟哩、嘟嘟哩……"可是芦笙和木鼓声太响了，盖住了蝉的声音，谁也没有听见。祖公和舅公看见了蝉，心想："一定是出什么事情了，地上的虫虫才飞到天上来"，就喊："不要吹芦笙了，看蝉给我带来什么消息！"芦笙停下来了，大家听清楚了蝉的叫声："嘟嘟哩，嘟嘟哩！告当和沃久快回去，老虎精吃了小弟弟，阿尼在家多孤凄！"

祖公和舅公捶胸顿足："哎呀，一定是你们哪个犯了禁忌、犯了禁忌呀！快，快快停止跳鼓，大家都回去照料！"

告当和沃久急忙向蝉道谢，辞别了祖公和舅公。乡亲们也都争先恐后地从天上下来。

告当回到家里，阿尼向他哭诉了前后的经过，告当气得火冒三丈，他把老虎精的尸体拖到院坝里，喊着乡亲们来分老虎肉去吃，乡亲们都恨死了老虎精，有的扛斧头，有的拿大马刀，你一块，我一块，把老虎精的肉剐分得只剩下骨头架。

第二天，剩下的虎骨架又恢复了原先的样子，告当又大喊乡亲们来砍。第三天，老虎骨架又变成了肉皮完好的死老虎精。告当感到非常奇怪，心想：干脆把它丢进河里，让河水把它冲走算了。告当扛起老虎精的尸体，来到我们现在鼓场旁边的那个河滩，将它"扑通"一声甩进河里。老虎精的尸体在汹涌的河水中翻滚了几下，从浪花中钻出个黑影来，仔细一下，是个老虎的影子。正当告当疑惑不解的时候，只听老虎精大叫："世间的老虎们听着：你们一年生九窝，一窝得9个，9个崽都狠，个个都吃人，替我把仇报！"

告当急忙大声喊："你说错了！应该是：9年生一窝，9窝得一个，个个都很傻！"

虎影答："是这样吗？"

告当答："对，就是这样！"

告当的口语混淆了老虎精，要不然，世界上早就是老虎成灾了。但是，虎影还不甘心，它又去邀请药毒瘴和各种害虫来整治告当和乡亲们。在虎影凄厉的叫声中，吹来一阵阵阴风，寨子被瘴气笼罩了，不少人都患了重病。以前我们寨子都住在那座高山的山脚下，寨老指着寨前那个方向对我说。草叶和树木上都爬满了虫虫，还有家门口的这些稻田也全都是虫虫，叶子都快被啃光了，一场更大的灾难压在了乡亲们的头上。

告当看到这个情况，急忙上天去，向祖公诉说了人间的不幸。祖公听了，捧出木鼓来交给告当，说："木鼓在天上聚集了日月精华，它的威力无穷！你带上它，放心地回去吧，去敲木鼓，去拯救生灵！等你们敲木鼓的时候，我和舅公就去看你们。"

告当扛起木鼓，匆匆忙忙地下了人间。木鼓太重，他的一只脚一下踩到马桑树的树尖尖，就把马桑树踩矮了踩歪了（因此，现在的马桑树都长不到三五尺高）。告当站稳不住，身子一偏，就摔倒在了地上，而木鼓就顺着山坡越滚越远了。木鼓比生命还重要呀，丢了木鼓那还了得！告当忍住疼痛、奋不顾身地四处寻找，可是连个影儿都见不着。

告当碰见一只锦鸡，拜托锦鸡寻找到了木鼓，可是被藤子缠住了，无法解开。又去请了耗子，把藤子啃断，木鼓一下就顺着山坡滚到河中去了，发出了惊天动地的响声。告当急忙向河边奔去，乡亲们听到了响声，也都跑到河边来了。只见木鼓在河水里一沉一浮的。河水太汹涌了，人根本就不能跳下去，以前的河水比现在的河水大得多。告当只好向水性较好的獭猫请求，请他用大绳子去套紧木鼓，回头乡亲们回家牵几头水牯子牛来拉，一会儿工夫就把木鼓拉到了岸上。到后来，我们苗家人对水牯子牛都很敬重，很多苗族的家里的门头上至今都还挂着一对水牯子牛的牛角，用做祭拜。等木鼓拉到岸，这已经到了二月的第一个猪（亥）场天了，乡亲们都做好了鼓架，把木鼓安放好，告当戴着草帽，挥槌击鼓，把木鼓敲响了：

木鼓敲响一下，笼罩寨子的瘴气散了；

木鼓敲响两下，草木上的害虫都掉下来死了；

木鼓敲响三下，把老虎精震得到处躲，跑到深山岩洞里去了，病在床上的人们都好了。

木鼓声音回荡，祥云飘绕，祖公和舅公都从天上下来了，他们走进各家堂屋，踩了各家的火塘，又来到鼓场。

乡亲们都很高兴，很开心。当妈妈的，从柜子里翻出最好看的花衣和银花银帽，精心打扮自己的儿女；当父亲的，拿出了最香的米酒，来款待祖公、舅公和亲朋好友，一起击鼓，一起跳鼓，一起唱鼓歌。所以，现在我们苗族在一起吃饭都要喝酒，都要唱歌，能说话的孩子都会唱苗歌，能喝奶的孩子都会喝酒。每当客人要离开的时候，都会用苗带子和腰裙捆着客人的肩膀远送。

那次灾难过后，祖公和舅公要回天上去了，临走前，他们立下了规矩，说："把木鼓留给你们世代相传，一年敲一回，妖魔鬼怪都不敢进寨。为了照顾孩子，跳鼓就只能跳个一至三天了，摸了丈夫家锅灶的妇女再也不准跳鼓了。记住蝉的情，跳鼓就不要再吹芦笙了；记住锦鸡的功劳，感谢水牯子牛的恩情，每逢过年过节你们都要祭拜好它们；等你们木鼓一响，我们就要回来看你们，平常没有什么急事，切记不要敲鼓！"

从那以后，每年二月的第一个猪（亥）场天，我们都过节，既请我们的祖宗回来过节，又能驱除妖魔和不顺利的霉气。因为那天要把珍藏在岩洞里的木鼓翻出来，搬到鼓场去让亲戚朋友一起欢歌跳鼓，所以叫"翻鼓节"；同时又要向青年人宣扬这段古老的故事，又叫"翻古节"。

听着寨老投入的讲述，我不忍心打岔。我对田寨老讲述的这些有些好奇和惊讶，比如锦鸡会帮着我们去做事吗？獭猫能听懂人的话吗？但我想，鸽子都能传达情书，其他的动物也会做到，由此打消了念头。人与自然的和谐共处，一方有难，倾囊相助，团结友爱，勤劳勇敢，体现了苗族的豪迈大气和特有的实干精神，这大概就是故事的精髓和核心所在吧。

此时，已经到下午 5 点 42 分了。寨老要赶牛上山吃草一会儿，贵林哥也要回家做饭，我也随着贵林回去了。本想和贵林吃饭之后，晚上再去另一家。可等到晚饭的时候，贵林的妈妈，我叫伯母①走亲戚回来，正好赶上我们吃饭，伯母去把家里坛子装有最好的米酒拿来，我便走不开了，想去另外几家采访是去不成了。

伯母很热情，家中就我们三人。据说，伯父在前几年病故了，两个姐姐都外嫁，一个嫁到附近不远的村寨杨家，是贵林的外公家那边，归麻江

---

① 贵林哥的母亲，名叫杨阿仰，61 岁，苗族，家庭妇女。

县。另一个姐姐嫁到上海，听说比较有出息，伯母谈起女儿的时候，都很得意和骄傲。贵林还有一个弟弟，现在台江县政府某单位上班，因工作忙常年很少有时间回来，家中只有伯母和贵林哥，今天我来了，就多了一个人，伯母是非常高兴的。伯母知道我是来搞调查的，就让贵林打电话把村长田仕也喊来了，因为村长年轻，30多岁，也还没有结婚，我们有话聊。

田仕来到后，我们开始吃饭，一边喝酒一边聊。我问一般现在的这个翻鼓节日是怎么过的。伯母说："翻鼓节"是我们附近少数民族仅有的节日，南皋乡尝卡村和麻江县宣威镇卡乌村的是铜鼓，他们过节都是敲铜鼓，那个铜鼓是用铜制作的，而我们是木鼓，是用马桑树制作而成，宰牛祭拜，用牛皮包裹两头，鼓声一响，响到方圆数里。过节那天有事开春时节，农历二月第一个亥日，山草树木、家禽鸟兽都睡醒来和我们过节。而你说的怎么进行，一般是这样，先由家族公推家族长老，再由各族长老进行竞选，再通过群众公开公平推选寨老。寨老产生之后，由寨老来清点鼓族委员会（其条件是：已婚男子六旬以上，家境较好，为人正派、公道、能干），分别负责各种有关事务，每三年都要选一次。然后以族为单位，筹集资金，购买仔牛一起喂养，以此类推。节日各族还要准备一定数量的猪、鸡、鱼等祭品，以便配杀。节日交时，全村在寨老的领导下，带足糯米酒、糯米饭、鱼、刀头肉、锦鸡等祭祖品到鼓场燃篝火祭拜，杀牛祭祖，敲鼓声，唱鼓歌，贾噶理（贾噶理为苗语），方圆数十里的青年男女（女孩必须未嫁过）穿着盛装一起欢跳鼓舞。任凭下雨也要按日进行，且不能打伞、戴斗笠等。同时，翻鼓节还举行斗鸡、斗鸟、斗牛、叉河、苗歌、篮球、赛马、划船等活动。听着伯母很专注地说，我们抬着头认真地听，翻鼓节是个特别隆重的节日，活动丰富，体现了苗族人民对节日的重视，对木鼓的真诚信仰。我想，翻鼓节到了今天还能保持得这么好，苗族传统文化的传承就是靠一代一代的人来继承和弘扬，并发扬光大。

伯母讲完后，又给我唱了酒歌，我和村长、贵林三个又干了一杯。醇香的米酒越喝越想喝，醇香无比又爽口，回味无穷，但我有事在身不敢贪杯。村长说，翻鼓节之所以举办了这么多的项目，是为了结合少数民族的传统民间文化和劳动人民的爱好来添置举办的，希望体现农民勤劳勇敢、吃苦耐劳的精神。同时让大家在辛勤劳作一年之后在这盛大的节日里轻松愉快一下，展示农民的聪明才智和不怕苦、不怕累的精神风貌。再就是希望通过这些节日，吸引来外村或外地的姑娘，让我们这些还没有结婚的年轻人有机会，去谈谈恋爱，去交交朋友。因为现在村寨的年轻人大多外出学习或打工，彼此难得相聚在一起，而在外地又没有归属感，很难找到合适的对象，长期下来也确实造成了许多大男大女的婚姻难题。通过举办这些活动，能够充分体现我们苗族人民的团结性，调动每个人的积极性、创造性，努力学习、努力打工、努力干农活，待到来年都有好的收获。

我举起杯酒，敬村长一小杯。感谢对我这次调研工作的支持与帮助，让村里的每一个人，不管男女老少都相信我，支持我，毫无保留的告诉我他们知道的东西。尽管在我看来，这个村的旅游发展还很落后，但是，我看到了这里人们的努力和干劲，有一股力量，让这个民族充满生机。

村里的工作复杂而烦琐，我也成长于农村，对农村生活也是有一些了解和体会。我问："这么多年来，翻鼓节一定吸引来了很多国外和国内的游客，有可能给你们的宣传带来了很多的帮助，同时经济上也会有一些收入，但不知道，你们村里是否存在某些矛盾？"贵林哥是个直爽的人，抢先说：矛盾是有点，但是问题也并不大。就在去年，村里有位大哥叫田凯帅，在外面发展得较好，给村里的翻鼓节捐资了10000元人民币做活动，村里再筹集一点，村里的领导去乡级、县级和州级单位申请一点，总资金大概接近3万元嘛，然后大家通过商议，跳鼓第一名3000元，第二名2000元，第三名1000元，并且每一个队伍奖励100元。姑娘来了很多，比凯里市甘囊香①的国际芦笙节还要多，还要热闹。这证明我们办得越来越好，有越来越多的人们知道了这里。节日过后，就有很多外地人过来这里游玩、消费，我们大家就有了收入。可到今年，就是上次你来过节那次，主管木鼓的那家，当家的叫田井智，50岁左右，在今年醉酒了，拜祭仪式结束后，死活没给我们请木鼓到鼓场去，原因是村里面有了上级单位和外地人来帮扶或游玩，有收入了，没有给予分红。而实际上，这几年来，上面的领导来这里吃喝，大多是村长自家出钱，有时候家里没有酒，

---

① 芦笙场在凯里市舟溪镇。

离我家这里近，我母亲知道了，把自己酿的米酒送过去，不是为了什么，而是我们苗族人好客。

我听贵林哥这样把问题抛了出来，村长看了我一眼，对我说："其实村里这些年的工作，自己也是年轻人，刚进来参与组织村委工作。苗族旅游发展，在我们村发展的这个阶段，只有投入，基本上没有收入。在生活上，有时候我们还应该感谢伯母，有她在，我们今天才能喝上这碗米酒。发展就是造福人民。为人民服务嘛，有红利是要分的，但我们离这一步还差一点。"

我听了这些，但好奇的是，在今年的翻鼓节里，木鼓请到鼓场了，还来很多穿着漂亮苗族衣裙的姑娘跳鼓，很精神，很漂亮，很有激情。其中我搭讪的有几个姑娘是台江县那边来的，是苗族，衣服和清江苗寨的衣服不一样，那种叫住台江苗；还有一个队伍是从黎平县那边过来，是侗族女孩，侗话和苗话不同，一般说侗话我都不清楚大意，苗语我还是略懂一些，还有两队是从雷山苗寨过来的，少数民族的衣服都很鲜艳亮丽，都是一针一线织缝起来的，非常漂亮。村长说，我记得过节，也就是今年农历二月初六五，在你到的时候已经是下午 3 点左右了，寨里的寨老出面，他才不敢干扰公务。据说，在寨子里，一般纠纷和决定大多由寨老来组织开会来做判断，若寨老发言了，有谁不遵守，那么，待到他家红白喜事，出什么意外的事情，村里的所有人都不去。在农村里，邻里之间相互帮忙是很正常的，缺一不可的。一般情况下，寨老的威望很高，受人尊敬。不知不觉，已经夜间 12 点半了，酒一杯杯地喝，伯母热情地招待，三个光棍无话不说，醉意朦胧中，我添碗米饭，填饱肚子，收拾好碗筷，渐入梦乡。

2012 年 8 月 6 日早上 9 点，我起床的时候，贵林已经上山回来了。在这个季节，农活不算忙，大多是割点草、捡点干柴、守望点田水。吃过早餐，我和贵林打算去南寨管理木鼓的田井智家，家里也只有两个老人，田井智的父母亲，年轻的都打工去了。因为昨晚喝醉了，起得较晚，田井智的父亲田应恒[①]赶牛上山去了，还没有回来。听邻里的大婶说，一般中午

---

① 田应恒，是田井智的父亲，73 岁，苗族；接替祖父掌管木鼓，这支人的木鼓才可请到鼓场去，其他整个清江苗寨的四五支人的木鼓藏得很好了，不用再翻出了。

一两点钟后他才回来。我看时间，上午 10 点 51 分了，要等的话还是需要很长的时间。于是，问清了老人放牛的地点和方向，贵林哥带我一起去寻找。大概花了一个多小时，在中午 12 点 05 分的时候，看见老人在梯田里睡觉，牛儿在他不远的地方吃草。因为来过苗寨做过几次调查，老人对我也有些印象。一听到我们的脚步侧身起来看，腼腆地露出笑意，惊讶地问我们怎么找到这里的。贵林说，这不难，我还是比较熟悉的。老人看看手表，不算早了，便说：今天你俩来，肯定有事，我就早点下班吧，帮我去赶牛回去。听到这，我有些兴奋，农乡的人非常善解人意。立马去帮着赶牛，因为下山，半个小时就到家了。邻里的大婶回来，从家里端来了热喷喷的粑粑，是用田里的小麦磨成面粉，然后自己加工的，与城市的馒头不一样，我咬了一口，特别好吃，连多谢都忘了说。老人拿着凳子摆在堂屋门口，我们边吃边聊起来，我直言不讳地问起今年翻鼓节家里人和村委出现的纠纷或误解的事情。老人很坦然，你说这事我记得，那是大儿子喝了酒，拿酒说话，责备村里迎接上级领导和外来的客人没有带到我家来坐一坐，吃一点饭，喝一点糯米酒，我们农村里，没有像大城市里有很多好吃的，但代表我们的心意，尽地主之谊，我想着这事对的。儿子聊到村里分红的问题，现阶段好像没有收入，或许是误解村里的领导了，但也确实存在领导们以权谋利的说法，吃喝问题没有明细公开，村民有意见不敢说，我儿子借酒，趁着节日说事，拿木鼓来压人。如果我们每一个人都这样，以自己的方式为自己获利，忽略了人民群众，那么，我们就谈不上发展了。反正，我们并没有恶意要这样对待大家，也并不是不允许把木鼓请到鼓场去。那天，我还指责了我的儿子，可他酒喝太多了，没听我的话。村里的年轻人、妇女都来把这门口站满了，大概有百把号人，有的吵得很厉害，差点打起来。我们苗寨都是田氏家族，算是好的了。最后几个管事一点的年轻人去把寨老田国朝老人请来了，把我儿子说了一通，才把木鼓请出去，给远方来的客人谢罪。我没有意见，一心只想把我们的民间文化继承下去，发展好，保护好。同时，也吸引很多游客来村里游玩做客，不是热闹多了。

老人侃侃而谈，我感觉不无道理。寨里的每一个人，不管男女老少，都有一颗淳朴的心，把自己的家门口打扫干净，把自己的家乡建设好，逢年过节，把本民族特有的传统文化坚持发扬下去，接朋待友，一心只想把家中藏得最好的东西招待你，把心里最宝贵的礼物赠送你。苗乡里的人们善良、淳朴、真实、求真，没有功利，追求民主和自由，有自己的言论，做自己想做的事情。一旦谁家有难，全寨相拥而上帮扶，团结友善，人心凝聚，这或许就是苗族精神。

下午3点了，炎炎烈日，我很想去河里洗澡。与邻里的大婶道了声谢，感谢她提供美好的中餐，便往河边去。在南寨下往河边的石梯子上，看见不远处的河滩上有几个中年妇女和几个年轻人在染布料，贵林哥告诉我，那是我们苗族里制作苗衣裙用的布料，这是手工的前期，别看那么简单，其实需要手艺和经验的，等效果出来了，就知道谁做得最好了。你看那么多人到这一处来，都是为了相互帮忙，你教我，我教你，都期望自己的儿女穿上最漂亮的，到了跳芦笙、跳木鼓的时候，才不感到害臊。

我有些好奇，走进过去看看。碰到一个阿姨，据了解，名叫吴阿匹，48岁，苗族，外婆家是凯里舟溪镇这边的，19岁就嫁到这个村里，现在是家庭主妇，老公出车祸去世了，家中有一男孩两姑娘。我问阿匹：做好这个布料需要什么材料？她看我对这个有兴趣，心里很高兴，便与我说，需要很多工序和材料，要用白布、猪血抛光，蒸煮加热、冷却、太阳暴晒、清水净洗等，这个做好也得花一周的时间，并且还得天气好，有太阳。我点了点头，说你的女儿呢？不来帮你忙。她骄傲地说，大女儿早就打工去了，现在深圳一个公司当经理，二女儿现在上大学，老幺（最小的儿子）在县里上高中，考大学应该没有问题。他们比我见识多，不愿意学这个了，还关心我别太劳累，多休息，少做这个啊！可是，我没干这个，就找不到钱给他们生活费。也难，两只手还染得黑黑的。

听着匹阿姨说的，虽然有点辛酸，但是充满幸福。她还告诉我，这个染布料做好了，15—20元一米，认真做好了，赶集的时候，拿去场坝卖或者有人家到村里来收，家用和两个孩子的读书生活费还是可以解决的，其余的大女儿帮补一些，还算过得幸福。

旁边有一位母亲和两个孩子，我一打探，这位中年妇女名叫文阿英，苗族，39岁，旁边的两个小孩，一个是她女儿，另一个是她女儿的男朋友，十七八岁左右。男孩是汉族，是湖北人，在打工时认识的，跟女孩来到这里，今天来帮妈妈忙。我用普通话问他们是否喜欢这个，他们都摇头了，主要原因是现在城市里的流行衣服太多，漂亮的衣服太多了，感觉这个衣服没有那么时尚，并且制作这个衣服花的时间比较漫长。那么，会做吗？女孩告诉我，会一点但做没有母亲做得好，不经常做，初中毕业之后就去打工了。女孩和我说起话来，有点羞涩，不过，我还是赞扬她做得比我好。我问她，如果像我们这一代人都不想做，也不喜欢做了，那逢年过节我们穿什么，以后大家都不会做了，我们的手艺丢了，多可惜啊！女孩腼腆地说："等到没有穿的了再说啊，现在街上有机子做得很快，又便宜。如果都不会做了，真的挺可惜的，现在也有部分人喜欢手工做的，价格虽然贵点，但穿起来很舒适，质量好、又漂亮。"女孩又补充道："别小看这一小点，我妈妈做两个星期，比我在外面上班的一个月2000多元的工资还高。"

我为此感到有些惊喜，要是在苗寨的服饰里开辟一条销路，把它搞成生产流水线来做，一定发展得很好。我又问那女孩，假如为了不让这个民族的手工艺、染布、织坊、刺绣在这一代人里丢掉，我们该怎么办啊？女孩望着天空，随口说了在学校里办这样一堂课呗，把小学里每一周有两三节课请寨里的老人来教啊，等小朋友们毕业了，也都会了。就不像我们毕业了，现在什么都不会，你看我来学啊，有点笨拙。我想，女孩提到在学校开班，这个建议好啊！我向她伸出了大拇指。如果我们开一个班，把苗族独特的传统文化和民间手工艺，比如我知道的苗歌、情歌、酒歌、说贾、苗族舞蹈、民间民谣、七姊妹等都融入于课堂，既丰富孩子们的学习与生活，又能继承好和保护好民族的传统文化和独特技艺。

男孩看着我和女孩用家乡的话（苗语）聊着，既听不懂更插不上嘴，有点傻傻的。我问他："到这苗寨来，有什么体会？"男孩告诉我，这是一个热情好客的民族，他们有着丰富而深厚的民族传统文化，很有趣。当你在城市里生活、学习和工作，你是无法想象会有这么一个地方，有着这么神秘的文化，这么漂亮的衣服，这么丰富的晚餐，并且这些东西都是这个民族的人们用着自己的双手创造出来的，保持这原有的特质，这里的一人一物都是那么的淳朴，真实地反映了人类生活在这个社会和大自然中应该展现的本性，特别的真实，特别的真切。

男孩谈得很投入，感受很真切。我好奇地问，这女孩是你的女朋友吧？男孩微微点头，很幸福的样子。我说，你怎么找了这么远的姑娘呀？他反驳我：爱情没有地域的差异啊！这里很美好，我还打算在这里定居了。我喜欢这里的文化，喜欢这里的节日，喜欢这里的生活和环境。你看我岳母和我的女朋友在这河滩晒苗衣裙的布料，这仅是一个工序，还需要很多繁杂的工序要做，我对此很好奇。并且这个做出来的产品也很昂贵，但缺少销路，一般这里的妇女都只做好几套，一套给自己的女儿，一套给自己的儿媳妇，或者做给自己穿。却没想到把这个卖出去，然后通过这样的产品来扩展一条销路，引领一个苗族服装的市场，来提高这里的知名度，树立一个民族的品牌和精神。我想到那个时候，这里就会发展起来，这里的农民就会过得比现在好。

我感觉男孩说得很有道理，真值得我们去想象和思考。告别了他们，我和贵林哥回到了家里，吃了个酸汤饭，便一起下河去捞鱼，当作今晚的晚餐。

2012年8月7日早晨，我和贵林哥去离他家有几里路远的稻田看望田水回来，有村里的几个青年坐在家门口，原来是来邀贵林一起去川洞看一下。据说是那里的田被开发了，去谈了无数次，但在经济赔偿和征用方式的协议上始终没有达成一致，所以村民们要求大家团结起来，维护和保证自己的利益。

这几个年轻人家里的田和地都在那里，贵林哥家的也在，是一块地，原先村里面征用为村公路了，但去年公路修改了一下，不再途经洞口而过，而是搭了一座约15米的桥。所以在国家征地补偿中，那条路也属于贵林家的。这几个青年都是村里的积极分子，喜欢参加村里的公共基础设施建设。经贵林给我介绍，一个叫阿海，24岁，苗族，喜欢吹芦笙；一个叫阿桥，21岁，苗族，喜欢打篮球；另一个叫阿九，29岁，苗族，喜欢唱苗歌；还有一个叫阿天，30岁，苗族，喜欢捞鱼。这四个人都在外面打工，都是家里的父母不能处理了，喊他们回来，并且除了阿桥，其他的都是单亲，出去打工的这些年里，都只有母亲在家。

阿海跟我说："今年的3月份，和自己的女朋友去了青海打工，为了多找点钱回家结婚，就去选择了挖煤这个职业，挖煤按照老人的话来说：

'人是已经死了，只是还没有埋'，挺辛苦的，但是开心。到了7月份，老妈打电话来说：'凯羊高速公路在川洞那里修一条大约300米的大桥，测量桥基的时候没有占用我们家的田，但现在说要用我们的田来放东西，政府和村两委的人三番五次来家里逼老人签字。'我听了很痛心，就丢掉工作回家来了。没想到，回到家的时候，这几个兄弟也回来了，阿桥从温州来，阿天从上海来，阿九从浙江来，都比较远。阿桥一家除了他老爸，脑子不太管事，留在家看家，其他都在外面打工。我们的父母都被政府和村里的领导欺压签字和盖手印，我们这四个人的父母亲都认不得字，不知道那个协议里说的是什么，在这种情况下，签字怎么行呢？我对此感到很气愤，所以今天才邀大家一起去说说理。"

阿九接着讲："阿海讲得对，我母亲一个人在家，不认得字，三番五次去威胁我母亲，一个老人家孤苦伶仃，近60岁了，还要被人欺负。并且那田也是我们家的，国家承包给我们管理，国家有权征用，也得走正规的法律程序呀，保证农民的权益啊！"

阿桥讲："开发是件好事，修路是件好事，我们苗寨这里没有一个人不欢迎，不高兴。我们这几个也大力支持。但是像我老爹那个样子，你去喊他签字，他能知道是什么？我就郁闷了，我们的政府，我们的领导在搞工作中，是否考虑到我们的感受，是否考虑到了我们农民的生存？我们的这种气愤和愤怒是他们用权力去遮住了那只黑暗的手，是想把老百姓的利益化为自己的，真没良心。"

阿天也说："我们并不是去为难政府，我们只想讨回一个公道，我母亲71岁，我不敢想那个场景，如果我们的政府能换位思考，换一种方式，保证人民的利益为出发点，谁还去阻拦，谁还去打打闹闹，如果政府不逼迫和欺压老百姓，蒙蔽老百姓，谁还说政府的坏话，我们的建设工作也会有好的进展，我们的经济也会有更好的发展，我们这个国家也会进步更快。"

对于他们四个人的说法，我有些感慨，我们的政府怎么了？是我们的制度、政策哪里出了问题？

大概10点，大伙在贵林家吃了点饭，我也和他们去川洞，走了半个小时，到了刚修好的桥头，那一片田，有部分田都被挖土机挖泥土铺平了，剩下一半，田里还有水稻。阿海对我说，这些都还没有给补偿，也没有什么协议。过了一会儿，从路口开进来了三辆政府的车，村长和乡党委书记，某乡长等十多名政府公职人员，来的架势很大。乡党委书记拿出来了一份协议书和大家商讨。但争议在于土地征用按国家赔偿后，工期完成后土地归属于集体所有，村民们都不同意。主要原因是，这里的土地与邻村（石桥村）是边界，这里本来就土地问题纠纷已经开战，到目前都还没有解决，如果还把这里的土地归于政府，不但让享有这里田地的农户的权益没有得到保障，还将土地划分给他人，这里的村民是不答应的。

阿海说："我们支持政府工作，但是我们也会用生命来保障我们田地的权益，保证我们村土地和领土的完整，如果是一个国家，领土被侵略，而且还是政府划给的，那么你的行为是不是卖国呢？你觉得人民会容忍这样的行为吗？"

副乡长说："我希望大家也要考虑政府的困难，你们要理解和谅解我们的解决方案。这也是在保障大家的利益，保证给你们一定的赔偿。我们今天所做的就是要完成上级领导的指示，如果有捣乱的行为，我们就会严肃处理！"还没有说完，阿天就打岔了："今天打也行，随便你们！你们怎么没有想过，你们之所以这么多天没有把工作落实，是什么原因啊？是你们没有良心，良心被狗吃了。"

矛盾有些激化，但我想大家在权益上，是否考虑周全，在开发之前，我们的党和政府的出发点又在哪里呢？如果为了完成上级命令，为了自己的政绩而不顾一切，滥用权力来损害人民的利益。从一个公职人员或领导干部的角度来说，有违背职业道德和法律。

正当大家争得白热化的时候，从苗寨里来了一群老百姓。有的带着锄头、镰刀，有的提着菜刀和木棍，前面带路的是寨老。（事情处理完后听说，要不是寨老阻止，那么今天就会有斗殴或流血的场面）寨老走到乡党委书记和村长面前，现场顿时一片安静！寨老说："领导，我是当家的，我讲几句：第一，你们必须先给我们的妇女儿童道歉，你们家里也有女人和小孩，我们现在也可以去欺负；第二，凡是有破坏我们这个民族团结和发展的事情，我们苗家人是有脾气的，你必须要付出一定的代价来偿还；第三，你们为人民做事，说话和行动要有良心，这样回家吃饭的时候才安心。"乡党委书记等一干人被这么一说，连连点头，对曾经在征地工作中有得罪人的地方进行鞠躬以示道歉，并赞同老人的说法，按国家补偿办法和村民的要求签订合同，人群才渐渐地散回去。

看着眼前的一幕，我在想，为什么我们的政府总在犯一些错误，一定要等到矛盾激化或者执行不下去的时候才去改呢？我也看到了苗族这个民族的团结，这个民族的力量。他们用自身独特的方式维护了自己正当的权益，有时候看起来有些粗暴，但我总觉得他们这种团结互助的精神是值得我们思考和学习，这种民族力量让这个苗寨看到了希望。

等我们回到家到时候，天已经黑了。阿海执意要喊我们去他家吃晚饭，我们这一去，12 个人，满满地一桌。我看到这么热闹，心里特兴奋。阿海的手艺不错，炒了十几个好菜，把家里的老腌肉、糯米酒都端出来了，说："今天办好事情了，出了一口气。为了我们村的发展，大家团结奋进，庆祝庆祝。"

刚开始你邀我，我邀你喝的时候，大家对村里的规划与发展，都提出了自己的看法。主要意见在于村里的街道硬化，没有长远考虑，排水沟、梯等、车道等都没有规划好，没有我们民族的特色。还有村里在政府扶植发展这一块工作做得不好，宣传不到位，再加上我们民族的农民有的思想意识还没有更新，总转不过弯来，组织村里活动上很被动。还有我们年轻人出去打工的太多，家里都没人带动发展。

对着这里烦琐而令人头疼的基层工作，我大胆地问："当你们在处理这些问题或矛盾时，一般是怎么做的呢？"阿海比较直接："村干包办，今天通知什么村两委、八大组织开讨论会，你一去看到会场的就那么几个人，那几个人讨论觉得可以了就可以了，如果这十几个人有争议的问题，就举手表决，形式看起来是合法合理的。但是，农村的这些村干知识文化低，这一辈子没有出什么远门，没有见识和思想，依葫芦画瓢都会搞错。整天就知道喝酒，谁给酒喝，谁给肉吃，就给谁救济粮，办理点实际事情，马虎并且拖拉，摆起来就是气愤。"

大家都点头，说明阿海讲得很有道理和根据。我问："那大家怎么不争取自己的权利？怎么来化解这种矛盾呢？"有个年长的大哥说："你看我今年 37 岁了，一家三口，村里穷，除了种田地，没有什么经济来源，所以要出去打工，你没有时间去和他们争论。还有，一些政府工作人员到农村来，一般来吃好饭，工作就做好了，回去就乱编，数字大多都是假的，像我们这样的态度和正义，政府工作做不下，他们也不愿意要我们这些人来做。所以，一群喜欢忽悠老百姓的人就扎堆在一起，怎么办？有时候都不敢说，今天在这里，我们才敢讨论。""矛盾？大家都是田氏家族，有什么矛盾最多争吵一架，明天就好了。办起村里的事情，我们都通过举手表决，或者让大家公认的人来带领我们做，只要是为大家着想的，我们都大力支持。矛盾是很少，也容易解决，只是政府那几个领导不太负责，我们也管不了那么多。"阿天接着这样说。阿海端起酒杯："今天不谈事，只准喝醉酒，干杯！"大家领会，一起干杯。

大概一个小时，大家已经有了酒意，也不再谈什么事，就聊起了酒话。阿海让大家先上个厕所后把家里的门都反锁着，然后又让我们把鞋带挨个地捆起来。谁也跑不了，谁也躲不了。沉醉酒乡，我总感觉美酒醇香和天昏地暗，总感觉这里的热情和简单的幸福。等第二天醒来，已经是 8 月 8 日的早晨，我们 13 人还捆在一起，倒在餐桌旁围成一圈。

8 月 10 日，我离开了清江苗寨。这次补充调查让我收获颇多，让我对这里的民族特色仪式与民族权威人物（寨老）有了更深刻的理解。苗寨给我留下的，有美好的记忆，有温馨的关照，有真诚的祝福。脚步渐行渐远，我想，下一次再来的时候，这里一定有很大的变化，因为，我相信这个民族。

参考文献

一　中文部分

（一）典籍类

《邓小平文选》（第三卷），人民出版社 1993 年版。

《马克思恩格斯全集》第一卷，人民出版社 1995 年版。

《马克思恩格斯选集》第一卷，人民出版社 1995 年版。

《马克思恩格斯选集》第三卷，人民出版社 1995 年版。

《马克思恩格斯选集》第四卷，人民出版社 1995 年版。

《国语·郑语》。

《论语·为政》。

《孟子·滕文公上》。

《荀子·君道》。

《庄子·齐物论》。

《左传·昭公二十年》。

（二）著作类

［比利时］杜普瑞：《人的宗教向度》，傅佩荣译，（台北）幼狮文化事业公司 1986 年版。

［德］马克斯·韦伯：《经济与社会》（上卷），商务印书馆 1997 年版。

［德］尤尔根·哈贝马斯：《合法性危机》，上海人民出版社 2000 年版。

［德］尤尔根·哈贝马斯：《交往与社会进化》，重庆出版社 1989 年版。

［法］爱米尔·涂尔干：《乱伦禁忌及其起源》，汲喆译，上海人民出版社

2003 年版。

〔法〕爱米尔·涂尔干：《社会分工论》，渠东译，生活·读书·新知三联书店 2000 年版。

〔法〕爱米尔·涂尔干：《宗教生活的基本形式》，渠东、汲喆译，上海人民出版社 1997 年版。

〔法〕布迪厄：《实践与反思——反思社会学导引》，李猛、李康译，中央编译出版社 1998 年版。

〔法〕古斯塔夫·勒庞：《乌合之众——大众心理研究》，冯克利译，中央编译出版社 2000 年版。

〔法〕列维·斯特劳斯：《种族与历史，种族与文化》，中国人民大学出版社 2006 年版。

〔法〕孟德斯鸠：《论法的精神》（上册），商务印书馆 1961 年版。

〔美〕E. A. 罗斯：《社会控制》，秦志勇、毛永政译，华夏出版社 1989 年版。

〔美〕F. J. 斯特伦：《人与神——宗教生活的理解》，金泽、何其敏译，上海人民出版社 1991 年版。

〔美〕埃文斯·普理查德：《努尔人》，褚建芳、阎书昌、赵旭东等译，华夏出版社 2002 年版。

〔美〕保罗·蒂利希：《文化神学》，工人出版社 1988 年版。

〔美〕保罗·康拉顿：《社会如何记忆》，纳日碧力戈译，上海人民出版社 2000 年版。

〔美〕伯尔曼：《法律与革命——西方法律传统的形成》，中国大百科全书出版社 1993 年版。

〔美〕丹尼斯·H. 朗：《权力论》，陆震纶、郑明哲译，中国社会科学出版社 2001 年版。

〔美〕格林斯坦、波尔斯比：《政治学手册精选》（下），商务印书馆 1996 年版。

〔美〕加布里埃尔·A. 阿尔蒙德、小 G. 宾厄姆鲍威尔：《比较政治学：体系、过程和政策》，东方出版社 1985 年版。

〔美〕克利福德·格尔茨：《文化的解释》，译林出版社 1999 年版。

［美］李普塞特：《一致与冲突》，上海人民出版社 1995 年版。

［美］露丝·本尼迪克特：《文化模式》，王炜等译，生活·读书·新知三联书店 1988 年版。

［美］罗伯特·F. 墨菲：《文化与社会人类学引论》，商务印书馆 1994 年版。

［美］罗伯特·K. 殷：《案例研究：设计与方法》，重庆大学出版社 2010 年版。

［美］迈克尔·罗斯金等：《政治科学》，林震等译，华夏出版社 2001 年版。

［美］帕森斯：《社会行动的结构》，译林出版社 2003 年版。

［美］塞缪尔·P. 亨廷顿：《变化社会中的政治秩序》，上海世纪出版集团 2008 年版。

［美］维克多·特纳：《庆典》，方永德等译，上海文艺出版社 1993 年版。

［美］维克多·特纳：《象征之林：恩登布人仪式散论》，商务印书馆 2006 年版。

［美］维克多·特纳：《仪式过程：结构与反结构》，黄剑波、柳博赟译，中国人民大学出版社 2006 年版。

［美］希尔斯：《论传统》，上海人民出版社 1991 年版。

［美］伊恩·罗伯逊：《社会学》，商务印书馆 1990 年版。

［美］约翰·R. 霍尔、玛丽·乔·尼兹：《文化：社会学的视野》，周晓虹等译，商务印书馆 2002 年版。

［美］詹姆斯·C. 斯科特：《弱者的武器》，译林出版社 2007 年版。

［日］池田大作、［英］B. 威尔逊：《社会与宗教》，梁鸿飞、王健译，四川人民出版社 1996 年版。

［英］A. R. 拉德克利夫·布朗：《原始社会的结构与功能》，丁国勇译，中国社会科学出版社 2009 年版。

［英］安东尼·吉登斯：《民族——国家与暴力》，胡宗泽、赵力涛译，生活·读书·新知三联书店 1998 年版。

［英］弗雷泽：《金枝》（上册），徐育新、汪培基、张泽石译，中国民间文艺出版社 1987 年版。

［英］马林诺夫斯基：《文化论》，费孝通译，中国民间艺术出版社 1987 年版。

陈荣富：《宗教礼仪与文化》，新华出版社 1992 年版。

邓伟志：《变革社会中的政治稳定》，上海人民出版社 1997 年版。

费孝通：《江村经济：中国农民的生活》，商务印书馆 2001 年版。

费孝通：《美国与美国人》，生活·读书·新知三联书店 1985 年版。

费孝通：《社会学概论》，天津人民出版社 1984 年版。

费孝通：《乡土中国》，北京出版社 2004 年版。

费孝通：《乡土中国生育制度》，北京大学出版社 1998 年版。

傅安辉、余达忠：《九寨民俗——一个侗族社区的文化变迁》，贵州人民出版社 1997 年版。

高其才：《瑶族习惯法》，清华大学出版社 2008 年版。

高其才：《中国少数民族习惯法研究》，清华大学出版社 2003 年版。

高宣扬：《当代社会理论》（下），中国人民大学出版社 2005 年版。

顾建光：《文化与行为》，四川人民出版社 1988 年版。

郭于华：《仪式与社会变迁》，社会科学文献出版社 1999 年版。

郝苏民：《西北少数民族仪式考察——傩舞、仪式、萨满、崇拜、变迁》，学苑出版社 2010 年版。

胡联合、胡鞍钢：《繁荣稳定论》，中国大百科全书出版社 2009 年版。

李维汉：《关于民族理论和民族政策的若干问题》，民族出版社 1980 年版。

梁漱溟：《梁漱溟全集》（第 1 卷），山东人民出版社 1989 年版。

刘道超：《信仰与秩序——广西客家民间信仰研究》，广西师范大学出版社 2009 年版。

刘小枫：《20 世纪西方宗教人类学文选》，生活·读书·新知三联书店 1991 年版。

刘晓春：《仪式与象征的秩序》，商务印书馆 2003 年版。

刘亚虎：《荒野上的祭坛》，北京出版社 2000 年版。

吕大吉：《西方宗教学说史》，中国社会科学出版社 1994 年版。

罗荣渠：《现代化新论——世界与中国的现代化进程》，商务印书馆 2004 年版。

纳日碧力戈：《人类学理论的新格局》，社会科学文献出版社 2001 年版。

彭兆荣：《人类学仪式的理论和实践》，民族出版社 2007 年版。

彭兆荣：《文学与仪式：文学人类学的一个文化视野》，北京大学出版社

2004 年版。

史宗主编：《20 世纪西方宗教人类学文选》（上、下卷），金泽、宋立道、
　　徐大建等译，生活・读书・新知三联书店 1995 年版。

宋林飞：《西方社会学理论》，南京大学出版社 2004 年版。

陶德麟：《社会稳定论》，山东人民出版社 1999 年版。

万俊人：《西方现代伦理学史》下卷，北京大学出版社 1992 年版。

王晓朝：《希腊宗教概论》，上海人民出版社 1997 年版。

夏建中：《文化人类学理论流派》，中国人民大学出版社 1997 年版。

夏征农：《辞海》（三卷本），上海辞书出版社 1979 年版。

叶舒宪：《中国神话哲学》，中国社会科学出版社 1992 年版。

张国庆：《公共行政学》，北京大学出版社 2007 年版。

张建建：《冲傩还愿》，贵州人民出版社 1997 年版。

张泽洪：《文化传播与仪式象征：中国西南少数民族宗教与道教祭祀仪式
　　比较研究》，巴蜀书社 2007 年版。

张志刚：《人类学是什么》，北京大学出版社 2002 年版。

郑也夫：《代价论——一个社会学的新视角》，生活・读书・新知三联书店
　　1995 年版。

钟敬文：《民俗学概论》，上海文艺出版社 1998 年版。

周平：《多民族国家的族际政治整合》，中央编译出版社 2012 年版。

周平：《民族政治学》，高等教育出版社 2007 年版。

周星：《民族政治学》，中国社会科学出版社 1993 年版。

朱狄：《原始文化研究》，生活・读书・新知三联书店 1988 年版。

（三）论文类

党国英：《寻求现代化进程中的社会稳定——关于现代化理论的一个评
　　述》，《中国国情国力》1999 年第 5 期。

高其才：《现代化进程中的瑶族"做社"活动——以广西金秀郎庞为例》，
　　《民族研究》2007 年第 2 期。

高永久、左宏愿：《论社会转型期民族群体性事件的成因及其治理》，《中
　　央民族大学学报》（哲学社会科学版）2011 年第 6 期。

高永久：《对民族地区社会稳定的思考》，《兰州大学学报》（社会科学版）

2003 年第 3 期。

高永久:《论民族社会稳定的预警系统》,《中南民族大学学报》(人文社会科学版) 2003 年第 5 期。

高永久:《论民族心理认同对社会稳定的作用》,《中南民族大学学报》(人文社会科学版) 2005 年第 5 期。

高永久:《宗教对民族地区社会稳定的双重作用》,《甘肃社会科学》2003 年第 4 期。

何斯强:《少数民族村寨社区管理资源的利用与整合——以云南红河哈尼族村寨社区管理中二元结构形式为例》,《思想战线》2006 年第 6 期。

胡联合、胡鞍钢:《民族问题影响社会稳定的机理分析》,《人文杂志》2008 年第 2 期。

胡耀腾:《民族特色仪式对维护民族地区社会稳定的功能研究》,贵州财经大学,2012 年。

瞿明安:《中国少数民族迎亲仪式中群体性的戏谑关系》,《中南民族大学学报》2008 年第 2 期。

李志清:《仪式性少数民族体育在乡土社会的存在与意义(六)——现代背景下的抢花炮》,《体育科研》2007 年第 3 期。

廖小东、曹文波:《民族地区突发性群体事件与政府危机管理研究》,张辉:《公共管理理论、实践暨人才培养研究》,贵州大学出版社 2011 年版。

廖小东、曹文波:《民族地区政府应对突发群体性事件的制度构建研究》,《吉首大学学报》2012 年第 3 期。

廖小东、曹文波:《西部民族地区维稳的经济成本分析——以贵州省为例》,《特区经济》2010 年第 10 期。

廖小东、陈晔:《中国社会转型期传统权威与现代行政权力的张力分析》,《行政论坛》2012 年第 4 期。

廖小东、丰凤:《民族地区祭祀仪式的功能及其现实困境探析》,《东南学术》2012 年第 2 期。

廖小东、丰凤:《民族特色仪式对维护民族地区社会政治稳定的功能研究》,《求索》2011 年第 11 期。

廖小东、丰凤:《西部欠发达地区农村公共品需求研究》,《贵州财经学院学报》2012 年第 5 期。

廖小东、丰凤：《仪式的功能与社会变迁分析》，《湖南科技大学学报》
2012 年第 4 期。

廖小东：《论中国传统礼治思想的现实意义》，《长沙民政职业技术学院学
报》2011 年第 3 期。

廖小东：《民族地区社会管理的困境与对策研究》，《贵州省社会治理与文
化体制改革研究》，经济科学出版社 2012 年版。

廖小东：《以核心价值体系建设促进民族地区社会管理》，《光明日报·理
论版》2012 年 4 月 14 日。

廖小平：《论核心价值的价值》，《浙江社会科学》2012 年第 10 期。

刘锋、靳志华：《"鼓藏节"仪式之权力表达》，《贵州民族学院学报》（哲
学社会科学版）2010 年第 3 期。

刘武俊：《市民社会与现代法的精神》，《法学》1995 年第 8 期。

刘志扬：《西藏乡村政治结构中的家庭、村落与基层政权组织——以拉萨
市娘热乡为中心的考察》，《西南民族大学学报》（人文社会科学版）
2006 年第 9 期。

柳建文：《现代化进程中的适度社会动员——发展中国家实现社会稳定的
重要条件》，《社会科学》2005 年第 1 期。

陆学艺：《当代中国社会结构与社会建设》，《学习时报》2010 年 8 月 30 日。

马翀炜：《民族文化的资本化运用》，《民族研究》2001 年第 1 期。

马敏：《政治象征符号的工具价值分析》，《四川行政学院学报》2004 年
第 4 期。

潘志成：《传统权威与当代少数民族村寨社会控制》，《民族法学评论》2008
年第 6 期。

任剑涛：《道德与中国传统政治的合法性》，《华中师范大学学报》（人文社
会科学版）2005 年第 1 期。

童正容、陈昌文：《第三社区：西部民族村落的发展方向》，《西南科技大
学学报》（哲学社会科学版）2005 年第 2 期。

王峰明：《根据转型期特点，全力做好社会稳定工作——访中国社会科学
院社会学所研究员陆学艺》，《前线》2000 年第 6 期。

王铭铭：《象征的秩序》，《读书》1998 年第 2 期。

王铭铭：《仪式的研究与社会理论的"混合观"》，《西北民族研究》2010 年第 2 期。

王铭铭：《中国民间传统与现代化——福建塘东村的个案研究》，《传统文化与现代化》1996 年第 3 期。

王绍光：《经济繁荣背后的社会不稳定》，《战略与管理》2002 年第 3 期。

王希恩：《多民族国家和谐稳定的基本要素及其形成》，《民族研究》1999 年第 1 期。

王宗礼、巨生良：《区域发展不平衡背景下影响民族关系的新因素》，《青海民族研究》2007 年第 4 期。

王作全、牛丽云：《高原藏族文化的生态环境价值探析——以青海玉树藏族自治州拉布寺"避杀生"为例》，《西北民族研究》2007 年第 3 期。

吴成立：《多元认同："假结婚"仪式与盐井地方社会》，《西藏民族学院学报》2009 年第 3 期。

熊永翔：《当代滇蒗摩梭人丧葬仪式考察》，《宗教学研究》2010 年第 2 期。

徐晓光：《从苗族罚"3 个 100"等看习惯法在村寨社会的功能》，《山东大学学报》（哲学社会科学版）2005 年第 3 期。

薛艺兵：《对仪式现象的人类学解释（上）》，《广西民族研究》2003 年第 2 期。

杨经德、马迪：《当前少数民族地区依法治村面临的法律困惑及其对策》，《云南公安高等专科学校学报》2001 年第 1 期。

杨圣敏：《社会稳定和谐的基础是什么——一个少数民族社区的案例》，《北京大学学报》2008 年第 5 期。

于建嵘：《从刚性稳定到韧性稳定——关于中国社会秩序的一个分析框架》，《学习与探索》2009 年第 5 期。

赵秀兰：《佤族同姓婚禁忌探析——以班奈村佤族同姓婚禁忌为例》，《云南民族大学学报》2011 年第 1 期。

郑航生：《警惕"类发展困境"——社会学视野下我国社会稳定面临的心形势》，《中国特色社会主义研究》2002 年第 3 期。

郑慧：《"政治稳定"概念分析》，《社会主义研究》2002 年第 4 期。

周平：《促进政治发展　维护政治稳定——西部开发与少数民族地区的政治发展和政治稳定学术研讨会综述》，《政治学研究》2001 年第 3 期。

周平：《对民族国家的再认识》，《政治学研究》2009 年第 4 期。

周平：《论多民族国家民族问题的治理》，《晋阳学刊》2013 年第 3 期。

周平：《民族国家与国族建设》，《政治学研究》2010 年第 3 期。

周星：《家支・德古・习惯法》，《社会科学战线》1997 年第 5 期。

周星：《习惯法与少数民族社会》，《云南民族学院学报》2000 年第 1 期。

邹渊：《习惯法与少数民族习惯法》，《贵州民族研究》1997 年第 4 期。

二　英文部分

Ahern，Emily Martin，*Chinese Ritual and Politics*，Cambridge University Press，1981.

D. Sternberger，"Legitimacy"，*International Encyctopedia of the Social Science*，V. 9，N. Y. Macmillan Co.，The Free Press.

David I. Kertzer，*Ritual Politics and Power*，Yale University Press，1988.

Gluckman. M.，"Ritual"，*In Man，Myth，and Magic*，London：Phoebus Publishing，1970.

H. J. Wechsler，*Offering of Jade and Silk*，New Haven：Yale University Press，1985.

Hicks，David，*Ritual and Belief：Readings in the Anthropology of Religion*，Boston；New York；London；Mc Graw – Hill College，1999.

Lincoln. B.，*Emerging from the Chrysalis：Ritual of Women's Initiation*，New York & Oxford：Oxford University Press，1991.

Marshall David Sahlins，*Stone Age Economics*，Transaction Publishers，1972.

Steven Lukes，"Political Ritual and Social Integration"，*Sociology*，9（1975）.

Turner，*From Ritual to Theatre*，New York：PAJ Publications，1982.

三　网络部分

《为表清白，几十人肉掌捞油锅》，《金黔在线—贵州都市报》，http：//

www. gog. com. cn//2010 - 12 - 23。

《少数民族地区乡土农村的矛盾纠纷及对策》，《雷山县人民政府法制办公室》，http：//www. gzgov. gov. cn。

《奇特的藏族婚俗》，《CCTV—乡土》，http：//sannong. cntv. cn/pro gram/xiangtu/2011 - 01 - 20。

庄孔韶等：《"虎日"的人类学发现与实践》，《社会学视野网》，http：//www. snzg. cn/article2010 - 12 - 06。

虎日戒毒：《开掘文化的力量》，《新闻周刊》，http：//xmzk. xinm inweekly. com. cn/sh/t200411 - 08。

警方调解：《广西仫佬族两村庄八十年恩怨一朝化解》，《中国新闻网》，http：//www. chinanews. com/gn/news/2009 - 08 - 24。

《2011 年贵州旅游十大新闻》，http：//www. cnta. gov. cn/html/2012 - 1 - 18。